성서의 이해

Understanding of the Bible

성서의 이해

Understanding of the Bible

이용호 · 김대식

저자의 글

신약편

『성서의 이해』를 집필하기 전에 예상했던 시간보다 훨씬 더 많은 시간을 이 책 쓰는 것에 소비한 것 같습니다. 처음부터 이 책은 기독교 학교인 서울신학대학교의 기독교 교양교육을 위한 교과서로서 처음 새내기로 들어온 학생들을 위한 책이 되었으면 하는 많은 교수님들의 기대와 격려로부터 시작되었습니다. 지금 한 권의 책으로 완성된 후에야 돌아보니, 많은 교수님들이 격려해주셨을 때가 생각납니다. 그때 저는 약간의 교만이 있었던 것 같습니다. 전문적인 서적이지만 어렵고 깊게 쓰기보다는 누구나 쉽게 이해할 수 있는 데에 중점을 두라는 말씀들에서 '조금은 부담 없이 편하게' 쓸 수 있다고 생각했습니다. 그러나 이 어리석은 생각이 산산조각 나버리는 데에는 그리 오랜 시간이 걸리지 않았습니다. 이 책을 써나가면서 매우 힘들었던 시간을 맛보았기 때문입니다. 한 학기면 충분한 시간이라고 생각했는데, 쓰고 고치고, 쓰고 지우고 참으로 어렵게 쓴 책이 되었습니다. 그러면서 배운 것은 어렵게 쓰는 책보다 쉽게 쓰는 책이 더 힘들다는 것을 실감했습니다. 예를 들어 전반적으로 전문용어를 거리낌 없이 쓰는 저를 발견하고 스스로에게 놀란 적이 있습니다. 그래서 좋은 책이란 전문용어를 쉽게 풀어서 적절하게 사용해야 한다는 것을 알게되었습니다. 『성서의 이해』에서 '구약성경' 대부분은 이야기 형식으로 진행됩니다. 그 이야기 형식 안에 각 마당마다 인물과 사건의 의미를 생각할 수 있도록 노력했습니다. 때로는 하나님의 행위에서 그 의미를 발견하려고 했으며, 역으로 하나님의 마음을 보려고 했습니다. 때로는 구약성경에 인간들의 행위에서 오는 진지함과 추악함을 보고 우리의 모습을 거울에 비추어 볼 수 있도록 하였습니다. 개인적으로, 이책을 집필하면서 구약성경에 나타난 하나님의 모습을 다시 보는 시각을 갖게 되어참으로 감사합니다.

예를 들면 "역사를 움직이시는 하나님"이라는 용어가 전문적인 신학용어이지만, 다른 의미에서 보면 "항상 함께 하시는 하나님"이라는 의미도 된다는 것을 이 책을 쓰면서 더욱 깊이 깨닫게 되었습니다. 그럼에도 불구하고 이 책은 많은 부분에서 미흡한 점이 있습니다. 그러나 많은 고민과 애정을 가지고 내보여지는 책이기에 마음이 벅찹니다.

마지막으로 이 책에 관심을 보여주셨던 여러 교수님들에게 감사드립니다. 특히 이 저술을 허락해 주신 유석성 총장님과 학교당국에 감사를 드립니다. 그리고 출판을 담당한 서울신학대학교 출판진 모두에게 심심한 감사를 표합니다. 또한 이 책을 위해서 바쁘게 밤을 새워가며 교정을 도와준 박현정 조교에게도 감사를 전하고 싶습니다.

이용호

구약편

'하나님이 점점 더 구체적인 현실성이 되는 이야기'

"하나님 바보. 나는 히토시를 죽도록 사랑했습니다."(吉本ばなな, 김난주 옮김, 키친, 민음사, 2009, 115). 요시모토 바나나의 소설에 나오는 한 문장입니다. 신약성서는 예수를 사랑했던 사람들의 긴 여행이야기입니다. 종종 복음사가에 따라서는 예수 이야기를 여행으로 묘사하기도 합니다. 사도 바울의 이야기는 아예 선교기(宣教記) 라고 해도 과언이 아닙니다. 사람들이 종착지가 있어서 하는 여행을 하기도 하지만, 목적지를 정하지 않은 채 하는 여행도 있습니다. 개중에는 후자측이 훨씬 여행의 묘미가 있다고 말합니다.

예수와 그의 제자들, 바울과 그의 동역자들의 이야기는 무슨 목적지가 있어서가 아닌 자신의 믿은 바를 증명해내는 삶, 깨달음의 삶을 전하며 함께 사는 것이었습니다. 거룩한 부름(vocatio)에 대한 정성스러운 삶의 구현이야기라고 할 수 있습니다. 성스러운 여행 속에는 온갖 인간의 생·로·병·사·희·노·애·구·애·오·욕(生· 老·病·死·喜·怒·哀·惡·懼·愛·欲)이 다 있습니다. 신약성서에는 그것을 신앙의 관점으로 기술하거나 혹은 하나님과의 만남을 진솔하게 풀어내는 이야기가 들어있습니다. 따라서 지금 성경을 대한다는 것은 그와 같은 삶의 진실성과 진정성을 하나님의 만남을 통해서 새롭게 이해한다는 것을 의미합니다. 적어도 그리스도인의 삶은 그렇습니다. 거기에 그리스도인의 다름이 있습니다. 그래서 그리스도는 당대의 바보요, 바울은 당대의 바보스러운 추종자이자 신학자라고 말할 수 있습니다.

그런 의미에서 신약성서는 그 시대에는 바보스럽게 보였겠지만 우직하게 살다 간 사람들의 이야기입니다. '신앙은 인간학이다'라고 말한 포이어바흐(Ludwig Feuer-bach)의 말을 빌린다면, 우리의 신학은 순전한 인간사(人間史)이면서 그 속에서 체험된 특별한 삶에 관한 이야기입니다. 그 이야기로 세계를 변혁시키고 동시에 그 이야기의 체험을 주관적으로 동일하게 고백하는 것이 신학이고, 그것을 기반으로 모인 공동체가 교회입니다.

여기에 쓰여진 글들은 이야기와 그 해석, 그리고 그것을 다시 체계화한 글들입니다. 신학의 엄밀성을 추구하자면 해석학적 철학 위에서 텍스트를 보는 눈을 가져야 마땅합니다. 그럼에도 지금 우리 사회에서는 철학이나 신학도 효율성과 생산성의 척도에 따라서 판단되는 시대가 되어버렸습니다. 그것은 학문적 이론과 실천이 양립하여 삶의 형이상학을 지향해야 하는 종교조차도 무슨 실용학문처럼 되었다는 것을 뜻합니다. 목회현장은 더욱 그렇습니다. 현실입니다. 과정이나 깊이보다 당장의 결과를 중시합니다. 따라서 성서 이야기의 현재화, 하나님의 현실성을 좀 더 쉽게 이해하고 기술하도록 하는 데에 끊임없는 노력을 경주하지 않으면 안 되는 목회 현장입니다.

성서 텍스트를 우려내는 작업은 목회자라면 평생 쉼 없이 해야 하는 지난한 작업인지라 그 신학적 훈련이나 방법론, 그리고 그 도구는 매우 중요하다 할 것입니다. 그 중에서 가장 중요한 것을 꼽으라 하면 단연 '해석학'입니다. 이 신약성서이해는 그와 같은 해석학적 방법론을 다양하게 시도하고 가능한 한 쉽게 전달하려고 하였습니다. 어쩌면 해석학적 방법론이라기보다는 그 결과물이라고 해야 할지도 모릅니다. 그렇다고 해서 이 책이 신학생의 전유물은 아닙니다. 모든 그리스도인이라면 접근 용이하고 이해 가능하도록 최대한 쉬운 기술을 하려고 했기 때문입니다.

성서 텍스트를 분석하고 주석하는 작업은 하나의 테크네(techne)입니다. 기술 혹은 예술입니다. 그만큼 시간과 노력을 기울여야 할 정교한 능력입니다. 이 책이 그것을 맛보는 기초적인 책이 되었으면 하는 게 필자의 바람입니다. 만일 질문이 발생한다면 그때가 바로 학문의 시작이요 토론의 장이 열리는 것이라고 봅니다. 주저 말고 텍스트에 말을 걸어서 독자 자신에게 다가와 응답하는 목소리를 들을 수 있기를 바랍니다. 텍스트에 대한 해석학적 진리는 주입이 아닙니다. 교수자들과의 끊임없는 논쟁과 토론이 새로운 해석학적 진리를 발생시키는 것입니다. 이제 이러한 의도로 기획된 신약성서의 이해가 여러분에게 하나의 문제이기를 희망합니다. 끝으로 이 책을 집필하도록 허락해 주신 황덕형 총장님과 이용호 교수님께 감사 인사를 올립니다. 또한 어려운 인문학적 여건과 출판 환경 속에서도 교재 출판을 위해 선뜻 나서 주신 종문화사 임용호 대표님께도 고마운 마음을 전합니다.

요시모토 바나나는 『키친』의 마지막 페이지를 이렇게 장식합니다. "한 차례 여행이 끝나고 또 다른 여행이 시작된다. 다시 만나는 사람이 있고, 만나지 못하는 사람이 있다. 나도 모르게 사라지는 사람, 스쳐 지나가는 사람. 나는 인사를 나누며 점점 투명해지는 듯한 기분입니다. 흐르는 강을 바라보면서, 살지 않으면 안 됩니다." 성서의 여행을 다 끝마치고서 우리는 어떤 기분일까요? 성서 속 인물이 나와 깊은 인연을 맺으며, 그 존재와 새로운 만남을 바라는 마음일까요? 필자는 독자들이 스스로 신앙의 긴 여행을 나그네처럼, 존 웨슬리(J. Wesley)가 말했듯이 한 권의 책(unus liber), 곧 성서의 사람으로 살아갔으면 좋겠습니다.

2021년 2월

김대식 識

목 차

성서의 이해 신약

성서의 이해
구약
Old Testament

이용호

첫째 이야기:
성서 이해를 돕기 위한 준비

·역사 속으로 들어오시는 하나님이라는 말의 의미는 무엇이죠?

·성경은 한 권의 책이 아닙니다. 왜 한 권의 책이 아니죠?

·어떻게 해야 성경을 잘 이해할 수 있을까요?

성서의 이해를 읽기 전에

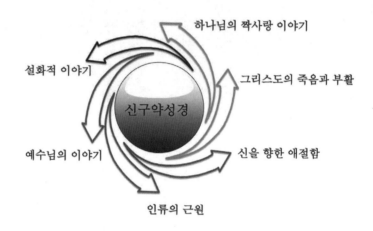

이 책은 인류가 책을 쓰기 시작한 이래로 가장 많이 팔렸다고 하는 성경에 관한 이야기입니다. 성경의 이야기는 한편으로는 하나님에 대한 이야기이며, 다른 한편으로는 인간에 관한 이야기입니다. 인류가 어떻게 이 지구상에서 시작했을까요? 오늘날과 같이 과학이 인간의 모든 것을 대신하려는 시대에 인류가 어디서 왔는가를 질문한다는 것은 시대착오적인 것일까요? 과학은 우리에게 "인간은 단지 잘 진화된 컴퓨터와 같다"고 합니다. 인간의 뇌는 인간 전체의 한 부속품이고 고장나면 정지하는 컴퓨터와 같다"라고 주장합니다.[1] 현대 과학과 더불어 살아가는 현대인들의 입장에서 보면, 이 주장은 매우 합리적인 말입니다. 사실 사후세계와 천국을 주장하는 것은 종교에

---

[1] 세계적인 물리학자 스티븐 호킹 박사(69)는 영국 일간지 가디언과의 인터뷰에서 "사후세계와 천국"의 무용론을 주장하여 논란을 일으켰다.(2011.5.15.)

서 주장하는 것이지 과학적으로 증명할 수 없습니다. 흔히 보이는 세계도 다 알 수 없는데 보이지 않는 세계를 넘보는 것은 어쩌면 인간의 한계라고 할 수 있습니다. 그렇지만 모든 것을 대신할 수 있다는 과학도 모든 것을 설명할 수 없습니다.

사후세계를 부정하는 유명한 물리학자에게 "사후세계가 없다면 우리는 어떻게 살아야 하는가?"라는 질문에 그는 다음과 같은 대답을 합니다. **"우리는 우리 행동의 위대한 가치를 추구해야 한다."** 이 답변에 한 가지 의문이 듭니다. 무엇이 위대한 가치인가? 끊임없는 과학의 발전, 그와 더불어 형성되는 문명, 그것을 통한 인간의 삶의 편의와 안정 추구 … 만일 이것이 우리가 가져야 할 위대한 가치가 과학이 말하고자 하는 위대한 가치와 동일하다면 그 가치는 차라리 포기해야 하지 않을까 합니다, 왜냐하면 과학은 발전에 발전을 거듭하면서 그 발전이 인간을 위한 것이라고 하는데, 왜 인간은 항상 외롭다고 부르짖고 있기에, 왜 인간은 위대한 가치를 추구한다고 하면서 매년 몇 백만 명이 자신의 목숨을 스스로 끊어버리는 것일까요? 그리고 또한 인간은 왜 다른 인간을 죽이면 안 되나요? 인간이 단지 정교한 부품으로 이루어진 컴퓨터와 같으며, 죽음이 단지 고장 난 컴퓨터라면, 내 옆에 있는 컴퓨터를 임의적으로 꺼버린다고 해서 무엇이 잘못된 것입니까? 단지 컴퓨터인데요? 이것이 잘못되었다고 인간이 말할 수 있는 기준은 어디에도 없습니다.

그러므로 인간의 최우선 과제는 자신이 어디에 서있는가(창 3:9)를 아는 것입니다. 사실 인간이 행하는 기준을 사람이 정할 수 없습니다, 왜냐하면 같은 종인 인간은 서로를 비교할 수 없기 때문입니다. 그것은 기준을 정해주는 그 무엇이 있어야 합니다. 기독교인들은 그 기준을 성경이라고 합니다. 성경을 '정경'(Canon)이란 표현으로도 사용합니다. 원래 이 말은 그리스어에서 유래한 말로 '척도' 또는 '표준'을 의미합니다. 초대교회 교부들은 이 용어를 '모든 그리스도인들의 신앙과 행동의 모범'이라는 의미로 사용하였습니다. 인류에게 자신이 어디에 서야 하는지 그 기준을 정해주는 책이라는 것입니다. 그렇기 때문에 성경은 세상이 아직 출현하기 전부터 말하고 있습니다.(창 1:2) 그리고 세상과 인류의 탄생(창 1:3절 이후)을 말합니다. 성경도 과학도 모두 무(無)에서 유(有)로 세상과 인간의 시작을 말합니다. 과학이 무생물의 시작을 말한다면, 성경은 그 시작의 기원을 하나님에게 두고 있습니다. 사람의 행동에 대한 기준이 생기는 첫 구절을 성경은 이렇게 표현합니다.

"태초에 하나님이 하늘과 땅을 창조하셨다."(창 1:1)

이 간단한 한 문장은 인간으로 하여금 스스로 자신의 위치를 정하게 만듭니다. 이 세상은 무생물에서 진화된 존재들이 만들어낸 것이 아닐 뿐만 아니라 진화로 이루어진 인간 스스로 자신을 만든 것이 아니라, 원래부터 주인이 있다는 것입니다. 성경은 이러한 창조를 한걸음 더 나아가서 고백합니다.

"야훼여, 당신만이 홀로 계신분입니다.
당신께서는 하늘과,
하늘 위의 하늘과, 거기에 딸린 별들을 지으셨습니다.
땅과 그 위에 기는 온갖 것,
바다와 그 안에 있는 온갖 것을 지으셨습니다.
당신은 이 모든 것에게 **생명을 주십니다.**"(느 9:6)

느헤미야는 과학에서도 감히 말할 수 없는 '생명을 주시는 분'이라는 고백을 합니다. 이것이 성경입니다. 성경은 우리에게 생명을 주시는 분의 이야기가 담겨 있습니다. 또한 그 생명을 주시는 분이 이 땅에 오셔서 사람을 위하여 죽으시고, 마지막에는 그 죽음을 이기시고 부활하신 이야기가 담겨있습니다. 인류가 자신을 믿으며, 신을 거역할 때에도 하나님은 인간을 살리려고 하는 이야기가 담겨 있습니다. 단지 기계적인 작동을 하는 컴퓨터 속의 부품이 할 수 없는 사랑하심과 사랑받는 이야기가 담겨 있습니다. 그리고 그 이야기를 읽는 우리들이 '마음의 변화'라는 놀라운 그 무엇을 경험할 수 있는 이야기가 담겨있는 것이 성서입니다.

『성서의 이해』는 그런 성경을 좀 더 쉽게 전달하려고 노력하였습니다. 물론 성경말씀의 의미를 전적으로 포기한다는 말은 아닙니다. 오히려 이 책은 이야기 속에 신학을 담아 성경을 쉽게 설명하려고 하였습니다. 이를 위해 이 책의 구성은 큰 테두리로 네 마당을 분류됩니다.

첫째 이야기는 '성경을 어떻게 읽어야 쉽게 접근할 수 있을까'에 집중하면서 왜 성경이 하나님의 말씀인가를 생각해 보고, 성경의 기초적인 구조와 구약성경과 신약성경을 바라보는 시각적인 조정을 설명하려고 하였습니다.

둘째 이야기는 전적으로 구약성경의 전체적인 내용을 이야기 형식으로 쉽게 기술하면서 평소에 궁금하던 의문점들에 대한 대답을 시도하려고 하였습니다. 둘째 이야기의 구약성경 이야기는 전체 7개의 마당으로 나누어서 각 시대마다 중요한 역사적 이야기들을 기술하였고, 그 중간 중간에 이집트, 메소포타미아 그리고 가나안의 지리와 풍습 그리고 신들의 특징을 이스라엘인들과 비교하여 구약성경의 이해를 돕고자 했습니다.

셋째 이야기는 구약과 신약은 시기적으로 시간의 틈이 있습니다. 그래서 구약과 신약의 배경을 정치·사회·종교적으로 설명하려고 했습니다. 아마도 이러한 배경으로 구약과 신약의 연결고리가 이어질 것이라고 생각합니다.

넷째 이야기는 신약성경 부분으로 5개의 마당으로 구성되어 있으며 신약성경의 배열 순서에 따라서 기술하였습니다. 먼저, 예수님의 이야기를 담고 있는 복음서, 그 다음에 어떻게 그리스도인들이 유대교와 결별하고 세계적인 종교로 발전하였는가 하는 것이 담겨있습니다. 그리고 위대한 사도 바울의 서신과 작자 미상의 공동서신들을 잘 설명하려고 노력하였습니다.

왜 성경이 하나님 말씀인가요?

"내가 주의 법을 어찌 그리 사랑하는지요
내가 그것을 종일 묵상하나이다" (시 119:97)

인간의 역사상 가장 많이 팔린 책, 또한 사람들이 가장 많이 읽고 감동과 감격을 느끼는 책이 성경입니다. 성경은 많은 사람들을 죽음에서 삶으로, 절망에서 희망을 가지고 살아가게 한 책입니다. 그래서 많은 사람들은 성경을 읽기 전에 다음과 같이 기대합니다.

'이 책 안에는 다른 종교의 경전과 같이 가장 지혜롭고, 가장 훌륭하고,
인간이 성공할 수 있는 진리가 있으며 그리고 성스러운 이야기가 풍부
하게 담겨 있을 거야!

이러한 생각은 창세기의 첫 사건을 대하면서 그에 대한 기대감에 약간은 실망스러움을 느끼게 됩니다. 이는 창세기의 창조이야기가 다른 종교의 경전에서도(비슷하든 또는 아니든 간에) 나오기 때문입니다. 즉, 신이 세상을 만들었다는 것은 많은 나라 신화에도 나온다는 것입니다.

또한 창조 · 타락 · 실낙원의 이야기가 끝나고 이제 인간을 위하여 멋진

말씀들, 도덕성을 깨우는 말씀들을 기대하지만, 그러나 그 다음부터 더 많은 실망감을 느끼게 됩니다.

아니! 형제 살인(창 4장)이라니!
하나님에게 자신을 나타내려고 친 형제를 살해하다니!
그것도 형인 가인이 하나님을 향한 질투 때문에
– 물론 속사정은 다르지만 자신의 동생을 죽이다니!

결국 전체적으로 보자면, 이 책은 성스러운 경전에서 나오는 하나님의 말씀도 기록되어 있으며, 윤리와 도덕적인 말씀들도 나오지만 그와 같은 말씀보다는 죽고, 죽이고, 배반하고 질투하고 미워하며 그리고 간음과 간통이 이어집니다. 어떤 경우에는 자신이 죽음을 모면하기 위하여 자신의 부인을 누이라고 하여 권력자에게 내어주는 인물도 있습니다. 자신의 충성스러운 부하의 아내를 취하고자 자신의 부하를 죽음으로 밀어 넣는 인물도 있습니다. 또한 하나님께서 노예들을 해방시키고, 광야생활 가운데서 그들을 입히고 먹여 주셨지만 평안해지니 바로 하나님께 반역을 합니다. 어찌 보면 매우 혼란스러울 정도로 처음부터 가감 없이 인간 삶의 냄새가 드러나는 책입니다. 그러나 이러한 사실이 기록되어 있음에도 불구하고, 우리는 성경을 하나님의 말씀이라고 생각하고, 그 말씀을 읽고 감사하고 감격하고 그리고 읽는 사람이 변화됩니다. 왜 이처럼 인간적인 냄새가 나는 이 책이 대단한 힘이 있는 것일까요? 도대체 이 책이 어떤 힘을 가지고 있기 때문일까요? 이 질문에 대한 대답을 세 가지로 나누어서 시도해 보겠습니다.

첫째, 성경은 분명히 **'하나님의 말씀이며, 또한 여러 사람이 하나님을 만난 삶의 경험을 기록한 책입니다.'** 고대 근동의 다른 나라들의 신화들도 역시 성경과 같이 신의 이야기를 담고 있습니다. 그러나 단지 신들의 이야기 –

에누마 엘리쉬 또는 길가메쉬 등등 – 일 뿐입니다. 그 속에 인간은 단지 소모품에 지나지 않습니다. 또한 그 신들의 이야기에서 나타나는 신들은 윤리적이지 않고, 신들의 이기적인 행위만 기록하고 있는 신화일 뿐입니다. 그렇기 때문에 혹여 그 속에 좋은 교훈과 인류가 깊이 생각할 수 있는 교훈은 있을지라도, 인간의 가치는 항상 신들을 두려워하며 살아가는 쓸모없는 존재로만 인식됩니다. 인간은 연약하며, 자연 속에 인간은 항상 도망 다니는 존재입니다. '신이 내려준 절대적인 인간을 위한 존엄성이 있다'(창 1:27-28)는 사실을 보여주지 않습니다. 인간은 신 앞에 항상 도망가는 존재가 아니라 오히려 신과 동행하는 존재라는 사실도 메소포타미아의 신화들은 결코 말하지 않습니다. 그리고 왜 내가 지금 이 자리에 서있는가에 대한 성찰도 없습니다. 무엇이 잘못되었는가? 어떻게 해야 자신이 가지고 있는 인간으로서의 깊은 고뇌와 외로움을 채울 수 있는가에 대한 해결조차도 주어지지 않습니다. 인간이 가장 두려워하는 죽음 이후에 대한 대답도 없습니다.

이러한 질문들에 대한 대답은 천상의 존재가 천계(天界)의 언어로 계시한다는 초월적인 현상에서 찾는 것이 아닙니다. 인간이 살아가는 삶의 현장에서, 즉 인간의 행위에서 신의 모범적인 본보기를 찾음으로 이해할 수 있다는 것이 바로 성경의 언어입니다. 왜냐하면 성경은 철저하게 구체적인 '**인류의 역사를 매개체**'로 하여 하나님이 자신을 보이기 때문입니다. 그 때문에 성경은 하나님의 말씀이지만, 또한 여러 사람이 하나님을 만난 삶의 경험을 기록한 책입니다. 인간의 행위를 제시하지만, 그 행위는 인간 단독의 행위가 아니라 오히려 신과 함께 하는 행위라는 것입니다. 왜냐하면 성경의 하나님은 자신이 인간에게 나타나서서 어떤 일을 행하는 것이 드물며, 단지 인간을 통하여 자신의 뜻을 이루시기 때문입니다. 그 때문에 성경은 인간의 추악한 면과 성스러운 면을 가감 없이 보여줍니다. 거기에서 우리는 자신과 동일시할 수 있는 실존적인 자신의 모습을 볼 수 있는 것입니다.

하나님의 뜻을 전달하는 사람들이 우리들과 다른 사람들일까요? 아닙니다. 그들도 역시 잠자고, 질투하고, 분노하고, 울고 웃으며, 또한 어떤 때는 하나님의 명령을 거역하기도 하며(욘 1:3) 자신의 주를 세 번이나 부인(마 26:57~58)하기도 합니다. 그렇게 성경에서 하나님의 명령을 받아서 하나님과 대면하고 하나님의 뜻을 수행한 사람들은 우리와 별반 다를 바가 없는 사람들입니다. 그 때문에 우리는 그들의 삶의 철저한 모습을 통하여 나 자신의 철저한 모습을 프리즘으로서 볼 수 있는 것입니다. 그리고 거기에서 나도 하나님과 대면할 수 있다는, 나도 하나님의 일을 할 수 있다는, 나도 하나님의 뜻을 수행할 수 있다는 희망을 발견하게 되는 것입니다. 흔히 성경에서 예언자들이 말하는 "주께서 이렇게 말씀하셨다"라는 증언은 단순하게 종과 주인의 관계를 말하는 것이 아닙니다. 그것은 서로 인격적인 관계성이 성립되었다는 것을 전제로 합니다.

"주 여호와께서는 자기의 비밀을
그 종 선지자들에게 보이지 아니하시고는
결코 행하심이 없으시리라."(암 3:7)

어떤 종교도 신이 인간과 인격적인 관계 안에서 자신의 일을 행하는 경우는 없습니다. 단지 초월적인 존재가 보잘 것 없는 인간에게 은총을 주는 일을 말할 뿐입니다. 그러나 성경은 항상 신이 세상을 단독으로 이끌어 간다고 증언하지 않습니다. 하나님은 인간을 통하여 인간과 함께 세상을 이끌어 가신다고 증언하고 있습니다.

둘째, 성경이 하나님의 말씀이라는 증언은 **"인간의 역사로 들어오시는 하나님의 행위에 대한 증언의 글"**이라는 것입니다. 많은 사람들은 모든 종교의 신들이 인간의 삶에 관여한다고 생각합니다. 그럼에도 불구하고 세상의 역사는 철저하게 인간의 삶을 지향하여 쓴 것을 역사라고 합니다. 그래서 역사는 인간의 우연의 산물이라고 말을 하는 것입니다. 현재 세속의 역사는 이미 과거에 일어난 사실에 기초하여 지극히 객관적이며, 원인과 결과에 의존합니다. 또한 세속사(世俗史)에서 사용되는 역사기술 방법은 항상 인간에게 일어나는 모든 일들에 관하여 우연이라는 전제에서 출발하며, 역사가는 자기시대의 사상과 결부하여 지나간 역사를 평가합니다. 현재 우리가 살고 있는 세계는 인간이 주도하는 역사기술을 역사서술 방법의 주류로서 인식하고 있습니다. 그러한 역사기술들은 결코 신이 세상을 인도하는 그리고 신이 주도하는 방법을 역사라고 하지 않습니다. 그래서 사람들은 단순하게 역사 (歷史, History)를 '인간이 거쳐 온 모습이나 인간의 행위로 일어난 사실'이라고 합니다.[2]

그렇다면 이 세상에는 인간의 우연으로 발생하는 역사만 존재할까요? 현재 세속사적 역사 인식과 이스라엘이 자신의 삶 속에서 인식하고 느꼈던 역사인식이 다르다는 것을 폰 라드는 다음과 같이 말하고 있습니다.

"현재의 역사 인식에 대한 기술의 원칙은 헬레니즘의 영향 아래에서 제시된 객관적인 인간 행위의 산물을 보고 인식한 것만 기술한다. 즉, 그것은 인간 세상에서 발생하는 인간들에 의한 사건의 기술이다. …… 그러나 유독 한 민족만이 역사는 단순한 인간의 행위에 대한 기록이 아니라, 야훼에 의하여 주도되고, 이끌어가는 신의 역사를 인식했고 또한 그 자신들이 인식한 경험을 기술했다."[3]

이러한 역사기술은 현대와 마찬가지로 고대 근동에서도 존재하지 않았던 특이한 역사기술 방법입니다.

---

2) W. 쉬미트, 차준희 역, 구약신앙, 대한 기독교 서회, 2007, 226-227

3) G.von Rad, *Der Anfang der Geshichtsschreibung im alten Israel*, TB8, 1 148-149

고대 근동의 역사적 원칙에서 신은 인간에게 추앙만 받고 인간에게 필요한 부분만 제공하면 서로 간의 의미와 책임을 다하는 사회였습니다. 즉, 신은 사람들에게 필요한 비와 햇빛을 제공하며, 인간은 신들이 굶주리지 않게 제사를 드리면 되는 것이었습니다. 그러나 이스라엘의 하나님(기독교의 하나님)은 그 이상을 원하십니다. 사람들이 자신의 삶속에서 취한 결정과 그 결정들을 통하여 발생한 사건들은 하나님의 섭리로 간주됩니다. 이 섭리의 행위는 한쪽으로는 인간 스스로의 자유와 그에 대한 책임이 있으며, 다른 쪽으로 하나님의 행위가 있는 것입니다. 이러한 행위가 바로 **"인간의 삶속에 들어오시는 하나님"**이라는 의미입니다. 따라서 이러한 기록들의 결정체가 바로 성경이라는 것입니다. 역사적 사건들이 인간들의 틈 속에서 인간 스스로 결정하며, 그 결정의 영향이 인간의 삶을 이끌어 가는 것이 아니라 보이지 않는 하나님이같이 결정하며, 그 결정의 영향력을 함께 공유하였다는 경험을 기록한 것입니다.[4)]

마지막으로 성경이 '왜 하나님의 말씀인가' 하는 질문에 대답은 **"성경은 일관성 있는 하나님의 행위를 표현"**하고 있기 때문입니다. 인간은 자신의 삶의 방향을 자신의 이익에 맞추어서 결정하기 때문에 자신의 삶의 일관성이 부족합니다, 왜냐하면 인간은 미래를 확실하게 알 수 없기 때문입니다.

인간은 자신들의 교만에 의하여 자신들을 창조한 하나님을 잃어버렸습니다. 그래서 그들은 항상 서로를 죽이고 자신에게 불만족하며, 마지막에는 죽음 후에 자신의 갈 곳에 대하여 두려워하며 살아가는 존재가 되어버렸습니다. 이러한 인간에게 다시 하나님은 처음 세상인 에덴에서와 같이 하나님과 함께하는 온전한 사귐을 계획하셨습니다. 그리고 그 계획을 위하여 일관성 있게 하나님 스스로가 자신의 구원 계획을 실행한 기록이 바로 성경입

---

4) 강영선, 성서 이야기 한마당, 대한 기독교 서회, 2008, 17-18

니다.

　인류는 멋대로 하나님과 떨어져서 자신의 길을 걸어갔지만 하나님은 실망하시지 않고, 오히려 한 민족을 택하여 자신의 구원계획을 모델로 보여주시고, 진행하셨습니다. 또한 오늘날까지도 계속 자신의 계획을 진행하고 계시다는 것을 성경으로서 증거하고 계십니다. 이러한 구원의 계획은 출애굽과 왕정 그리고 마침내 하나님 자신이 이 세상에 오신 **"인간이 되신 하나님의 사건"**으로 절정에 이르게 합니다. 하나님이 인간의 몸을 입으신 이 해방의 사건은 단순하게 한 민족에게만 머무는 것이 아닙니다. 그것은 하나님께서 인간의 몸을 입으시고, 인간의 죄를 대신 짊어지고, 죽고 부활하셨다는 사실이, 그 희생의 가치가 온 인류에게 미치게 된 것입니다. 그 영향의 마지막은 바로 하나님이 원하시는 구원의 완성인 것입니다. 이러한 구원사건의 기록과 증언이 바로 성경입니다. 그 때문에 성경은 하나님에 대한 증언의 기록이며 동시에 하나님 자신을 보여주시는 말씀이 되는 것입니다.

"성경을 어떻게 해야 잘 이해할 수 있을까요?"[5]

"나 곧 내 영혼이 여호와를 기다리며
내가 그 말씀을 바라는도다" (시 130:5)

"성경을 어떻게 해야 잘 이해할 수 있을까요?"라는 질문은 많은 기독교인들이 자신의 삶에 있어서 한 번쯤은, 아니 계속적으로 자신에게 던지는 질문입니다. 또한 많은 사람들이 말하기를 신약은 비교적 접근하기 쉬운데, 구약은 특정한 부분을 제외하면 대체로 신약보다는 어렵다고 합니다. 아마도 오랜 시간의 차이와 전혀 다른 문화적인 차이가 구약과 우리들의 간격을 넓히는 것 같습니다. 그래서 이 단원에서는 바로 "성경을 어떻게 하면 제대로 이해할 수 있을까" 하는 것입니다. 이제부터 이러한 질문을 염두에 두고 성경을 잘 이해하기 위한 많은 길 중에서 몇 가지의 길을 생각해 보기로 하겠습니다.

우선 성경을 잘 이해할 수 있는 길은 **"성경을 읽는 것"**입니다. 성경 이 외에 많은 서적들이 성경을 여러 방법으로 해석하고 있습니다. 그러나 우리가

---

5) 이 글은 2009년 2학기 서울신학대학교 학보에 연재했던 글을 수정한 것이다.

성경에 대한 많은 지식이 없다면, 성경을 해석한 글도 아무 소용이 없다는 것을 알아야 합니다. 우선 성경을 읽어 나갈 때, 있는 사실을 시간적인 순서대로 읽음으로써 전체적인 성경의 뼈대를 아는 것이 중요합니다. 하지만 성경을 읽는 것을 가지고 어떻게 읽으라고 하는 것을 말한다면 잔소리가 될 것이기 때문에 읽는 방법의 문제(정독, 속독 등등)는 독자에게 맡기려고 합니다.

이제 말하려고 하는 핵심적인 부분으로 들어가려고 합니다. 성경을 단지 읽는 것에 만족하는 것이 아니라, 좀 더 깊게 잘 이해하며 알기를 원한다면 두 가지의 길이 있습니다.

첫째, 성경의 기본적인 골격의 구조를 알아야 합니다. 즉, 성경은 어떤 책들로 되어있으며, 어떻게 분류되며, 서로 어떤 관련을 가지는가 하는 것입니다.

둘째, 성경의 말씀들을 파악하는데 헬라적 시각-신약성경적 시각-과 히브리적 시각-구약성경적 시각-이 다르다는 것을 알아야 합니다.

1. 성경은 전체적으로 어떻게 구성되어 있나요?

성경은 세상에서 가장 많은 사람들이 애용하며 읽혀진 책입니다. 성경을 영어로 "바이블"(Bible)이라고 합니다. 성경이라는 용어의 어원은 헬라어의 '비블로스'(βιβλos)에서 유래되었다고 합니다. 이 말은 여러 권을 모아 논 "책들"이라는 의미입니다. 그 때문에 성경은 한 권의 책이기 보다는 여러 권을 모아놓은 책을 의미합니다. 이러한 사실은 성경이 단순하게 한 명의 저자를 통하여 어느 한 시기에 만들어진 것이 아니라는 것입니다. 성경에서 가장 오래된 문자로서 기록은 주전 11~10세기까지 거슬러 올라가며, 또한 가장 늦게 형성된 것은 약 주후 1~2세기까지라고 합니다.[6] 그러므로 성경의 기

---

6) 여기서 말하는 저자의 연대는 "문서의 연대"이다. 정식으로 기록된 장소는 아마도 예루살렘이었을 것이다. 왜냐하면 성경에는 다윗 시대에 애굽으로부터 서기관을 데려왔다는 말을 하고 있기 때문이다. 그러나 "구전"으로 말한다

록 시기는 거의 1,000년을 넘어선다고 할 수 있습니다. 아래의 도표에서 보듯이 성경은 크게 두 가지의 책으로 나누어집니다.

첫째, 구약성경입니다. 초기에는 24권의 책으로 구성되었습니다. 그러나 그 후에 책의 목적에 따라서 어떤 것은 상·하 두 권으로, 그리고 어떤 것은 각각의 책으로(에스라-느헤미야) 나눴습니다. 그래서 지금은 39권의 책으로 구성되어 있습니다.

둘째, 신약성경은 전 27권으로 되어 있습니다.

구약성서(39)		신약성서(27)	
창세기(창)	전도서(전)	마태복음(마)	히브리서(히)
출애굽기(출)	아가(아)	마가복음(막)	야고보서(약)
레위기(레)		누가복음(눅)	베드로 전서(벧전)
민수기(민)	이사야(사)	요한복음(요)	베드로 후서(벧후)
신명기(신)	예레미야(렘)		요한 일서(요일)
	예레미야 애가(애)	사도행전(행)	요한 이서(요이)
여호수아(수)	에스겔(겔)	요한 삼서(요삼)	
사사기(삿)	다니엘(단)	로마서(롬)	유다서(유)
룻기(룻)	호세아(호)	고린도 전서(고전)	
사무엘 상(삼상)	요엘(욜)	고린도 후서(고후)	요한 계시록(계)
사무엘 하(삼하)	아모스(암)	갈라디아서(갈)	
역대상(대상)	오바댜(옵)	에베소서(엡)	
역대하(대하)	요나(욘)	빌립보서(빌)	
에스라(스)	미가(미)	골로새서(골)	
느헤미야(느)	나훔(나)	데살로니가 전서(데전)	
에스더(에)	스바냐(습)	데살로니가 후서(데후)	
	학개(학)	디모데 전서(딤전)	
욥기(욥)	스가랴(슥)	디모데 후서(딤후)	
시편(시)	말라기(말)	디도서(딛)	
잠언(잠)			

면 성경의 연대는 아주 오래된 고대의 시기까지 갈 수 있다.

1) 구약성경

　구약성경은 주후 1세기에 '얌니야 종교회의'에서 유대인의 성경으로서 정해집니다. 우리는 이것을 정경(Canon)이라고 합니다. 그러나 이 시기는 막 유대교와 그리스도인의 분리가 이루어지는 시기입니다. 그래서 구약성경을 지칭하는 두 가지의 용어로 분리되었습니다. 유대인들은 이 정경을 히브리 성경으로 불렀으며, 그리스도인들은 '계약'에 기준하여 모세로부터 이미 내려온 하나님과 이스라엘 백성 간의 계약으로 간주하여 '구약성경'(Old Testament)이라고 구분했으며, 반면에 그리스도를 기준으로 메시아인 예수 그리스도께서 이전의 계약을 완성하고, 이제는 그리스도를 통한 새로운 계약을 모든 인류에게 주셨다는 의미에서 '신약성경'(New Testament)이라고 불렀습니다.[7]

　이러한 용어의 구분은 단순하게 그리스도인들이 유대인으로부터 독립하기 위하여 지은 이름이라고 설명될 수 없습니다. 그것은 아마 **'단절과 이어짐'**이라는 용어로서 이해해야 합니다. 유대인들은 그리스도를 메시아로 보지 않습니다. 단지 유대인 중에서 가장 훌륭한 랍비로서 간주합니다. 그래서 유대인에게 히브리 성경으로서 불리는 구약성경이 유일한 경전입니다. 반면에 그리스도인에게 구약성경은 옛 전승들, 즉 이스라엘을 선민으로 삼고 그들과 계약을 행하신 하나님의 계약과 그 언약이 그리스도로 인하여 이방인에게도 이어지는 것을 말합니다. 이러한 분리는 그리스도인으로 하여금 유대인의 성경을 사용하기를 꺼려하도록 했습니다. 그래서 주전 2세기에 알렉산드리아에서 번역된 "헬라어 구약성경"[8]을 그리스도인들은 받아들였습

---

7) "구약은 신약이 있기 때문에 구약이다."(W. 쉬미트, 차준희 역, 구약성서 입문, 21) 이 말은 그리스도인들의 자기 해석에 근거한다. 확실하게 신약이라는 용어는 예레미야 31:31절을 반영한다. 깨어진 언약 대신에 새로운 언약(라틴어의 testamentum)의 적용범위가 어디까지인가?

8) 현재에 우리는 이것을 "70인역 헬라어 구약성경"이라고 한다. 이것은 알렉산드리아에서 유대인 학자 70명이 70일 동안 헬라어로 번역했다는 전설로 우리에게 전해지지만, 거의 두 세기에 걸쳐서 번역된 것이라는 사실을 발견할 수

니다. 이러한 전승의 수용으로 인하여 히브리 성경과는 그 책들의 배열에서 차이가 납니다.

(1) 히브리 성경

히브리 성경의 배열은 아래의 도표와 같이 세 부분으로 나눕니다. 그리고 이 히 브리 성경의 정확한 이름은 세 부분의 첫 머리글자를 따서 즉, 토라(Torah: 오경)의 'T'와 느비임(Nevi'im: 예언자들)의 'N' 그리 고 케투빔(Kethuvim: 문서들)의 'K'글자를 사용하여 타나크(Tanakh)라고 합니다.(W. H. Schmidt, 구약성서 입문, 22~26)

이 명칭과 히브리 성경은 유대 공동체 에 가장 권위 있는 의미를 가지게 됩니다. 유대교에서는 가장 권위 있는 토라가 핵 심으로 자리 잡고 있습니다. 그리고 이 토 라는 가장 먼저 정경으로 만들어졌습니다. 대략 오경 정경화 작업의 연대[9]는 주전 5~4세기로 추정하고 있습니다.

그리고 두 번째 중요한 책인 느비임은 '예언서들'이라는 의미입니다. 토라를 싸 고 있는 책이라고 합니다.

토라의 말씀을 선포하거나, 토라를 통

구약성서(39)	
토라	
창세기(창)	나훔(나)
출애굽기(출)	스바냐(습)
레위기(레)	학개(학)
민수기(민)	스가랴(슥)
신명기(신)	말라기(말)
느비임	**케투빔**
• 전기 예언서	욥기(욥)
여호수아(수)	시편(시)
사사기(삿)	잠언(잠)
사무엘상(삼상)	다니엘(단)
사무엘하(삼하)	역대상(대상)
• 후기 예언서	역대하(대하)
이사야(사)	에스라(스)
예레미야(렘)	느헤미야(느)
에스겔(겔)	• 다섯 엘기옷
호세아(호)	룻기(룻)
요엘(욜)	아가(아)
아모스(암)	전도서(전)
오바댜(옵)	예레미야
애가(애)	요나(욘)
에스더(에)	미가(미)

있다.

9) '정경화 작업의 연대'라는 말은 그때 만들어졌다는 것이 아니라 문서로 고정되었다는 것을 의미한다. 즉, 구전과 작 은 문서로 기록되어 있는 것을 한 권의 자신의 이름을 가진 책으로 묶었다는 것을 말한다.

하여 사람에게 하나님의 말씀을 전파하는 책으로 말하여졌습니다. 예언서는 크게 전기 예언자와 후기 예언자 두 부분으로 나누어집니다. 특히, 히브리 성경에는 여호수아, 사사들 그리고 사무엘을 예언자로 여기는 것을 볼 수 있습니다. 정경화 연대는 주전 3세기경으로 추정됩니다. 마지막으로 '문서들' 이라는 의미로 케투빔이 사용되었습니다. 지혜문서로 구성된 책들 속에 시편이 포함되어 있습니다. 다섯 멜기옷이라는 것은 이스라엘의 다섯 개의 축제[10]에 따라 거기에 맞게 그 책들을 축제 기간에 읽었다고 합니다. 특이한 것은 70인역 헬라어 성경에서는 예언서로 알려진 다니엘서가 성문서로 분류되어 있다는 점입니다.

(2) 헬라어 성경(소위 70인역 성경)

헬라어 성경은 오경을 제외하고 의도적으로 시간적 흐름에 따라 분류했습니다. 먼저 이 성경은 과거의 사건을 기억하기 위하여 역사서[11]를 제시하였습니다. 아브라함부터 시작하여 거의 자신들의 왕조 역사가 끝나는 예루살렘 멸망까지를 제시합니다. 현재의 시간은 시와 지혜문학으로 기록된 시가서[12]로서 제시하였습니다. 그리고 미래를 제시하는 의미로 예언서[13] 책들을 분류하였습니다.

---

10) 칠칠절(룻), 유월절(아가), 망국절(전도서), 장막절(애가), 부림절(에스더)

11) 여호수아, 사사기, 룻기, 사무엘 상하서, 열왕기상하서, 역대기상하서, 에스라, 느헤미야, 에스 더, 마카비서(외경)

12) 시편, 아가, 잠언, 전도서, 욥기, 집회서(예수 시락서: 외경)

13) 열두 소 예언서, 이사야, 예레미야, 예레미야 애가, 에스겔, 다니엘.

헬라어 성경에서 특이한 점은, 외경이라고 하는 유대교의 정경에서 떨어져 나간 책들을 정경의 위치에 포함하고 있다는 것입니다. 역사서에는 마카비서를, 지혜문서로서는 예수 시락서(집회서) 등을 정경으로 간주합니다. 현재 로마 가톨릭은 이 외경을 정경으로 받아들였습니다. 하지만 기독교는 외경을 정경으로 받아들이지 않습니다.

2) 신약성경

신약성경은 27권의 책들이 각기 특정한 성격대로 분류되어 있습니다. 복음서인 마태, 마가, 누가 그리고 요한복음은 예수 그리스도의 탄생과 그에 공생애 기간을 기록하고 있습니다. 바울서신[14]은 바울이 자신이 개척한 교회 그리고 목회한 곳에 보내는 편지로 되어있습니다. 그리고 작자 미상의 공동 서신 8권[15]은 편지의 형식으로 되어 있습니다. 게다가 세속의 역사적 흐름보다는 초기 기독교의 역사를 기록하고 있습니다. 거기에는 초대교회의 생성과 기원, 기독교의 초기 전파과정 그리고 그에 따른 박해를 생생하게 담아내고 있습니다. 마지막으로 묵시 문학의 책인 요한 계시록이 이 세상의 마지막과 마지막 후의 세계를 기록하고 있습니다.

신약성경은 이같이 다양한 문학 장르와 다

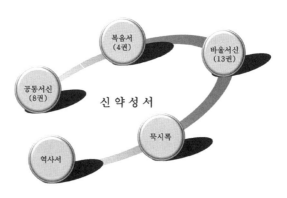

---

14) (1) 4대 서신(4) 로마서, 고린도 전 후서, 갈라디아서, (2) 옥중 서신(4) 에베소서, 빌립 보서, 골로새서, 빌레몬서, (3) 기타 서신(2) 데살로니가 전 후 서, (4) 목회서신 (3) 디 모데 전 후 서, 디도서
15) 히브리서, 야고보서, 베드로 전·후서, 요한 일·이·삼서, 유다서

양한 관점에서 메시아와 초대교회의 삶을 그려내고 있습니다. 그리고 신약
성경은 전체를 관통하는 통일성을 구약성경과는 다르게 가지고 있습니다.
그것은 '예수 그리스도에 대한 믿음' 또는 예수는 그리스도이며, 구원자 그
리고 메시아라는 것입니다. 이분이 인간의 몸을 입으시고 세상에 오셨으며,
인간의 죄로 인하여 죽으시고, 하나님의 힘으로 부활하셔서 하늘로 올라가
셨다는 것입니다.

그리고 마지막에는 이 땅에 다시 오셔서 믿는 자와 불신자를 구별하신다
는 것입니다.(마샬 D. 존슨, 성서와의 만남, 23~24)

2. 헬라적 시각과 히브리적 시각의 차이점

현대의 문화는 헬라적인 사고의 문화가 동·서양을 지배하는 문화입
니다. 그 때문에 이 문화에 익숙한 우리들은 모든 사물을 보는 잣대가 문화
와 헬라주의적인 시각은 무엇보다도 **"알맹이를 드러내는 문화"**라고 할 수
있습니다. 즉, 어떤 사건은 객관적으로 증명되어야 합니다. 핵심이 분명하
기 않은 이야기는 비과학적이며, 비이성적이기 때문에 신뢰할 수 없다고 합
니다. 예를 들면 헬라 문화에서 자연은 '보이는 아름다움'입니다. 그리고
그 아름다움이 형성되기 전까지 어떤 발달 과정을 가지고 있는가를 연구합
니다. 그러나 그것이 증명될 수 없다면 거짓으로 처리합니다. 그래서 헬라적
사유는 항상 "어떻게"라는 질문을 하게 됩니다. 어떻게 증명될 수 있을까?
어떻게 그런 이야기가 사실로 증명될 수 있을까?

반면에 히브리적 사고는 **'이야기로 포장된 문화'**라고 말하고 싶습니다.(강
영선, 30~31) 히브리적 사고에서 어떤 사건이 발생된 이야기는 무엇인가를 전
달하려는 그릇에 불과합니다. 그래서 구약성경의 이야기에서는 두 가지의 것
을 보아야 합니다. 즉, 어떤 것이 본질이며, 또한 어떤 것이 비(非) 본질인가 하

는 것입니다. 구약성경에는 본질을 숨기고 말하는 포장된 이야기가 많이 있습니다. 예를 들면 에덴동산 이야기, 선악과와 생명나무 이야기, 바벨탑 그리고 삼손 이야기 등등. 이 수많은 이야기들은 비본질적인 그릇이며, 그 안에 담겨진 하나님의 메시지가 바로 본질에 해당하는 내용입니다.

이러한 시각의 차이를 뱀이 하와를 유혹하는 사건(창 3:1~7)으로 설명하도록 하겠습니다. 우선 이 이야기의 시작은 "뱀의 이야기"로 시작합니다. 뱀은 간교하게도 다음과 같이 하와에게 말을 합니다. "하나님이 참으로 너희에게 … " 헬라적 사고는 여기서 이런 질문을 합니다. 뱀이 어떻게 말을 할까? 뱀이 인간인 하와와 의사소통을 할 수 있었을까? 있었다면 그것을 증명할 수 있을까? 그러면서 벌써 이 이야기의 내용보다는 "이 이야기가 사실일까?" 하는 질문을 하게 합니다. 그 속에서 두 가지의 반응이 나오게 됩니다. 먼저, 성경의 사실성을 증명하고자 하는 헬라적인 잣대를 가진 사람들은 "어떻게 해야 이 사실을 증명할 수 있을까" 하고 고민하게 됩니다. 반면에 뱀과 인간은 의사소통을 할 수 없다고 굳게 믿는 헬라적 시각을 가진 사람들은 이 이야기가 거짓이라고 확신하게 됩니다. 이 이야기가 무엇을 말하고자 하는 것은 관심도 없이 그냥 처음부터 이야기가 사실인가 아닌가 하는 문제에 치중하게 됩니다. 과연 이러한 헬라적 질문에서 구약성경이 말하려는 본질적인 답을 발견할 수 있을까요?

반면에 히브리적 사고에서는 뱀이 하와와 말을 하는 것 그리고 뱀이 하나님과 비슷한 입장에서 하늘의 신비한 힘을 알고 있다는 것 등은 중요하지 않습니다. "이 이야기가 사실인가?" 하는 질문은 그들의 문화에서 벌써 있는 사실이며, 또한 그들 관심의 중요한 관점이 아니라는 것입니다. 정작 히브리적 시각에서 중요한 것은 "왜 뱀이 하와에게 그렇게 말을 하였는가?" 하는 물음입니다. "뱀은 어떤 의도로 그렇게 말을 했는가?", "무엇 때문에 선악과를 하나님이 만드셨을까?", "왜 하필이면 뱀이 유혹자로 등장하는가?", "뱀이 말하는 '죽지 않는다는 것'과 '하나님과 같이 된다'는 것은 무엇을 의미하는 것일까?" 여기서 질문하는 "왜"와 "무엇"이라는 것은 포장하는 그릇의 형태를 묻는 것이 아니라 오히려 본질인 내용을 알기 위한 것입니다.(강영선, 30-31)

　　구약성경의 이야기들은 소위 문학적 작품들 속에 둘러 싸여 있습니다. 설화적 이야기, 시, 역사 등등 … 히브리인들은 자신들이 경험한 하나님의 이야기를 자신의 삶속에서 포장하였습니다. 따라서 그 포장의 틀에만 우리들이 집중하고, 치중한다면 우리는 결코 하나님이 진정으로 말씀하시고자 하는 메시지를 발견할 수 없을 것입니다. 비(非) 본질에 주력하지 말고, 본질의 의미를 알고 이해하기 위하여 노력해야 합니다.

　　반면에, 헬라적 시각은 신약성경에 잘 어울리는 분석적인 시각을 제시합니다. 특히 사도 바울의 로마서는 인간의 마음을 심층적으로 분석했어야만 잘 이해할 수 있는 글입니다.

> "[23] 내 지체 속에서 한 다른 법이 내 마음의 법과 싸워
> 내 지체 속에 있는 죄의 법 아래로
> 나를 사로잡아 오는 것을 보는 도다.
> [24] 오호라 나는 곤고한 사람이로다.
> 이 사망의 몸에서 누가 나를 건져 내랴!"(롬7:23~24)

　　다른 어떤 글보다도 인간 속에 있는 고뇌의 마음을 이보다 더 심층적이고 분석적으로 표현한 글이 있을까요? 갈등과 그 갈등을 이기려고 애쓰다가 쓰러진 인간의 힘든 싸움은 결코 알맹이를 포장하는 히브리적 사고에서는 나올 수가 없습니다. 따라서 이러한 히브리적 사고와 헬라적 사고에 대한 이해는 성경을 더 쉽게 이해하는데 자그마한 도움이 될 것입니다.

둘째 이야기:
구약성경 이야기

이제부터 우리는 성경을 통하여 하나님이 세상을 처음 만든 이야기와 인간을 창조하신 후에 인간을 위하여 일하시는 모습을 보게 될 것입니다.

성경은 태초의 인간을 아담과 하와(창 2:7; 창 3:20)[16]라고 이름 짓고 있습니다. 그 이름은 단순한 이름이라기보다는 모든 인류를 상징하는 것입니다. 인간이 창조되고 그리고 그가 하나님의 말씀을 거역한 이래로 세상은 죄라는 것이 관영하게 되었습니다. 그래서 하나님은 인간을 위한 구원의 계획을 시작하셨습니다. 이러한 구원 계획의 이야기가 바로 성경을 이끌어가는 각 마당의 주제가 됩니다.

각 주제들은 다음과 같은 도표로서 제시할 수 있습니다:

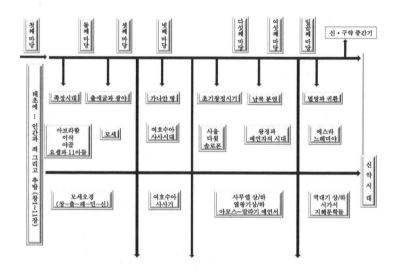

---

16) 아담과 하와는 성경의 첫 번째 책인 창세기에 등장하는 최초의 인간들이며, 최초의 부부이다. 아담은 히브리어로 단수이지만 그러나 집합적인 의미에서의 '사람'(인간 전체)을 의미한다. 그리고 창세기는 하나님이 남자와 여자를 창조하였다고 명시하고 있다. 창세기 2장 7절은 땅이라 는 의미의 아다마(adamaI)와 아담(adam)을 연결함으로써 인간의 근본이 흙임을 강조하고 있다. 이러한 흙의 강조는 인간은 땅에 속한 존재이며 그리고 반드시 땅으로 돌아가는 것을 의미한다. 그러나 창조의 두 번째 이야기(창 2: 4a~16)에서 이 단어는 전체에서 개인적인 이름으로 된다. 하나님은 처음 인간인 아담이 혼자 외롭게 있지 않도록 그에게 그의 갈빗대를 사용 하여 그의 반려자를 창조하셨다. 결국에 아담이 한 개체로서 각 개인을 지칭하는 최초 인간의 고유명사라는 것을 의미한다.(창세기 4장 25절); F. Maass, אדם, 81~94(TIWAT I, 1973)

마당 1에서는 세상의 시작과 인간의 시작은 어떻게 진행되었는가?라는 질문에 대한 대답으로 시작하여, 인간의 타락 이야기, 인류의 번영과 파멸을 다루게 됩니다. 우리는 여기에서 분명하게 하나님만이 세상을 창조한 창조주라는 고백을 듣게 됩니다. 또한 그분만이 인류의 번영과 그들의 죄악을 심판할 수 있는 분임을 알게 될 것입니다. 그 때문에 창세기 1장~11장에 대한 기록은 인류 전체 기록인 동시에 세계의 기원과 역사를 움직이시는 하나님에 대한 신앙고백으로 이해하게 됩니다.

마당 2에서는 인류 전체에 대한 기원과 역사에 대한 것이 아니라 반대로 인류 전체에서 한 사람을 선택하시고 한 민족을 이루게 하시어 하나님의 구원과 인도하심에 대한 행위를 제시하고 있습니다. 이 마당에서 우리가 흥미롭게 주목해야 할 것은 하나님과 동행하는 족장들의 신앙이 어떻게 달라지는가에 대한 것입니다. 흔히들, 많은 사람들은 족장들이 처음부터 신앙의 모범을 보여준다고 생각합니다. 그러나 그들도 우리와 같이 위기 상황에서(창 12: 10~20) 한없이 나약한 사람들이었습니다. 그럼에도 불구하고 그들이 우리와 다른 점은 어려운 상황 속에서도 다시 일어서려는 신앙의 노력을 한 사람들이며, 그 점이 우리 현재에 모범을 보여준다는 것입니다.

마당 3은 이스라엘이라는 민족의 형성 시기를 말하고 있습니다. 요셉과 그의 형제들이 함께 이집트로 들어갔으며,(창 46장) 그후 거의 400년 만에 아브라함의 자손들은 거대한 민족으로 성장하였습니다. 그러자 이집트는 그 민족에게 두려움을 느꼈습니다.(출 1:9) 그래서 그 민족을 노예로 만들었습니다. 노예가 된 민족이 그들의 아픔과 고난의 현실에 탄식하자 하나님이 비로소 개입하십니다. 출애굽은 단순한 한 민족이 노예로부터의 탈출이 아니라 오히려 하나님의 역사개입에 속한 사건입니다. 또한 이 마당에서는 '광야'생활이라는 주제도 함께 나타납니다. 인간이 전혀 살 수 없는 상황에서 누구를 믿고 매달려야 하는가를 제시합니다.

　마당 4에서는 이제 아브라함에게 하나님께서 약속(창 12:1~3)하셨던 땅에 대한 이야기가 전개됩니다. 여호수아라는 인물과 그 뒤를 따르는 사사들이 비로소 역사적 무대인 가나안에서 어떻게 땅을 점령하였으며, 그 땅을 어떻게 다스리는가에 대한 이야기를 할 것입니다.

　마당 5부터는 이스라엘이라는 이름으로 시작되는 "왕정시기"에 해당됩니다. 여기에는 처음에 우리가 잘 알고 있는 "사울 ― 다윗 ― 솔로몬"으로 이루어지는 통일왕국 시대에 왕정기간을 조명합니다. 그후에 시기를 소위 남·북 분열시기라고 합니다. 각 나라는 종교적이든, 정치적이든 분열의 아픔을 겪으면서 각기 다른 전통 속에서 흥망성쇠가 이어지다가 주전 723년 북 이스라엘이 먼저 앗수르에게 멸망을 당하고, 그뒤 200년이 지난 후에 예루살렘, 즉 남 유다가 바벨론에게 멸망을 당합니다. 우리는 여기에서 "왜 이스라엘이 멸망당했는가?" 하는 질문과 함께 그 역사가 주는 의미를 현재 우리의 신앙에 바탕에서 짚어보기로 하겠습니다.

　마당 6은 이스라엘의 예언과 예언자의 삶을 조명하고자 합니다. 이스라엘 예언의 독특성과 예언자들의 사명을 알아봄으로서 현재 우리들이 행하는 하나님의 일을 어떻게 감당해야 하는가를 살펴보기로 하겠습니다.

　마지막으로 마당 7은 구약성경의 성 문서를 살펴보고자 합니다. 구약성경이 하나님의 말씀이라는 사실은 변함없습니다. 하나님의 말씀은 인간이 경험한 인식과 또한 하나님에게 간구하는 문학작품에도 나타난다는 것을 이해하기 위하여 시편, 지혜문학과 묵시문학을 살펴보기로 합니다.

각각의 마당들은 성경의 이해를 위하여 쓰였으며, 주요한 사건에 의미를 주고자 하였습니다. 또한 그 의미들은 현재 우리의 삶에도 적용되는 것이기에 현재 우리의 삶에 접목시키고자 노력하였습니다.

태초에 … , 세계와 인간(창 1~11장)

"하나님이 … 그 종류대로 창조하시니 하나님이 보시기에 좋았더라"(창 1:21)

· 왜 성경은 하필이면 세상의 창조 그리고 민족들의 이야기를 세상 사람들이 말하는 역사가 아닌 원 역사 – 초월적 역사 – 로 시작하고 있을까요?

· 많은 사람들은 인류의 조상이 인간이 아니라는 진화론에서 출발하는데, 성경은 왜 창조에서 시작하고 있을까요?

· 성경은 분명히 인간이 참 아름답게(창 1: 31) 창조되었다고 하는데, 왜 우리는 매일 서로 싸우고, 심지어는 미워하며 서로를 죽이려하면서 살아가고 있을까요?

· 원 역사에서 말하는 죄란 무엇을 의미하나요? 죄가 성장할 수 있나요?

· 바벨탑은 무엇을 상징하고 있나요?

· 죄악이 넘치는 곳에서 하나님은 과연 무슨 일을 하셨나요?

성경이 이스라엘인들에 의해 쓰였음에도 불구하고 온 인류의 가슴에 와 닿는 이유는 바로 창세기 1장~11장 때문일 것입니다. 성경은 처음부터 지구의 시작을 특정한 부류, 즉 이스라엘에 속한 것이 아니라 오히려 약하고 힘없는 보편적인 인간을 통하여 세계의 기원을 풀어가고 있습니다. 우리는 이러한 이야기를 역사의 첫 부분이라고 하여 "원 역사"(Ur-Geschichte)라고 부르고 있습니다.

1. 창조이야기와 추방

1) 창조 선언

성경의 처음은 아래와 같이 시작을 하고 있습니다.

> "¹ 태초에 하나님이 천지를 창조하셨다.
> ² 땅이 혼돈하고 공허하며, 어둠이 깊음 위에 있고,
> 물 위에 움직이고 있는 하나님의 영이 있었다."(창 1:1~2)

이 첫 두 구절의 선포는 기독교인들에게 아주 중요한 선포이며, 신앙고백입니다. 왜냐하면 이 첫 선포는 성경 전체가 말하고자 하는 의도를 제시하며, 하나님의 창조 주권을 표현하는 말이기 때문입니다.

특히 창세기 처음 첫 단어는 히브리어로 "베레쉬트"라는 단어로 시작합니다. 한국어로는 **"처음에"**라는 단순한 단어지만 여기에는 시간과 공간의 시작이라는 의미가 담겨있습니다. 아무것도 존재하지 않은 처음이라는 의미입니다. 거기에는 세상과 인간 그리고 그 어떠한 신화적 존재도 존재하지 않은 모든 것의 시작에 하나님이 창조를 행하셨다는 선언입니다.

이 선언은 다른 타종교와 기독교를 구분 짓는 중요한 말씀입니다. 즉, 이 세상을 만드신 분은 하나님이며, 그분은 창조주라는 고백입니다. 그 외에 나타나고 보이는 모든 것은 피조물이라고 말하는 것입니다. 이러한 선언은 창조주와 피조물인 인간과 세상을 구분 짓는 일입니다. 이 구분은 인간이 어떤 노력을 해도 절대로 신(God)이 될 수 없는 피조물이라는 것을 의미합니다.

사실 고대부터 지금까지 타종교 행위의 진정한 추구는 인간의 노력에 의하여 신이 될 수 있다는 것입니다. 그러나 창세기 1장 1절~2절을 통하여 성경은 세상과 인간이 우연히 발생한 산물이 아니며, 창조되었다는 것을 말합니다. 즉, 하나님을 제외한 모든 것은 피조물이라는 것입니다. 그 때문에 피조물이 창조주를 대신하거나 또는 창조주가 되려는 모든 시도는 잘못입니다.

2) 세상 창조와 인간 창조이야기

창세기 1장과 2장은 창조주 하나님이 세상과 인간을 어떠한 계획과 의도로 만드셨는가를 알 수 있는 이야기가 들어있습니다. 흔히 창세기 1장 3절부터 2장 4절 중반과 창세기 2장 4절 후반부터 16절 마지막 절은 두 종류의 창조이야기로 나뉘게 됩니다. 이것은 두 번 창조가 진행되었다는 의미가 아니라, 오히려 두 창조이야기가 각각 독특한 자기만의 표현을 가지고 있는 것을 보여줍니다. 그러면서 또한 하나님의 창조와 계획을 조화롭게 서로 보완하는 것입니다. 한쪽 창조이야기(창1:3~2:4a)는 세상의 질서를, 다른 한쪽으로는 부여된 세상의 질서 속에 인간의 역할을 제시합니다.(창 2:4b~25)

첫 번째 제시되는 창조이야기의 중심내용은 하나님이 어떻게 세상을 만드셨나 하는 것입니다. 창조의 순서를 보면 하나님이 세상을 만드실 때 얼마나 많은 생각과 고민을 하셨는가를 알 수 있습니다.

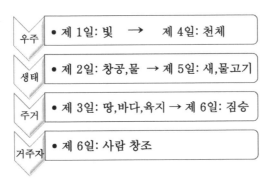

위의 표에서 보듯이 큰 덩어리 - 제1, 2, 3일- 의 모습들은 그 뒤에 작은 덩어리 - 제4, 5, 6일 - 를 위한 준비입니다. 그러나 그 모든 것이 마지막 창조의 절정을 이루는 인간에게 집중되어 있는 것을 볼 수 있습니다. 세상이 창조되는 형태도 우주→ 생태→ 주거→ 거주자로 인간에게 집중하고 있습니다. 하나님이 세상을 만드실 때 아주 중요한 사실은 혼돈을 정리하고 그 혼돈에 질서를 부여하는 방향으로 전개한다는 점입니다.

세상창조의 주요한 원리는 고대 메소포타미아의 창조 서사시[17]와 확실하게 구분됩니다. 고대 근동의 창조 서사시 속에서 천체, 창공들은 신으로 분류됩니다. 그러나 성경에서 해, 달과 별들은 전적으로 하나님이 만든 피조물이며, 결코 신이 아닙니다. 그렇기 때문에 해, 달, 별은 인간의 운명을 좌우하지 않습니다. 다만 그것들은 하나님의 피조된 세계를 지탱하는 아름다운 구성원들입니다.

하나님이 창조한 세계에 인간은 세상에 속한 한 구성원입니다. 그러나 하나님 편에서 인간을 창조하시고 생각하시는 것은 특별한 의미가 있음을 볼 수 있습니다. 그리고 하나님이 생각하시는 이 특별한 의미 때문에 1장과 2장에서의 창조이야기가 서로 독립된 이야기가 아니며, 상호 보안적인 창조이야기가 되는 것입니다.

---

17) 에누마 엘리쉬는 고대 메소포타미아의 창조 서사시로서 세상의 창조를 7개의 토판에 기록하고 있다. 그것은 신들이 세상을 창조한 이야기와 신들의 전쟁을 그리고 있다.(참조, 사무엘 헨리 후크, 「중동신화」, 박화중 역, 범우사, 2001)

아래 도표는 창세기 1장에서 인간 창조의 독특성을 그림으로 요약한 것입니다. 우리는 이 말씀을 통하여 하나님이 인간을 창조하실 때 인간을 하나님이 얼마나 생각하고 또한 특별하게 창조하셨는가를 알 수 있습니다.

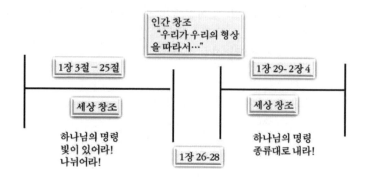

창세기 1장 1절~2장 4절 반절에 나타난 인간 창조는 세상 창조이야기에서 보다 짧게 묘사되어 있습니다. 그러나 전체적인 창조이야기에서 창세기 2장 26절~28절은 독특한 하나님의 행위를 드러내고 있습니다. 즉, 세상 창조는 거의 전적으로 하나님의 말씀과 명령으로 나타납니다. "빛이 있어라!", " … 종류대로 내라" 등등. 그러나 인간 창조에서는 대조적으로 하나님의 깊은 고뇌(창1:26~28 등)와 생각이 있습니다.

　"하나님이 말씀하셨다.
　우리가 우리의 형상을 따라서
　우리의 모양대로 우리가 사람을 만들고 … "(창 1:26)

여기에서 우리라는 것은 셈족 사람들이 깊은 사색과 생각에 잠길 때 혼자서 말하는 습관이 기초되어 있습니다. 그 때문에 우리라는 표현은 어떻게 만들 것인가 하는 깊은 생각이 들어가 있는 것입니다. 즉, 인간은 자연에 일부라기 보다는 세상 속에서 가장 중요한 존재로 지음을 받았다는 것을 의미합니다.

하나님의 특별한 애정이 담긴 계획 속에 인간 창조가 진행된 것입니다. 이는 전적으로 고대 근동의 인간관과 전혀 다른 세계관을 제시합니다. 즉, 고대 근동의 제일 오래된 서사시 "에누마 엘리쉬"에 의하면 인간은 신들의 전쟁에서 승리한 바벨론의 신인 마르둑이 패배한 악한 신인 킹구의 피로 만들었다고 합니다. 그리고 마르둑이 인간을 만든 목적은 신들의 노예로서 살아가게 하려는 의도였다고 합니다. 그러나 성경은 고대 근동과는 전적으로 다른 인간관을 제시하고 있습니다.

> "주 하나님이 **땅의 흙으로** 사람을 지으시고,
>
> 그의 코에 생명의 기운을 불어넣으시니,
>
> 사람이 생명체가 되었다"(창2:7)

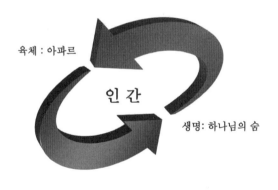

두 번째 창조인 창세기 2장 4절부터는 하나님이 인간을 만드실 때 어떤 재료를 사용하셨는가를 보여줍니다. 특히 그 요소를 잘 말해주고 있는 것이 2장 7절의 내용입니다. 옆의 도표는 그러한 말씀을 그림으로 요약해 놓은 것입니다. 인간의 구성 요소에는 다른 동물과 구별되는 재료가 있습니다. 창세기 2장 7절은 "땅의 흙으로(아파르)"라는 요소와 "생기(니쉬마트 하임)"라는 두 개의 요소가 절묘하게 배합되었을 때 비로소 인간이 되었다는 것을 말합니다. 특히, 주목해야 할 것은 육체를 만드실 때 다른 짐승들은 단지 흙으로(창 2:19)만 지으

셨는데 인간은 흙에서 나오는 아파르[18]로서 만들었다고 합니다. 거기에다가 니쉬마트하임 - 하나님의 생기 또는 숨 - 을 넣어서 인간이 되었다고 성경은 기록하고 있습니다.

위에서 제시한 두 개의 도표를 토대로 인간 창조의 의의를 본다면 인간은 세상과 구별되는 독특한 특징을 볼 수 있습니다. 첫째는 **"하나님의 형상"**(Imago Dei)[19]입니다. 하나님의 형상이 우리와 같다는 것은 "창조적인" 특징[20]이 같다는 것을 의미합니다. 그 때문에 하나님도 우리에게 창세기 1장 28절을 통하여 "세상을 다스리라"라고 명령하신 것입니다. 물론 그 명령은 자연의 파괴를 의미하는 것이 아니라, 오히려 창의적으로 경작하고 보호하고 가꾸라는 것을 의미합니다. 둘째, **흙으로부터 나온 "아파르"라는 재료입니다.** 흔히들 이 아파르는 "먼지" 또는 "재"로서 번역을 합니다. 이것은 구약성경에서 거의 죽음(욥 14:8)과 허무를 상징하는 말로 자주 사용합니다. 그 때문에 인간은 영원히 살 수 없으며, 항상 죽음을 동반하고 사는 것입니다. 셋째, **"하나님의 숨(니쉬마트 하임)"**입니다. 이것은 짐승과 구별되는 인간의 무한한 능력을 의미합니다. 생각할 수 있고, 도구를 조작할 수 있으며, 연민을 느낄 수 있으며, 사람을 그리고 하나님을 사랑할 수 있는 힘입니다. 이러한 인간의 독특한 특징은 하나님이 모든 인간에게 동등하게 부여한 것입니다. 어떤 사람에게도 적게 주지 않았으며 또한 더 많이 주지 않았습니다. 그렇기 때문에 인간이 인간을 자기의 이익을 위하여 이용할 수 없습니다. 즉, 인간은 다른 인간을 때리거나 죽일 수 없습니다. 왜냐하면 모든 사람 - 믿는 사람이든 또는 안 믿는 사람이든지 간에 - 에게는 하나님이 부여한 존엄성이 있기

---

18) 아파르라는 말은 원래 "먼지"라고 한다. 이것은 단순한 흙이 아니라 흙에서 나오는 어떤 원소를 가리킨다.

19) 히브리어로 하나님의 형상을 "체렘"이라고 합니다. 이 의미는 단순하게 보이지 않는 영적인 의미를 말하는 것이 아니라, 오히려 이 의미는 영과 육이 결합된 인격적 존재를 말합니다.(참조, 김재진, 성경의 인간학, 43~44)

20) 창조적인 특징은 인간의 고유함을 표시합니다. 즉, 생각하고, 서로 상호 간에 소통하며 그리고 서로 미워할 수 있으며, 또한 서로 축복할 수 있는 능력을 말합니다. 또한 혼자서 살아가는 것이 아닌 더불어 살아가는 특징을 말합니다.

때문입니다. 이것이 인간 창조의 진정한 목적입니다. 모든 사람은 동등하며, 인간들 사이에서 평등을 누릴 권리가 있다는 것입니다.

이 같이 두 개의 창조이야기는 다른 창조를 말하고 있는 것 같지만, 결국에 조화롭게 서로 보완하는 창조이야기를 제시하고 있습니다. 그리고 창조이야기의 중심이 바로 인간입니다. 다른 메소포타미아의 창조이야기가 신을 중심으로 그리고 있으며, 단지 인간은 신들을 돕는 도구로 그려지는 반면에 성경의 창조는 인간이 중심인 이야기입니다. 우리는 그러한 창조이야기에서 하나님이 인간을 얼마나 사랑하셨는가를 알 수 있습니다.

3) 타락과 실낙원

(1) 타락 이야기

앞에서 말했지만 하나님이 인간을 만드실 때 세상과 구별되는 자신과 이웃에 존엄한 평등권을 가진 존재로 만드셨다고 했습니다. 그러나 오늘날의 현실은 그렇지 않습니다. 서로를 미워하고, 시기하고, 질투하고 그리고 서로 죽이는 세상이 되었으며 또한 하루에도 지구상에 전쟁이 그칠 날이 없습니다. 왜 그렇게 변해 버렸을까요? 하나님이 세상을 만드셨을 때 세상은 인간을 위하여 창조되었으며 그리고 인간만이 세상을 관리하는 존재로 지음을 받았습니다. 그리고 모든 인간은 평등하기 때문에 서로가 서로에게 도움을 주는 존재로 지음을 받았습니다. 그런데 현실은 인간끼리 서로를 죽이고 이용하는 세상으로 바뀌었습니다. 그 원인이 무엇일까요? 우리가 그 이유를 정확하게 알기 위하여 창세기 3장의 이야기를 이해해야 합니다. 창세기 3장은 이렇게 시작하고 있습니다.

"그런데 뱀은 **야훼 하나님께서 만드신 들짐승 가운데**
제일 간교하니라."(창 3:1)

창세기 3장은 처음 뱀을 간교한 것으로서 등장시킴으로 무엇인가 앞으로 일어날 것을 암시하고 있습니다. 그 때문에 우리는 성경에서 말하는 뱀과 하와의 대화를 주목할 필요가 있습니다.

> 뱀이 하와에게 말했다: "하나님이 동산 안에 있는
> 모든 나무의 열매를 먹지 말라고 말씀하셨느냐."
> 그러자 하와가 말했다: "우리는 동산 안에 있는 나무의 열매를 먹을 수 있다.
> 그러나 하나님은 동산 한가운데 있는 나무의 열매는,
> 먹지도 말고 만지지도 말라고 하셨다. 어기면 우리가 죽는다고 하셨다."
> 그러자 뱀이 다시 말하였다: "너희는 절대로 죽지 않는다.
> 하나님은 너희가 그 나무 열매를 먹으면,
> 너희의 눈이 밝아지고, 하나님처럼 되어서,
> 선과 악을 알게 된다는 것을 아시고, 그렇게 말씀하신 것이다."(창 3: 1~5)

다음 행동은 하와가 열매를 보고 드디어 하나님이 금지하신 열매를 따먹게 됩니다. 여기에는 인간이 지음을 받은 그때와 지금 왜 인간이 하나님으로부터 멀어졌으며 그리고 변했는가를 이해할 수가 있습니다. 그 변한 이유는 몇 가지로 생각해 볼 수 있습니다.

첫째, 인간에게 가장 무서운 것이 무엇일까요? 아마도 죽음일 것입니다. 뱀은 인간의 마음속에 아주 적절한 유혹을 하였습니다. "절대로 죽지 않는다." 세상의 많은 종교는 인간이 어떻게 하면 죽지 않고 영생을 할 수 있는가를 추구합니다. 따라서 뱀의 유혹은 하와에게 아주 매력적으로 들렸을 것입니다.

둘째, 인간은 항상 자신의 한계를 극복하고 초월적인 존재가 되고 싶어 합니다. 그리고 결국에는 신 또는 신과 비슷한 존재가 되기를 추구합니다. 위의 대화에서 뱀의 유혹인 "하나님과 같이"라는 말이 하와에게 결정적으로

작용한 것은 바로 신과 같은 존재로 되는 유혹을 주었기 때문입니다.

셋째, 뱀의 말을 듣기 전까지 아담과 하와는 하나님에 대한 믿음이 절대적으로 나타납니다. 그러나 이 **"모든 것을 하나님은 알고 계셨다"**라는 말을 통하여 "왜 하나님은 이것을 알고 계시면서 우리에게 말씀하지 않으셨는가?" 또는 "하나님은 우리들이 하나님과 같이 되는 것을 두려워하시는가?" 하는 의심과 불신을 심어 놓았습니다. 이 말을 통해서 인간은 계속적으로 철저하게 하나님을 의심하게 됩니다. 아마도 하와는 이 말과 더불어 열매가 매력적으로 보였으며 그로 인해 선악과를 따먹었을 것입니다.

그 열매는 아담과 하와에게 영향을 주었습니다. 열매를 먹은 그들의 반응은 첫 번째로 **"눈이 밝아져서 그들이 벌거벗은 줄 알았다"**(창 3:6)라는 말입니다. 이 의미는 아담과 하와가 자신의 상태를 보았다 또는 알게 되었다는 것을 말합니다. 인간이 가지는 최고의 악이 들어 온 것입니다. 바로 교만입니다. 이것은 인간 스스로가 하나님과 같이 되려는 욕망을 표현하고 있는 말입니다. 그 때문에 원래 축복 속에서 지워진 그들의 존재가 자기만족을 위하여 살아가는 존재로 변한 것을 의미합니다.

두 번째로 **"하나님과의 단절"**을 의미합니다. 창 3장 8~10절은 "하나님의 소리를 듣고 아담과 그의 아내가 하나님의 낯을 피하여 숨었다"고 기록되어 있습니다. 이 단절은 단순하게 하나님과 인간과의 관계 단절만을 의미하지 않습니다. 하나님과 인간의 단절은 곧 인간과 인간의 관계의 파괴를 의미하며, 서로 수치를 느끼며(창 3:7), 책임을 전가하는(창 3:12~13) 것으로 발전하게 됩니다. 로마서는 그러한 인간의 모습을 불의, 탐욕, 악의가 가득한 자(롬 1: 29)로서 규정하고 있습니다. 더욱이 그 단절은 나아가서는 인간과 세상과의 단절을 의미합니다. 자연은 더 이상 좋은 열매로서 인간에게 양식을 제공하지 않으며 자연도 인간을 위하여 열매를 더 이상 맺지 않습니다.(창 3:17) 그 때문에 모든 피조물은 모두 약육강식에 사로 잡혀서 서로를 미워하며 죽이는데 집중하게 됩니다. 즉, 인간 자신에게 주어진 하나님의 명령과 자신의 선택 사이에서 인간은 자신에게 주어진 자유를 남용하는 선택을 함으로서 하나님 없이 사는 시대를 만들었으며, 더 나아가서는 이웃과 단절된 자신과 자기 분열적 파괴에 이르는 길로 가게 된 것입니다.

(2) 실낙원 이야기

인간의 타락 후에 하나님은 인간의 거주지인 에덴에서 아담과 하와를 추방하고 불칼을 가진 그룹(천사?)으로 하여금 그들이 에덴에 들어가지 못하도록 지키라고 하셨습니다. 아담과 하와가 가장 편안했고 만족스럽게 산 그 동산에서 추방당한 것입니다. 이것을 '실낙원'이라고 합니다. 우리는 여기에서 질문을 할 수 있습니다. 인간이 실낙원을 통하여 잃어버린 것은 무엇입니까? 편안한 삶의 자리, 풍성한 양식이 있던 장소, 따뜻한 기후 … 등등. 만일 이것만 생각한다면 우리는 실낙원의 의미를 잘못 알고 있는 것입니다.

물질의 풍부함은 인간의 영혼을 만족시키지 못합니다. 오히려 인간의 영혼을 게으르게 합니다. 아담이 낙원에서 추방당하면서 잃어버린 가장 중요한 것은 아마도 하나님과 함께하는 만족감을 이제는 누리지 못하는 것입니다. 동산이 서늘해지면 하나님과 함께 거닐면서 대화를 주고받던 아담이 이제는 모든 일을 자신이 알아서 처리해야 합니다. 즉, 영적으로 의지해야 하는 장소를 잃어버린 것입니다. 아마도 인간은 그때부터 그 허전함을 채우기 위하여 무엇인가를 해야만 했을 것입니다. 하나님을 잃어버린 허전함을 채우기 위해 항상 명예와 부와 권력에 목말라서 자신의 옆에 있는 사람들에게 상처주고 이용하면서 현대를 살아가는 우리의 모습처럼 말입니다. 이러한 생각을 증명하는 것이 바로 창세기 4장입니다.

2. 실낙원 이후의 세상

낙원에서 추방당한 아담은 900년간 살았다고 성경은 기록하고 있습니다. 즉, 낙원 이후의 성경은 인류가 어떻게 번성하였으며, 어떤 방향으로 인류가 나아가고 있는가를 제시합니다. 아래에 두 가지의 도표가 제시되고 있습니다.

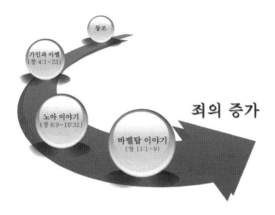

위의 도표는 창 4장부터 11장까지의 내용을 그림으로 표현한 것입니다. 이 도표에서 처음에는 화살표가 작지만 가면 갈수록 더 커지는 것을 볼 수 있을 것입니다. 그리고 인간의 죄악이 커져가는 모습을 이야기 형식(Narrative)으로 우리에게 전해주고 있습니다.

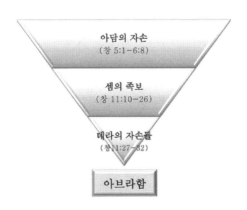

반면에 두 번째 도표는 처음에는 큰 삼각형이 가면 갈수록 작아지다가 나중에는 한 인물에 이르는 것을 볼 수 있을 것입니다. 이 형식은 거의 족보의 형식(Tholedot)[21]으로 쓰여 있습니다.

1) 죄가 죄를 낳고

위에서 제시한 첫 번째 그림은 먼저 가인과 아벨의 이야기(창 4:1~23)로 시작합니다. 아담과 하와의 범죄 후에 인류는 불행하게도 스스로 억제할 수 없는 마치 고장난 브레이크를 가진 차와 같이 죄악을 향하여 달려가고 있습니다. 그 증거가 바로 가인과 아벨의 인류 최초 형제 살인입니다. 인간이 가지는 시기심으로 인하여 살인을 합니다. 최초에 인간을 하나님이 만드실 때 모든 인간에게 평등함과 불가침의 존엄성을 주셨는데 그것을 깨버린 것입니다. 죄악의 실행은 처음에 개인으로 시작합니다.

또한 최초의 성읍이 바로 가인에 의하여 만들어졌다는 사실(창 4:17)은 죄악의 관영이 개인에서 다시 공동체로 전파된다는 것을 의미합니다. 마침내 하나님은 사람의 죄악이 도시 문명 속에서 넘치는 것을 보십니다. 하나님은 사람들의 죄악이 넘쳐나고 마음과 생각이 항상 악함(창 6:5)을 아시고 "한탄하시고 근심"하셨습니다.

두 번째 인류 죄악의 절정은 노아시대로 넘어가게 됩니다. 성경은 노아의 홍수가 전 인류를 향한 것인가 아니면 지역적인 홍수인가에 대하여 관심이 없습니다. 노아의 홍수 이야기의 관심은 왜 홍수를 하나님이 일으키셨는가 하는 것입니다. 고대 근동의 홍수 설화들은 인간의 죄악에 대한 심판보다는, 인간들이 많아져서 신들을 위협하거나 또는 세상이 너무 시끄러워서 신들이 안식을 얻지 못해서 일어납니다. 그러나 창세기의 기자는 노아시대의

---

21) 토레도트라는 말은 히브리어 "야라드(낳다. 출생하다)"라는 단어에서 온 말이다. 즉, 족보를 통상적으로 지칭하는 말이지만. 그러나 일반적인 가계와 혈통의 범위를 넘어서 민족 단위를 지칭 할 때도 사용된다.

대홍수 사건을 인류 죄악의 관영에 따른 하나님의 심판이라는 신앙의 자세에서 보기를 원합니다. 그렇다면 죄의 내용이 과연 무엇일까요?

창세기 6장의 죄의 관영은 처음부터 창세기 4장의 가인과 아벨의 형제 살인부터 성장해온 죄의 결과라고 할 수 있습니다. 가인의 후손에서 라멕이 나옵니다. 성경은 라멕의 죄악을 이렇게 말합니다.

" … 가인을 위하여 벌이 칠 배 일진대,

라멕을 위하여 벌이 칠십칠 배이리로다."(창 4: 24)

폭력으로 상징되는 그의 행위는 여기에서 끝나는 것이 아니라 더욱더 폭력적이고 가혹한 보복 이데올로기를 옹호하는 집단인 도시문화를 중심으로 발전하게 되었습니다.(창 4:17~26) 폭력은 폭력을 생산한다는 사실은 언제나 우리들이 살아온 역사가 증명하고 있습니다. 우리들이 살아온 역사 속에서 우리들이 생각해 보아야 하는 것은 바로 인간이 집단을 이루고 살면서 선한 행위도 존재하지만 집단을 이루는 만큼 폭력도 조직적으로 발전한다는 것입니다. 이러한 폭력이 바로 홍수를 일으키는 원인이며 죄악의 내용이었습니다.(강영선, 66~69)

마지막으로 위에서 제시한 도표의 최고 정점은 바벨탑을 향하고 있는 것을 볼 수 있습니다. 왜 바벨탑이 죄악의 정점으로 그림에서 제시하고 있을까요? 첫 번째와 두 번째의 죄악이 인간들 사이에서 발생된 죄악의 관련성을 제시한다면, 명백하게 성경은 인간들 사이에서 일어난 죄악이 더 이상 인간에게 향하는 것이 아니라 하나님에게 향해 나아갑니다.(사무엘 헨리 후크, 36~37)

노아의 홍수 이후에 다시 인류는 노아의 세 아들로부터 인구가 불어나기 시작합니다.(창 10:32) 그 이후에 인간이 어떤 노력을 기울이고 있는가에 대하여 성경 저자는 다음과 같이 표현하고 있습니다. "그들은 돌 대신 벽돌을 쓰고, 진흙 대신 역청을 쓰게 되었다."(창 11: 3) 이 말은 인간의 문명의 발전을 의미합니다. 하나님의 창조보다는 인간의 기술이 더 중요시되는 문명을 말하고 있습니다. 물론 성경은 과학 기술과 인간의 문명에 대하여 맹목적으로 혐오감을 나타내지는 않습니다. 다만 그 과학 문명이 도를 지나쳤을 때 오히려 경고하는 역할을 하게 됩니다. 왜 바벨탑이 도를 지나쳤다고 말을 하는 것일까요? 성경은 그러한 점에서 다음과 같이 말을 합니다.

" … 그 탑의 꼭대기를 하늘에 닿게 하여 … ."(창 11:4)

이 말은 단순하게 하늘로 올라가서 온 세상의 사람들이 한곳에 모여서 잘 살자는 말을 함축하고 있는 말이 아닙니다. 즉, 하늘의 세계를 인정하지 않고 인간 스스로 만든 권력과 명성을 얻으려는 하나님에 대한 인간의 집단적 반항의 표시입니다. 과학의 발전을 통하여 인간은 모든 면에서 편리하게 되었지만, 인간은 그 발전을 통하여 그들의 의식 저편에서 하나님이 세상을 창조하셨다는 것과 또한 하나님에 대한 믿음에 냉소적인 비웃음을 갖게 되었습니다. 그 결과 인간 공동체와 자연은 스스로 파멸에 이르게 됩니다. 왜냐하면 인간은 자기 스스로의 제어 장치가 없기 때문입니다. 두려워 할 어떤 존재가 없다면, 인간은 마치 고삐 풀린 망아지와 같이 자신의 이익을 위하여 질주하는 모습을 오랜 역사에서 관찰할 수 있습니다. 인간만이 가지는 감정은 차디차고 인격이 존재하지 않은 과학보다 사람을 사람답게 만들 수 있는 따스한 정(情)이 있기 때문입니다. 바벨은 바로 과학을 상징하고 있습니다. 그 때문에 바벨은 인간의 야심찬 미래의 인본주의적인 상징으로 간주하는 것입니다.[22]

---

22) 현재 위대한 물리학자 '스티븐 호킹'박사는 영국 일간지 가디언과 인터뷰에서 "천국과 사후세계 에 대한 믿음은 죽음을 두려워하는 사람들이 만들어낸 동화"라고 말을 한다. 스티븐이 말하는 "인간의 뇌는 컴퓨터의 부품"과도 인간은 같을 수 있다. 그러나 그는 인간의 한 부분만을 본 것 이다. 인간의 위대함은 "볼 수 없는 것을 보는 힘" 그것이 바로 인간의 실체이다. 과학은 이러한 인간의 실체를 볼 수 없다. 왜냐하면 과학은 인간의 영혼을 만들 수 없기

그러면 오늘날은 과연 어떤가요? 오늘날 과학의 발전이라는 미명 아래에서 우리들도 바벨탑을 쌓아가고 있지 않은가 질문해 보아야 합니다. 인류의 보다 나은 미래를 향하여 굶주린 사람과 불행한 사람들을 행복하게 하기 위한 연구는 계속되어야 합니다. 그러나 과학이 하나님을 대신한다는 생각 하에서 연구를 한다면 이러한 시도 역시 바벨탑과 다를 바가 없습니다. 하나님이 없는 삶과 하나님을 대신하려는 모든 것은 바로 하나님을 향한 도전이기 때문입니다.

2) 인류를 향한 희망

이제 우리는 전에 제시하였던 두 번째 그림에 집중해야 합니다. 하나님은 과연 인류가 죄속으로 빠져 드는데 아무 일도 안하시는가? 자신이 창조한 인간에게 상처를 입었기 때문에 이제는 무관심 하신 것인가? 인간의 타락으로 하나님과 단절

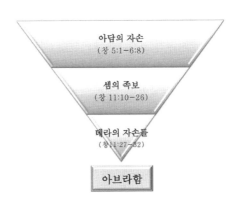

을 이루었다는 사실은 인간 편에서 생각하는 것입니다. 하나님은 인간이 자신을 실망시켰을지라도 결코 인간을 단념하지 않으셨습니다.

인간이 하나님의 말씀을 어긴 대가는 "죽음"(창 2:17)이였음에도 불구하고 아담이 바로 죽지 않은 것은 하나님의 연민이었을 것입니다.(욘 4:11) 이후로 하나님은 인간을 위하여 앞으로 어떻게 하시겠다는 의도를 구체화하십니다.

때문이다.

하나님의 계획은 첫째, 에덴동산 안에서 이루어집니다. 우선 아담으로 하여금 그의 아내의 이름을 하와(창 3:20)[23]라고 아담을 통하여 이름을 짓기 시작합니다. 그리고 아담과 하와에게 가죽옷을 입혀주는 장면에서도 하나님의 계획을 보증하고 있습니다.(창 3:21) 이 가죽옷은 아마도 가릴 수 있는 한계를 가진 나뭇잎(창 3:7)을 보완하는 일을 합니다.(창 3:21) 그들이 해결할 수 없는 자신의 부끄러움을 하나님은 하실 수 있고 계속해서 하신다는 것을 알수 있습니다. 옷을 입게 한다는 것은 생명을 얻었음을 의미합니다.[24] 인간의 수치와 허물을 가리는 하나님은 인류가 시작된 이래 최초로 성경이 우리에게 주는 희망의 메시지입니다. 인간의 반역과 실수, 폭력과 죄의 전과에도 불구하고 인간을 감싸 주신 것은 단지 일회적인 작용이 아니라 오히려 앞으로 하나님의 행위에 대한 메시지를 우리에게 전해주고 있는 희망의 상징입니다. 즉, 인류 구원의 가능성은 인간의 공로와 노력이 아니라 하나님의 사랑과 은총에서 시작합니다.

둘째, 이 구원의 행위를 연결하는 두 번째 방법은 인간 스스로를 통하여 이루어집니다. 셋 - 노아 - 아브라함 - 이삭 - 야곱 - 요셉 - 모세 - 다윗 - 예수. 노아의 홍수는 단순하게 고대 근동의 신들과 같이 자신의 안식이 방해를 받아서가 아니라 인간이 인간에게 행한 죄에 대한 심판입니다. 여기에서도 단순한 심판으로 끝나는 것이 아니라는 것을 알 수 있습니다. 노아와 그의 가족 그리고 모든 동물들을 쌍으로 살려두신 것과 홍수 이후에 무지개를 통한 약속으로 인간의 구원에 대한 하나님의 은혜의 희망을 계속 이어갑니다.

셋째, 족보를 통하여 알 수 있습니다. 위에서 제시한 그림은 아담과 하와

---

23) "모든 생명 있는 자의 어미"(창 3: 20)라는 의미는 생명을 만드는 존재를 의미한다. 여기에서 생명을 만드는 존재는 창조주를 의미하는 것이 아니라, 오히려 생명을 창조하는 매개체를 의미한다. A.S. Kapelrud, חוה, 794-798(ThWAT II, 1977)

24) 창 37: 3,23,32' 고후 5: 4; 월터 부르거만, 『창세기』, 현대성서주석 (한국장로교 출판사, 2000), 95.

의 시작으로 번성하게 된 인류의 족보가 서서히 좁혀지고 있는 것을 볼 수가 있습니다. 처음에는 온 인류의 족보(창 5:1~32)로, 그후 노아 한 사람에서 노아 아들의 족보(창 10:1~32)로 흘러갑니다. 그리고 그 다음에 노아 아들 중에서 단지 셈족의 족보(창 10:10~26)로 그리고 마지막에는 데라의 족보(창 10:27~32)에서 최종적인 목적지인 아브라함으로 좁혀지는 것을 볼 수 있습니다. 단순하기보다는 이 족보의 의미가 바로 하나님의 구원 방법을 제시하는 희망의 메시지입니다.

아브라함과 이삭 그리고 야곱의 하나님 그리고 요셉 이야기

하나님이 가라사대
…"나는 하나님이라 네 아비의 하나님이니 애굽으로 내려가기를 두려워 말라,
내가 거기서 너로 큰 민족을 이루게 하리라" (창 46:3)

· 족장의 의미는 무엇일까요?

· 하나님은 왜 아브라함을 선택하셨을까요?(창 12~25장)

· 이삭은 온유한 사람이라고 합니다.(창 26~27장)
  이삭이 아브라함과 야곱과는 어떻게 구별이 될까요?

· 야곱은 왜 자기의 형을 속여서 장자권을 탈취하였을까요?
  야곱은 변화될 수 있을까요?

· 하란으로 갈 때 야곱이 본 "하나님의 집"이라는 말은 무엇을 의미할까요?

· 요셉은 초기에 어떤 인물로 묘사되어 있나요?(창 37:1~11)
· 하나님의 계획안에서 요셉이 어떻게 성장하였나요?

· 요셉은 절망 속에서 희망을 보았습니다. 당신은 어떤가요?

원 역사 이후의 시기를 우리는 족장시대라고 말합니다. 우리가 위의 족보의 형태에서 보았듯이 인류 구원에 대한 하나님의 행위가 넓은 범위에서 좁은 범위로 향하는 것을 볼 수 있습니다. 그러한 하나님의 행위에 첫 번째 주목해야 할 것은 세계를 존재하게 하심입니다. 다시 말하면 창조 사역을 말할 수 있습니다. 그러나 그 창조의 현장이 – 세상과 인간 – 하나님의 의도에서 벗어났을 때, 하나님은 멀리서 보고 계신 것이 아니라 두 번째 방법을 사용하셔서 구원의 의지를 보이고 계십니다. 우리는 그것을 "대안적 공동체"라고 부릅니다. 이 대안 공동체의 구성원들은 그들의 삶이 완벽하게 채워져 있다고 생각되는 영웅들이 아닙니다. 대안 공동체의 구성원들은 자신의 삶 속에서 희망이 없는 사람들입니다. 즉, 미래의 희망을 가지지 못한 사람들입니다.(월터 부르거만, 창세기, 193) 그러나 하나님은 자신의 구원 역사를 이제부터는 이런 사람들의 선택을 통하여 한 민족으로 그리고 다시 그 민족을 통하여 전 세계로 확장시키시는 것을 알 수 있습니다.

1. 아브라함 이야기(창 12~25장)

아브라함 이야기의 시작은 성경의 메시지가 이제 설화적인 분위기에서 구체적인 인간의 역사로 전개된다는 것을 의미합니다. 아브라함은 지금으로부터 약 4,000년 전에 살았던 사람입니다. 사실 아브라함의 이야기는 아브라함으로 시작하는 것이 아니라 그의 아버지 데라에서 시작해야 합니다.(창 11:27~32) 그의 아버지 데라는 '갈데아 우르'(창 11:27)가 고향입니다. 아마 거기에서 두 번째 거주지인 '하란'(창 27:31)으로 이사를 오게 됩니다. 거기에서 데라의 아들인 아브라함은 하나님의 부름으로 인하여 가나안으로 들어오게 됩니다. 그는 가는 곳마다 장막을 치고, 제단을 쌓았다고 성경은 증언하고 있습니다.(창 12:8~9) 우리는 이제 3단계로 아브라함의 삶과 신앙을 생각해 보고자 합니다.

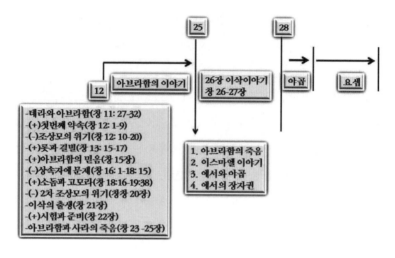

1) 하나님은 아브라함을 왜 선택하셨을까요?

이 물음에 의아해 하는 사람들이 참으로 많습니다. **"아브라함의 믿음이 좋으니까"** 선택을 하신 것 아닙니까? "아브라함이 선택 받은 것은 지극히 당연한 것이 아닙니까!"라고 생각하시는 분들이 많기 때문입니다. 많은 기독교인들은 아브라함이 믿음이 좋아서 선택을 받았다고 생각합니다. 그러나 아브라함이 자신의 믿음의 신실함을 보여준 것은 하나님이 아브라함을 선택한 후의 일입니다. 우리는 이 문제의 대답을 하나님의 의도와 아브라함의 상황이라는 두 가지 이해에서 추적해야 합니다.

첫째, 하나님의 의도입니다. 원 역사(창 1~11장)에서 인간의 행위는 불순종과 하나님에 대한 반역으로 가득 차 있었던 것을 보았습니다.[25] 인간의 개인적인 범죄에서 집단적인 범죄로 그리고 마지막으로는 신에 대한 도전

---

25) 선악과 사건(3장), 형제 살인(4장), 홍수 사건(6~9장), 바벨탑 사건(11장)

으로 인하여 폭력과 교만에 차 있는 인류의 모습을 보았습니다. 그러나 그러한 와중에도 하나님이 인간을 선하게 대우하시려는 행위는 멈추지 않았습니다. 아담과 하와에게 가죽옷을 입히신 사건, 가인에게 표를 주시고, 홍수 심판에서 인류를 보존하신 사건에서 볼 수 있었습니다. 이 배려는 이제 창세기 12장에 이르러서 구체적인 하나님의 인류 구원의 계획으로 바뀌게 됩니다. 확실하게 아브라함의 선택은 마지막 예수 그리스도의 오심으로 이어지는 구원사의 한 전환점을 마련하는 중요한 사건입니다. 창조에서 한 인간을 만드셔서 세상을 관리하게 하셨다면, 이제는 한 인간을 하나님 스스로 선택하셔서 인류 구원의 구체적인 작업을 이어가게 하신 것입니다.

둘째, 그러면 우리는 여기에서 "왜 꼭 아브라함인가?" 하는 질문을 해야 합니다. 데라의 아들들은 아브라함만이 아니라 나홀과 하란 그리고 그의 아들 롯도 있었습니다. 하란에서 아브라함은 성공한 사람이었을 것입니다. 왜냐고요? 많은 사람들이 아브라함을 경제적으로 빈약한 약자로 묘사합니다. 그러나 창 14장에서 아브라함의 조카 롯이 당시 소돔에 쳐들어온 네 명의 왕들에게 끌려갔을 때, 318명의 종(가신)을 거느렸다는 기록을 보면 알 수 있습니다. 318명이라는 숫자는 현대에서는 인구가 많기 때문에 아무것도 아닌 숫자지만 그 당시에는 큰 숫자입니다. 그 종들의 가족들을 다 합친다면 거의 1,000여 명의 사람들이 아브라함을 중심으로 가나안으로 들어왔을 것입니다. 그 때문에 아마도 아브라함은 하란과 그리고 가나안 땅에 유랑할 때, 경제적으로 허약한 사람이 아니라 오히려 부유한 사람이었음을 짐작할 수 있습니다. 그렇다면 아브라함이 경제적으로 부유하고 힘이 있었기 때문에 하나님께서 아브라함을 선택하셨을까요? 아마도 그 이유는 아니었을 것입니다. 오히려 아브라함이 약자였기 때문이라고 생각합니다. 창세기 11장 30절은 우리에게 아브라함이 하란과 가나안에 처한 상황을 잘 말해주고 있습니다.

"사래는 임신하지 못하므로 자식이 없었더라."(창 11 : 31)

경제적으로 또한 사회적으로 부족함이 없었지만 그러나 아브라함은 자신의 후사를 이을 아이가 없었습니다. 오늘날은 '아이가 없으면 없는 대로 편하게 살면 되지 또는 입양하면 되지'라고 생각하겠지만, 그러나 그 당시에 후손이 없다는 것은 신의 저주라고 생각했습니다. 또한 자신의 뒤를 이을 후사가 없다는 것은 자신의 존재가 세상에서 끝난다는 의미로 받아들였기 때문에 가장 힘들고 괴로운 삶을 사는 것이었습니다. 모든 것을 가지고 있는 자 같으나, 아브라함은 모든 것을 가지지 않은 자와 같은 삶을 살았습니다. 하나님의 선택은 여기에 있습니다. 완벽하다고 생각하는 사람들은 하나님 관심의 대상이 아닙니다. 무엇인가 모자라고, 무엇인가 부족한 자에게 하나님은 자신의 일의 적임자라고 생각하시는 것 같습니다. 왜냐하면 인간 스스로 완벽한 준비는 할 수 없기 때문입니다. 자신이 스스로 하나님을 위하여 완벽하게 준비되어야 한다는 것이 바로 하나님에 대한 "교만"이라는 것을 알아야 합니다.

2) 아브라함의 선택은?

아브라함은 위에서도 언급했듯이 경제적으로 어려움이 없는 삶을 살았습니다. 그러나 그에게 단 한 가지 부족한 것이 있는데 그것이 바로 자식이 었습니다. 아마도 하란에서 아브라함은 어떤 사람에게도 뒤지지 않는 그 지역의 유지였을 것입니다. 그러한 상황에서 하나님의 말씀이 아브라함에게 다음과 같이 임했습니다.

" … 너는 너의 고향과 친척과 아버지의 집을 떠나

내가 네게 보여줄 땅으로 가라. 내가 너로 큰 민족을 이루고 네게 복을 주어 네 이름을 창대케 하리니, 너는 복이 될지라.

너를 축복하는 자에게는 … .”(창 12:1~3)

창세기 12장 1~3절은 하나님이 아브라함을 선택하셨고, 앞으로 어떻게 대우하겠다는 제안입니다. 그런데 우리는 이 제안이 매우 매력적이라고 생각합니다. 한 민족의 시조가 되며, 그 자신을 통하여 복과 저주가 이루어진다는 제안입니다. 그러나 이러한 제안을 수용하고 받아들이기에는 한 가지 조건이 있음을 볼 수 있습니다. 그 조건은 “너의 고향과 친척과 아버지의 집을 떠나라”는 것입니다. 별거 아닌 것 같지만 그러나 아브라함이 상황은 모든 것을 포기해야 하는 상황입니다. 즉, 아브라함에게는 두 가지의 상황이 주어집니다. 한쪽으로는 “떠나라”는 말을 무시하고 그냥 하란에서 사는 것입니다. 이 선택에 이점은 하란에서 누리는 모든 권리를 누릴 수가 있습니다. 나그네로서 험한 방랑 생활을 하지 않아도 되고, 언제나 안전과 평안이 유지되는 생활을 하게 됩니다. 단지 자식이 없는 상태로 살아갈 뿐입니다. 반면에 다른 선택은 하란에서 누리는 모든 권리를 포기하는 것입니다. 즉, 미련 없이 하란을 떠나 하나님이 말씀하신 대로 가나안으로 나아가는 것입니다. 그런데 문제는 아브라함에게 주어진 모든 권리와 안전을 포기하는 것입니다. 그 당시 하란의 상황은 인구 밀집지역이였기 때문에 법적인 체제와 어느 정도 치안이 유지되는 상황이었습니다. 그러나 가나안 지역은 거의 무법지역이었습니다. 그 때문에 하나님의 말씀을 따른다는 것은 자신의 생명뿐만 아니라 자신을 따르는 사람들의 생명도 보장할 수 없는 것입니다. 그리고 자식을 주시겠다는 약속은 아직 실현된 것이 아니라 단지 약속 일 뿐입니다.(월터 부르거만, 창세기, 198) 이러한 상황에서 아브라함은 하나님을 선택하였습니다. 대부분의 사람들은 확실한 보장과 보증이 눈앞에 있어야지 믿음을 가지게 되며 또한 충성을 하게 되지만, 그러나 아브라함은 이러한 점을 보지 않았습니다. 그는 단지 하나님이 말씀하신 약속을 믿고 순종하였습니다. 믿음이라는 것은 무엇인가 가시적으로 주어진 것이 없어도, 미래에 주실 것을 따른다는 것을 의미합니다. 사실 아브라함의 선택은 쉬운 것은 아니었습니다. 자신의 안전이 보장되지 않은 환경으로 무작정 간다는 것은 자신의 생명을 포기하는 것과 같았기 때문입니다. 또한 보이지 않는 자식에 대한 약속만 믿고 생명이 보장되지 않은 장소로 간다는 것은 대단한 모험이라고 할 수 있습니다. 더군다나 아브라함은 자신의 자식을 낳을 때까지 거의 25년 동안 기다렸습니다. 비록 믿음의 굴곡이 있었을지라도 아브라함은 모든 것을 걸고 하나님의 약속을 믿었습니다. 하나님이 이러한 사람을 찾는다는 사실을 여기서 우리는 알 수 있습니다. 보이지 않는 것을 보는 사람, 남들은 앞을 보면서 자신의 이익에 대한 보장을 요구하지만, 그러나 눈앞에 보장된 것이 없을지라도 하나님의 약속을 믿고 나아가는 사람을 찾으십니다.

3) 하나님과 아브라함의 약속은 무엇일까요?

하나님의 약속은 정확하게 아브라함에게 "현재에", "당장에"라는 수식어구가 주어지지 않는 약속입니다. 그 때문에 아브라함의 자녀에 대한 약속도 "지금", "현재"가 아니라 "장차"라는 미래의 수식어구로 전달됩니다. 하나님이 아브라함을 부르실 때 처음으로 주어진 약속(창 12:1~3)은 아브라함에게 아주 중요한 약속입니다. 그런데 한 가지 의문이 있습니다. 왜 하나님은 아브라함에게 몇 번이고 반복해서 이러한 약속을 되풀이 했을까요?

실제적으로 창세기 12장에서 22장까지 계속되는 하나님의 약속이 쓰여 있습니다. 한번 약속하셨고 또한 아브라함이 그 약속을 믿었다면 왜 하나님은 그 약속을 반복하셨을까요? 우리는 그 이유를 아브라함의 생애를 이해할 때 알 수 있습니다. 아무리 첫 번째 약속을 굳게 믿은 아브라함이지만 그의 믿음이 100%로 흔들리지 않았던 것은 아닙니다.

다섯 번이나 계속된 약속의 말씀들은 위의 도표에서 보는 것과 같이 아브라함이 믿지 못하여서 일어난 불순종에 대한 하나님의 계속적인 보증인 것을 볼 수 있습니다. 아브라함의 생애는 절대적인 믿음보다는, 오히려 불순종과 회개의 반복 속에서 살았다고 해도 과언이 아닙니다. 그러나 하나님은 그러한 아브라함의 반복되는 불순종에서도 계속 자신의 약속을 지키기 위한 준비를 하셨습니다. 하나님의 모든 약속은 첫 번째 약속인 "자손과 땅"에 집중하고 있습니다. 아브라함의 이러한 모습은 우리에게 안도의 한숨을 쉬게 합니다. 만일 아브라함이 지속적으로 믿음이 흔들리지 않았다면, 아마도 우리는 아브라함을 우리와 동일시할 수 없는 비범한 인물로 생각했을 것입니다. 그러나 그도 역시 환경과 상황에서 흔들리는 사람이었기에 우리가 실패하여도 하나님에게 접근할 수 있는 길이 열린다는 것을 믿게 됩니다. 왜냐하면 하나님은 그런 사람에게 계속적인 신뢰와 은혜를 주시기 때문입니다.

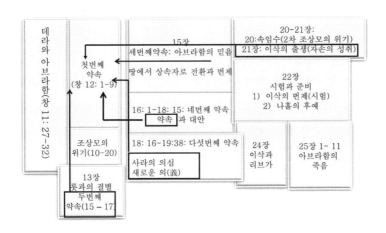

우리는 위의 도표를 통하여 두 가지 중요한 사실을 알 수 있습니다.

첫째, 하나님의 약속은 동일하다는 것입니다. 아브라함이 불신과 불순종을 행하더라도 하나님은 인내하고 참으시며 그리고 달래시며 자신의 약속을 이어가시는 것을 볼 수 있습니다. 아브라함이 하나님의 약속을 믿는다고 하지만 자신의 일신상에 위험이 닥쳐왔을 때,(창 12:10~20; 창 20:1~7) 또한 자식을 주겠다는 약속이 오래 지연되는(창 16:1~2) 때도, 그는 하나님의 보증과 약속을 잊어버리고 인간적인 방법을 간구합니다. 그러나 그때마다 하나님은 아브라함에게 당신께서 하신 약속을 다시 생각나게 하십니다. 이것이 바로 하나님의 방법입니다.

이제 아브라함은 그의 나이 99세 때 하나님의 약속을 포기하는 정도까지 이르렀습니다. 창세기 18장을 보면 드디어 아브라함에게 후사에 대한 소식이 전해집니다.

> "내년 이맘때 …
> 너의 아내 사라가 임신을 할 것이다."(창 18: 10)

그러나 아브라함과 사라는 하나님의 말씀을 비웃었습니다. 왜냐하면 사라는 폐경으로 인하여 인간적인 생각으로 보면 임신한다는 것은 도저히 불가능한 상황까지 왔기 때문입니다. 당연히 두 노부부는 자식에 대한 약속을 접을 수밖에 없었을 것입니다. 그러나 인간의 방법과 하나님의 방법이 다르다는 사실을 알아야 합니다. 하나님이 이루시려는 하나님의 계획은 기다림과 신뢰가 쌓여야 합니다. 그리고 하나님의 때가 되어야 이루어지는 것을 알 수 있습니다. 드디어 아브라함의 개인적인 하나님과의 약속은 아브라함의 나이 100세에 이루어졌습니다. 이삭의 출생은 아브라함에게 하나님을 향한 완벽하고 완전한 믿음을 가지는 결정적인 계기가 되었을 것입니다.

4) 정말 아브라함은 믿음의 조상인가요?

어떻게 아브라함이 완벽한 믿음에 이르렀는지 알고 싶으십니까? 창세기 22장이 그 증거라고 할 수 있습니다. 아브라함이 이스라엘 민족의 시조이며, 또한 우리들의 영적인 조상이라고 할 수 있는 것은 바로 창세기 22장에서 아브라함의 완전한 믿음의 모범을 볼 수 있기 때문입니다. 이 사건의 시작을 성경은 이렇게 시작하고 있습니다.

> "그일 후에 하나님이 아브라함을 시험하시려고 그를 부르시되 …
> 네 사랑하는 아들, 이삭을 … 번제로 드리라."(창 22: 1~2)

다른 사람도 아니고, 100살에 난 자식, 약속으로 얻은 자식 그리고 기적적으로 난 자식을 번제[26]로 드리라는 것입니다. 이러한 요구는 두 가지 면에서 아브라함을 절망으로 몰아넣는 것이었습니다. 한편으로는 인간적인 절망입니다. 아브라함이 하란에서 자신의 안정된 삶을 포기한 것은 자신이 죽은 후에도 자신을 기억해줄 사람이 필요했던 것입니다. 즉, 자신의 대를 이를 후사를 말합니다. 다른 한편으로는 약속의 파기입니다. 하나님 스스로 약속한 것을 파기하시겠다는 것은 하나님이 아브라함을 버리시겠다는 것입니다.(강영선, 81~82) 아마도 이삭이 탄생하는 기적을 보지 못했다면 아브라함은 예전처럼 사라를 파라오에게 누이(창 12:13)라고 했던 것처럼 비열한 인간적인 방법을 동원했을 것입니다. 그러나 달라진 아브라함의 모습을 우리는 성경을 통하여 볼 수 있습니다.

> "아브라함이 아침에 일찍이 일어나 나귀에 안장을 지우고 …
> 떠나 하나님이 자기에게 일러주신 곳으로 가더니 … ."(창 22:3)

하나님의 시험에 아브라함의 응답은 거의 자동적으로 의심 없이 자발적인 반응을 합니다. 더구나 이삭은 아무것도 모르는 채 "제물이 어디에 있습니까? 아버지!"라고 묻습니다. 이 가슴 아픈 질문에 저희들이 생각하는 것과

---

26) 번제의 제사는 짐승을 죽인 후에 불에 태우는 행위를 말한다.(레 6:8~13)

는 다르게 아브라함은 확신에 차 있는 대답을 합니다.

> "아브라함이 가로되 아들아 번제할 어린 양은
> 하나님이 자기를 위하여 친히 준비하시리라 … ."(창22:8)

아브라함의 이런 생각은 요행을 바라는 것이 아닙니다. 자발적으로 행하는 전적인 순종을 의미합니다. 이전에 아브라함이 환경에 맞게 하나님을 섬겼지만, 그러나 이 사건을 통해서 아브라함이 그의 생애에 하나님을 섬기는 신앙이 최고 절정에 도달했다는 것을 보여주는 것입니다. 그가 그토록 원했던 자손을 통해 자신의 존재를 이어가는 것이 하나님이 원하시는 것이 아니면 포기해야한다는 것입니다. 모든 것은 자신에게 달려있는 것이 아니라, 하나님에게 달려있다는 것을 아는 것이 바로 신앙의 최고 절정인 것입니다.

이 사건은 하나님이 시험도 하시지만 또한 준비하시는 분이라는 신학적인 사건을 보여줍니다. 즉, 하나님께서 자신의 백성을 어떻게 다루시는가를 보여 주는 부분입니다. 물론 참으로 이해할 수 없는 부분이기도 합니다. 시험을 주시면서 동시에 준비하신 하나님. 이 말은 과학적인 합리주의에 살고 있는 우리에게 모순으로 비쳐질 수도 있습니다. 그러나 하나님은 우리의 논리적인 일관성에 의하여 움직이시는 분이 아닙니다. 하나님은 자신의 뜻대로 움직이시는 자유로우신 분이라는 것을 보여줍니다.

2. 이삭 이야기(창 26~27장)

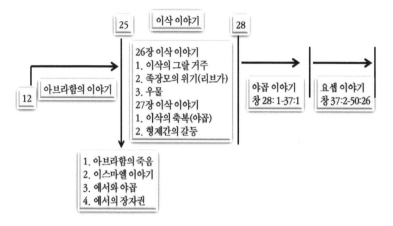

이삭의 이야기는 창세기에서 많은 부분을 차지하지 않습니다. 다만 아브라함 이야기의 마지막 부분인 탄생(창 21장)과 아브라함 신앙의 절정을 이루는 이삭 제물(창 22장)에 나와 있습니다. 또한 야곱과 에서의 탄생(창 25:19~34)과 야곱의 도주(창 28:1~9)입니다. 단지 창세기 26장~27장에서만 이삭이 주도적인 위치를 차지하고 있는 것을 봅니다. 전체 이삭 이야기는 두 부분을 나누어서 생각해 볼 수 있습니다.

1) 약속의 다리

창세기 26장은 이삭이 어떻게 아브라함의 뒤를 이어서 하나님과 약속을 이어가는가를 보여주고 있습니다. 창세기 26장 3~4절은 그런 점에서 중요합니다.

"이 땅에 거류하면 내가 너와 함께 있어

네게 복을 주고 내가 이 모든 땅을 너와 네 자손에게 주리라 …

네 자손을 하늘의 별과같이

··· 모든 땅을 너와 네 자손에게 ··· ."(창 26:2~3)

아브라함에게 말했던 "땅과 자손"(창 12:1~3)이라는 말이 또 다시 반복됩니다. 그 때문에 이삭은 하나님과 아브라함의 약속을 이어가는 다리의 역할을 합니다. 하나님이 세우신 아브라함과의 약속은 그의 후손 중에서 그 약속을 이어가게 됩니다. 그 후손이 점차로 많아지고, 민족 – 이스라엘 – 을 형성하게 되며 그리고 그 민족이 여호수아에 의하여 가나안을 점령할 때까지 지속적으로 이 약속은 유효하게 사람과 사람들 사이에서 흐르고 있는 것입니다. 그 역할을 하는 것이 바로 이삭입니다.

2) 이삭의 개인적인 특징

하나님이 아브라함의 믿음과 순종을 마지막으로 시험하시기 위하여 아들 이삭을 바치라고 했을 때,(창 22장) 이삭의 행위는 순종의 모범적인 행위라고 할 수 있습니다. 백 살이 훨씬 넘은 아버지가 자신을 데리고 산위로 올라가서 자신을 죽이려고 합니다. 충분히 반항할 수 있는 상황에도 불구하고 그는 잠잠히 아버지의 뜻을 따랐습니다. 아들을 제물로 드리고자 했던 아브라함의 믿음도 훌륭하지만, 아버지의 뜻을 말없이 따랐던 이삭의 순종도 본받아야 합니다. 사실 이러한 행위가 이삭의 개인적인 특징을 보게 합니다.

성경에서 이삭은 현실에서 받은 축복이 다른 사람보다 더 거대합니다. 여기에서 "복은 순종에 대한 하나님의 선물로 인식된다"라는 부르거만(W. Brueggemann)의 말은 매우 설득력이 있습니다.(월터 부르거만, 창세기, 338.) 창세기 26장은 이러한 복에 대하여 다음과 같이 표현하고 있습니다.

"여호와께서 이삭에게 나타나시어 ···
이는 아브라함이 내 말을 순종하고

내 명령과 내 계명과 내 율례와 내 법도를 지켰음이라."(창 26:2~5)

"그 밤에 야훼께서 그에게 나타나 …
내가 너와 함께 있어 복을 주어 네 자손이 … ."(창 26:24)

"여호와께서 너와 함께 하심을 우리가 분명히 보았다."(창 26:28)[27]
" … 이제 너는 여호와께 복을 받은 자니라."(창 26:29)

이삭이야기에서 중요한 관심사는 '야훼의 복 받은자'입니다. 이 '복'은 여기에서 먼 미래에 주어질 것들에 대한 희망과 관련되지 않습니다. 이삭이야기에서 복은 세상적인 기준에서 이루어지는 것들입니다. 성경은 이러한 것을 계속 증거하고 있습니다.

"이삭이 그 땅에서 농사하여 그 해에 백배나 얻었고
야훼께서 복을 주시므로 그 사람이 창대하고
왕성하여 마침내 거부가 되어."(창 26:12~13)

신약에서 **'백배나 더 되는 복'**을 받는 것은 신실함의 결과(마 19:29; 막 10:30)로 주어지는 것과 같이 이삭의 경우도 마찬가지입니다. 게다가 이삭의 복은 '우물 찾기'에서 더욱 빛이 납니다. 우물은 풍요와 생명을 상징합니다. 왜냐하면 우물은 사람이 먹는 물뿐만 아니라 짐승이 먹는 생명의 근원이기 때문입니다. 또한 우물을 발견한다는 것은 오늘날 과학으로 그리 어려운 것이 아니지만, 지금으로부터 4,000년 전에는 쉽지 않은 일이었습니다. 이삭은 그러한 우물을 분쟁이 생길 때마다(창 26:15; 18; 21~22; 25) 발견합니다. 그

---

27) 창 21:22 ; 28:20.

리고 이 우물 분쟁의 끝은 그 땅의 거민인 블레셋과의 화해로 끝을 맺게 됩니다.(월터 부르거만, 창세기, 337~344)

이삭 이야기와 아브라함 이야기와의 차이점은 아브라함은 계속적으로 하나님의 약속에 대하여 의심이 반복되지만 이삭은 하나님의 약속에 대하여 아무런 의심을 가지지 않습니다. 왜냐하면 이삭은 자신이 사는 현실에서 하나님의 축복이 현실의 상황을 통하여 나타났기 때문입니다. 이삭 이야기에서는 믿음의 갈등이 최소화되어 있습니다. 또한 생활의 어려움도 역시 쉽게 해결됩니다. 그 때문에 이 모든 것은 미래에 관련된 축복이 아니라, 현실에 관련된 축복입니다. 왜냐하면 이삭 이야기에서 축복은 하나님이 주신 선물이며, 그 선물은 하나님이 주신 풍성한 삶의 질서를 증명하기 때문입니다.

3. 야곱 이야기(창 27~ 36장)

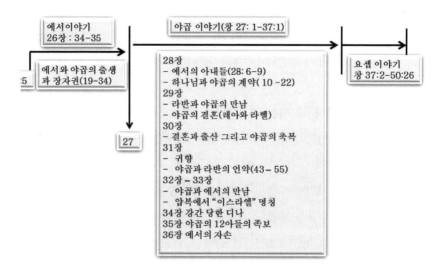

1) 가나안에서 야곱과 에서

야곱 이야기는 위에서 제시한 아브라함 이야기와 이삭 이야기와는 다르게 전개됩니다. 아브라함은 결단의 사람이었고, 이삭은 조용하고 순종적인 사람이었다면, 아마도 야곱은 그의 전 생애가 투쟁적인 삶을 살았다고 해도 과언이 아닙니다. 그 때문에 야곱 이야기의 이해는 그의 탄생에서부터 이야기를 풀어가야 합니다. 이삭의 아내 리브가는 쌍둥이를 임신했습니다. 그 쌍둥이는 어머니 뱃속에서 서로 발길질을 하며 싸웠습니다. 배 안에 있는 그들에게 하나님의 신탁이 임했는데 그 신탁은 다음과 같습니다.

"두 민족이 너의 태안에 있다.
두 민족이 네 복중에 나누어질 것이다. …
큰 자가 어린 자를 섬길 것이다."(창 25:23)

아마도 이 둘은 성경에는 없지만 서로 장자의 권리를 가지기 위하여 싸움을 벌인 것 같습니다. 그렇게 태어난 쌍둥이 형제가 '에서와 야곱'입니다. 먼저 나온 자의 특징은 태어날 당시에 몸에 붉고 전신이 털옷 같아서(창 25:25) 이름을 '에서'라고 하였습니다. 뒤에 나온 자는 형의 뒤꿈치를 잡고(창 25:26) 나왔으므로 그의 이름을 '야곱'이라고 하였습니다. 이 두 사람은 각자가 서로 다른 삶을 산 것 같습니다. 성경은 에서가 사냥꾼이 되었으며 그리고 야곱은 조용히 장막에 거하는 사람이라고 증거하고 있습니다.

성경은 계속하여 이 두 사람의 특징을 여러 가지로 소개하고 있습니다. 이 두 형제의 성격을 가장 잘 나타내는 본문은 아마 에서가 장자권(창 25:27~34)을 팥죽 한 그릇에 팔아먹은 사건입니다. 에서는 사냥을 다녀와서 배가 매우 고팠고 피곤했습니다. 동생인 야곱은 이때를 기회로 삼아 형에게 팥죽 한 그릇을 주면서 장자권을 팔라고 합니다. 일시적인 배고픔을 참지 못한 형 에서는 주저함 없이 팥죽 한 그릇에 자신의 삶의 미래를 팔아 버렸습니다. 이 사건은 두 형제의 기본적인 성향이 어떠한가를 잘 말해주고 있습니다. 에서는 극단의 이기주의를 제시합니다. 자신의 몸과 자신을 위해서라면 무엇이든 하는 부류입니다. 이러한 점이 다른 곳에서도 나타납니다.

"에서가 또 본즉 가나안 사람의 딸들이
그 아비 이삭을 기쁘게 못하는지라."(창 28:8)

에서는 부모님을 기쁘게 하지 못했다는 것을 볼 수 있습니다. 그는 자신이 원하고 자신이 기뻐하는 대로 행하는 이기적인 성품을 가진 사람입니다. 그렇다면 야곱의 성품은 과연 어떨까요? 야곱은 이기적이기보다는 개인적이며, 현실주의자라고 할 수 있습니다. 약삭빠른 현대인의 전형적인 모습입니다. 그래도 야곱이 에서보다 나은 것은 부모님을 근심스럽게 하지 않았다는 것입니다. 물론 두 형제의 성품 중에 누가 더 좋다고 말할 수는 없습니다.

그런데 그럼에도 불구하고 하나님께서 야곱을 선택하신 이유가 무엇일까요? 에서가 장자권을 등한시해서 하나님께서 화가 나신 걸까요? 아닙니다. 물론 그것의 영향도 있지만 절대적인 것은 아닙니다. 하나님은 이기주의를 극도로 싫어하십니다. 왜냐하면 이기주의는 그 사람이 교만하기 때문입니다. 또한 교만한 사람은 하나님의 도움이 필요 없다고 생각하며 자기 힘에 의존하며 사는 사람입니다. 그 때문에 에서는 평생을 하나님과 무관하게 살아갑니다. 이삭의 장자이면서 할아버지 아브라함과 아버지 이삭과 하나님과의 약속 – 땅과 자손 – 을 이어받을 자질이 에서에게는 있지 않았습니다. 반면에 야곱은 현실적이며 또한 개인적 성향이 강할지라도 그는 순종적이며 부모님의 마음과 교훈을 들을 수 있는 사람입니다. 또한 그는 장자권을 원했다는 것만으로도 무엇이 중요한 것인가를 생각할 수 있는 사람이었습니다. 이러한 성품을 하나님은 귀하게 보신 것입니다.

이후에 야곱은 물론 그의 현실적인 그리고 이익추구를 위하여 수단과 방법을 가리지 않는 사건 때문에 많은 고난을 당하게 됩니다. 그는 장자권 획

득을 위한 사건과 거듭되는 야곱의 야비한 행위인, 이삭이 에서에게 내려주는 축복 권을 가로채는 사건(창27장)이 이어지면서 화가 난 에서로부터 목숨의 위협을 받게 됩니다. 그래서 어머니 리브가의 권유로 한편으로는 목숨을 부지하기 위해서, 다른 한편으로는 자신의 일족 중에서 아내를 맞이하기 위하여 하란으로 가게 됩니다.

2) 야곱과 외삼촌 라반

야곱의 현실적이고 야비한 성격 때문에 위급한 상황은 여기에서 끝나지 않습니다. 외삼촌 라반의 집에서도 외삼촌 라반과 야곱의 대립은 계속해서 일어납니다. 물론 외삼촌 라반도 그리 만만한 사람은 아니었나 봅니다. 현실적이고 약삭빠른 야곱도 외삼촌 라반에게 속아 아내를 얻기 위하여 14년간 삼촌의 집에서 봉사를 하게 됩니다.(창 29:15~20) 그러나 야곱이 속이는 수단은 라반보다 더욱더 뛰어난 것 같습니다. 야곱은 외삼촌의 두 딸과 그 여인들의 두 여종을 취한 후에, 그는 외삼촌 라반과 일에 대하여 계약을 하게 됩니다. 만일 짐승을 돌보다가 새끼가 태어나면, 색깔이 없는 짐승은 라반의 것으로, 그러나 그 새끼 중에서 얼룩이와 점박이가 태어나면 야곱의 것으로 하는 계약을 합니다. 그 계약으로 야곱은 막대한 이득을 취하게 됩니다.(창 30:31~43) 그렇게 외삼촌 라반의 집에서 일을 하면서 야곱은 점점 더 거부가 되어갔습니다. 그러나 다시 야곱과 라반과 그의 아들들 간에 재산으로 인한 분쟁이 일어납니다. 아마도 야곱의 일생은 거의 갈등의 연속적인 선상에서 생각해야 합니다. 그러나 그 갈등의 중심에는 자신의 욕심에 의하여 일어난 것임을 볼 수 있습니다. 이렇게 문제가 있는 야곱임에도 불구하고 하나님이 그와 함께 하신 것을 우리는 주목해 볼 필요가 있습니다. **왜 하나님은 그와 함께 하셨을까요?**

첫째, 야곱은 자신의 인생에 있어서 무엇이 가장 중요한 것인가를 알고 그것을 얻기 위하여 애를 썼다는 것입니다. 물론 약삭빠른 현대인의 전형적인 모습과 같이 방법상의 문제는 있습니다. 야곱이 잘 했다고 칭찬하는 것이 아니라, 무엇이 자신의 인생에 중요한가를 인식하며 살아갔다는 것입니다.

둘째, 비록 처음부터는 아니지만, 야곱은 하나님과의 약속을 자신의 인생에서 가장 중요하고 일차적인 목표로 삼았다는 것입니다. 야곱은 형의 장자권과 축복권을 가로챈 사건으로 화가 난 에서를 피해 하란으로 도망하던 중에 하나님과 만납니다. 우리는 이것을 "벧엘 사화 또는 벧엘 이야기"(창 28:10~22)라고 합니다. 벧엘의 들판에서 노숙하면서 야곱은 꿈을 꾸었는데 그 꿈에서 하나님과 만나게 됩니다. 여기에서 하나님은 아브라함과 이삭에게 약속한 두 가지의 문제를 다시 야곱과 약속하십니다.

"너의 조부 아브라함의 하나님, 이삭의 하나님이라

너 누운 땅을 내가 너와 네 자손에게 주리니,

네 자손이 땅의 티끌 같이 되어서 …

땅의 모든 족속이 너와 네 자손을 인하여 복을 얻으리라 …

내가 너와 함께 있어 … ."(창 28:13~15)

이러한 약속과 더불어 야곱 역시 하나님을 경험하게 됩니다. 이 경험이 바로 야곱의 인생을 바꾸는 계기가 됩니다. 야곱은 여기에서 자신이 베개로 삼았던 돌을 세워 기념비로 세웁니다. 비로소 거기에서 야곱은 하나님을 알게 되어 그 경험을 바탕으로 믿음이 형성됩니다. 그래서 거기를 벧엘(창 28:19)이라고 부르게 됩니다. 그후에 야곱은 어머니의 말대로 외삼촌 라반의 집으로 가게 됩니다. 거기에서 14년간 라반의 집에서 결혼하여 12아들을 낳게 됩니다. 이 열두 아들들이 나중에 이스라엘의 12지파의 시조가 됩니다.

마지막으로 야곱은 자신의 전 인생을 갈등과 도망 속에서 험난하게 살았습니다. 그럼에도 불구하고 그 인생의 험난한 여정 속에서 자신의 신앙을 굳건하게 지켜온 야곱의 위대함은 그의 이름 바꿈에 있습니다. 야곱에서 이스라엘로의 개명은 아마도 이스라엘 국가의 처음을 예시하는 이름입니다. 라반의 집에서 귀향을 하게 된 야곱은 얍복 강가에서 에서를 기다리게 됩니다. 야곱이 에서를 속이고 도망한 후에, 에서는 에돔족의 족장이 되었고 사해 남쪽에 아주 큰 세력을 형성하고 있었습니다. 만일 형 에서가 옛날 일로 자기의 목숨을 빼앗으려 한다면 아마도 꼼짝없이 죽음을 당해야 할 처지에 놓이게 된 것입니다. 이러한 급박한 상황에서 야곱은 홀로 부누엘에서 하나님의 천사와 씨름을 하게 됩니다.(창 32:13~32) 그 씨름으로 하나님의 천사를 통해 얻은 이름이 바로 "이스라엘"28)입니다. 이 이름은 장차 아브라함의 자손들이 자신의 민족 또는 국가에 붙여질 이름을 제시합니다.

4. 요셉 이야기(창 37~50장)

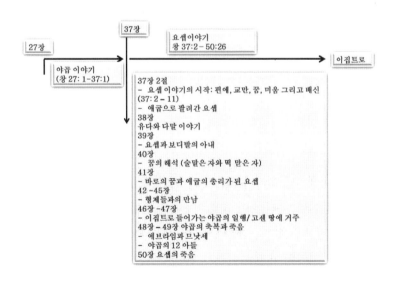

---

28) 이 이름의 의미는 "뒤엉켜서 하나님과 싸우다" 입니다.

1) 가나안에서 요셉

기독교인이라면 누구나 요셉의 이야기를 모르는 사람은 없습니다. 그러나 많은 사람들이 요셉에 대하여 몇 가지 잘 알지 못하는 것이 있습니다. 사람들은 요셉을 처음부터 착하고 지혜롭고 그리고 멋진 사람이라고 생각합니다. 그러나 요셉은 좋은 인격을 소유한 사람이 아니었습니다. 머리는 좋은 것 같지만 그러나 버릇없는 소년이었습니다. 그는 천성적으로 자기를 뽐내기 좋아하며 오만한 사람이었습니다. 아마도 그 이유는 아버지인 야곱의 지나친 편애가 불러온 잘못이 아닌가 합니다. 또한 요셉은 처음부터 비전을 가지고 있는 소년이 아니었습니다. 꿈을 잘 꾸기 때문에 그가 어떤 비전을 품고 있었다고 생각하기 어렵습니다. 대부분 하나님께서 어떤 인물을 쓰시려고 꿈을 통해서 또는 상징을 통해서 알려주시면 그 인물이나 그 주변 인물들은 먼저 침묵하고 그리고 경과를 지켜보는데(창 37:11) 요셉은 자기의 꿈을 떠들고 자랑하고 다닙니다.[29] 그러므로 결코 처음부터 요셉은 하나님이 원하시는 계획을 이루고자하는 비전을 가슴 깊이 생각하는 마음을 가지고 있지 않은 사람이었습니다. 여기에서도 우리는 하나님 선택의 신비를 생각할 수 있습니다. 인간적인 마음으로 저런 사람을 어떻게 사용하실 수 있을까? 라고 하나님의 방법에 의문을 제기하게 되지만 그러나 나중에는 "아하!"라는 단어와 함께 이런 고백을 하게 됩니다: **"하나님이 옳으십니다!"** 요셉의 경우가 그렇습니다. 그 때문에 요셉 이야기는 대부분의 사람들이 요셉의 관점에서 단순히 재미난 이야기 또는 한 인간이 불행을 딛고 일어서는 이야기로 오해하게 됩니다. 우리는 이 요셉 이야기의 관점을 다른 각도, 즉 "하나님의 계획"이라는 관점에서 인간 요셉이 어떻게 사용되는가를 보아야 합니다. 또한 하나님은 자신의 계획을 이루기 위하여 허물 많은 사람을 어떻게 귀한

---

[29] 곡식단의 꿈(창 37:7_8), 해와 달과 별 열둘의 꿈(창 37:9~10)

사람으로 변하게 하시는가를 발견해야 합니다.

2) 요셉의 고난과 극복 그리고 하나님의 계획

버릇없고 오만한 요셉은 그후에 자신의 인생에 첫 뼈아픈 경험을 하게 됩니다. 즉, 형들에 의하여 이집트로 팔려가게 됩니다. 요셉에게 이 첫 뼈아픈 경험은 요셉으로 하여금 자신을 돌아보게 하는 계기가 되었을 것입니다. 하나님은 때로는 이와 같은 처참한 경험을 통해서 인간을 연단하신다는 사실을 기억해야 합니다. 이러한 하나님의 연단이 요셉을 다른 사람으로 만들었다는 사실을 우리는 노예로 팔려간 집에서 일어난 사건에서 알 수 있습니다. 형들에 의하여 노예로 팔려간 그는 이집트의 파라오 궁궐에서 일하는 보디발 장군의 집으로 가게 됩니다. 거기에서 요셉은 보디발의 눈에 들어 그 집안을 다스리는 총 집사의 직책에 오릅니다.(창 39:2~6) 만약 자신이 처한 상황이 절망의 상황일지라도 그 절망의 상황을 하나님이 만드셨다면 하나님은 그가 그 상황을 극복할 수 있는 상황도 만들어 주십니다. 역시 보디발 장군의 집에서도 요셉에게 두 번째 유혹이자 시련이 다가왔습니다. 보디발 장군의 아내가 요셉을 유혹한 것이었습니다. 어쩌면 그것은 유혹이 아니라고 할 수 있습니다. 아마도 주인이 노예를 취한다는 생각에서 보면 정당합니다. 왜냐하면 노예는 주인의 물건이었기 때문입니다. 물론 여기에서 보디발 장군의 부인이 요셉을 취하려 한 것이 그 부인의 욕심을 비난하고자 하는 것이 아닙니다. 우리는 여기에서 이 사건을 통하여 하나님이 우리에게 무엇을 말씀하시는가에 귀를 기울여야 합니다. 보디발 장군 부인의 유혹에 요셉은 세상 사람들의 이치에 맞지 않은 말을 합니다. 요셉은 장군 부인의 유혹에 대항하여 다음과 같이 말합니다.

"이 집에는 나보다 큰 이가 없으며 주인이 아무 것도 내게 금하지 아니

하였어도 금한 것은 당신뿐이니 당신은 자기 아내임이라
그런즉 내가 어찌 이 큰 악을 행하여 **하나님께** 죄를 지으리이까!"(창 39:9)

요셉의 이 말은 그가 어려운 고난 속에서 하나님의 방식을 이해한 것이라고 볼 수 있습니다. 일반적인 상식으로 요셉이 장군의 부인의 유혹을 받아들이면, 하나님에게 죄를 범했다는 것을 생각하기 보다는 오히려 보디발 장군을 먼저 생각합니다. 그러나 요셉은 그의 항변에서 보디발의 이름은 거론하지도 않았습니다. 오히려 그 행위는 인간에 대한 잘못이 아니라 하나님에게 속한 범죄라고 생각합니다. 이 말은 보이는 세계보다는 보이지 않는 세계가 있으며, 보이는 세계가 인간의 삶의 질서를 움직이는 것 같지만 결코 그렇지 않음을 고백한 것입니다. 바로 보이지 않는 세계가 인간의 질서를 움직이고 있다는 것을 암시하는 것입니다. 이것이 바로 믿음입니다. 보이는 세계를 움직이는 것이 인간이 아니라, 오히려 하나님이시라는 것입니다.

이러한 요셉의 거절에 장군의 부인은 요셉을 파렴치한 강간범으로 몰았습니다. 그래서 요셉은 감옥에 가게 되었습니다. 아마도 이러한 절망적인 상황에도 요셉이 살 수 있었던 것은 하나님이 그와 함께 하셨기 때문입니다.

"요셉이 옥에 갇혔으나, (20) 야훼께서 요셉과 함께 하시고
그에게 인자를 더 하사 간수장에게 은혜를 받게 하시매 … ."(창 39: 21)

이로부터 요셉은 14년간 감옥에 있었다고 기록하고 있습니다. 인간적으로 보면 요셉의 감옥생활은 긴 절망의 터널과 같습니다. 이집트에선 그를 위하여 어떤 변명도 해주는 사람이 없었으며, 도와주는 한 사람도 없었습니다. 그럼에도 불구하고 요셉이 그 감옥 안에서 성실할 수 있었던 것은 바로 하나님이 함께 하신다는 믿음의 성숙함을 이루었기 때문입니다.

요셉의 고난은 두 가지의 꿈을 해몽하게 되면서 끝나게 됩니다. 첫 번째

꿈은 요셉의 나이 28세가 되었을 때, 이집트 궁정에서 일하는 두 사람이 감옥으로 들어오게 됩니다. 한 사람은 술 맡은 관원이었으며, 한 사람은 떡 맡은 관원이었습니다. 어느 날 요셉은 그 두 사람의 꿈을 듣고 두 사람 중에서 술 맡은 관원은 사흘 안에 살아 날 것이지만, 그러나 떡 맡은 관원은 죽을 것이라고 꿈의 해몽을 해줍니다. 그리고 술 맡은 관원에게 자기의 억울함을 이야기합니다. 이윽고 사흘이 되어 요셉의 해몽대로 술 맡은 관원은 석방되었으며, 떡 맡은 관원은 죽었습니다. 그러나 감옥에서 나온 술 맡은 관원은 요셉의 일을 까맣게 잊어버렸습니다. 아마도 요셉이 생각하기에 이 일은 다시 한 번 자신에게 나타난 불운이며, 절망이지만 그러나 성경은 이 이야기를 통하여 요셉의 신상에 변화를 암시하고 있는 것입니다. 절망이 지속될 때, 믿음이 있다면 그 자신의 믿음을 믿고 참는 인내심이 필요합니다. 아마도 요셉은 이러한 점을 이 시기 동안에 배웠을 것입니다.

두 번째 꿈은 어느 날 파라오가 두 번에 걸쳐 이상한 꿈을 꾸게 됩니다.

첫 번째 꿈(창 41: 1~4)은 파라오가 일곱 좋은 암소가 흉악한 일곱 암소에게 잡혀 먹히는 꿈이었으며, 두 번째 꿈(창 41:5~7)은 일곱 좋은 이삭이 동풍에 말라 속이 빈 일곱 이삭에게 잡혀 먹는 꿈이었습니다. 이집트의 모든 사람이 파라오의 꿈을 듣고 감히 해석하지 못하고 있을 때, 예전에 술 맡은 관원이 감옥에 있을 때, 자신의 꿈을 해석하여 준 일을 생각해냈습니다. 그래서 그 관원이 자신의 꿈을 해석하던 요셉을 파라오에게 데려옵니다. 파라오 앞에선 요셉은 일곱 좋은 암소와 일곱 좋은 이삭은 일곱 해 풍년을, 파리하고 흉악한 일곱 소와 동풍에 말라 속이 빈 일곱 이삭은 일곱 해 흉년을 의미한다고 해석합니다. 그리고 꿈을 두 번 겹쳐 꾼 것은 하나님께서 정하셨고 속히 행하시리라는 것을 의미한다고 말합니다. 파라오는 요셉의 이야기를 듣고 요셉을 그 일을 해결할 책임자로서 국무총리의 자리를 주게 됩니다.

총리가 된 요셉은 다가오는 7년 풍년동안 많은 곡식을 비축하였습니다. 이윽고 7년의 풍년이 끝난 후에 7년의 흉년이 다가왔습니다. 이집트를 제외한 전 지역에는 흉년으로 곡식을 살 수가 없었습니다. 가나안의 상황도 마찬가지였습니다. 야곱은 이집트에 곡식이 있다는 말을 듣고 베냐민을 제외한 모든 형제에게 곡식을 사가지고 오라고 보냅니다. 요셉의 형제들이 이집트에 당도해서 요셉을 만나지만 그들은 요셉을 알아보지 못합니다. 요셉은 그 후에 그들에게 몇 가지의 시험으로 형들이 자신에게 한 일을 뉘우치고 있다는 사실을 확인하게 됩니다. 그것을 확인한 요셉은 자신을 밝히게 됩니다. 형들은 두려움에 떨었지만 요셉은 형들을 이미 용서한다며 다음과 같이 말합니다.

> "당신들이 나를 이곳에 팔았다고 해서 근심하지 마소서,
> 한탄하지 마소서! 하나님이 생명을 구원하시려고
> 나를 당신들보다 먼저 보내셨나이다."(창 45:5; 비교, 창 50;19~20)

요셉의 고백은 전체 요셉 이야기의 특징을 결정하는 중요한 증언이라 할 수 있습니다. 즉, 요셉의 이야기는 우리에게 두 가지의 의미를 전해줍니다.

첫째, 하나님의 계획은 반드시 이루어진다는 것입니다. 하나님이 계획하신 것은 어떠한 갈등과 어려운 상황에서도 반드시 이루어진다는 것을 보여줍니다. **둘째, 자신의 계획을 이루시기 위한 준비 작업과 과정 그리고 대단원의 결론을 하나님은 혼자하시지 않는다는 것입니다.** 아주 분명하게 하나님이 진행하시는 일은 하나님의 독단적인 행위가 아니라, 항상 인간을 통해서 이루신다는 것을 보여 줍니다.

요셉에 대한 처음 곡식단과 해와 별에 대한 꿈(창 37:6~11)은 분명히 하나님이 야곱과 그의 가족을 향한 앞으로의 계획이었을 것입니다. 그러나 그뒤에 요셉의 형제들이 요셉을 팔아버렸을 때, 처음으로 우리는 하나님의 계획하심이 실패로 끝날 수도 있다는 생각을 갖게 됩니다. 또한 요셉의 두 번째 시련인 보디발 장군의 집에서 요셉이 당한 억울한 사건을 통하여 하나님이

요셉에 대한 계획은 결코 성사될 수 없다는 생각을 하게 됩니다.

마지막으로 관원들의 꿈을 해석하고 요셉이 억울하게 당한 사건이 해결될 것이라는 희망도 관원들의 망각 속에 묻혀버렸을 때, 또 다시 하나님이 요셉 이야기를 통해서 무엇을 원하시는가에 대한 희망은 어둠과 같은 절망 속으로 들어가게 됩니다. 그때 하나님은 극적인 반전을 준비하십니다. 바로의 꿈을 통하여 요셉의 신분을 바꾸어 놓은 것입니다. 그러나 바로는 하나님을 모르는 사람입니다. 요셉이 자신의 고난 속에서 자신의 신세를 한탄하고, 항상 절망과 부정적인 생각을 가졌다면 바로가 요셉을 국무총리로 선택했을까요? 아마도 성경에는 나와 있지 않지만 요셉은 어떤 절망 속에서도 굴하지 않는 강인한 신앙과 성실성을 통하여 자신의 삶을 바꾸었을 것입니다. 그것이 바로 하나님 앞에 준비된 자의 모습입니다. 반드시 기억할 것은 비록 하나님이 자신의 계획을 성사시키고 관철하시기 위하여 그 인물을 선택하실지라도, 그 인물이 하나님의 기준에 맞게 성장하지 않는다면 쓰시지 않는다는 것을 알아야 합니다.[30]

요셉은 형제와 화해를 하고 아버지 야곱과 그의 모든 가족을 이집트로 불러들였습니다. 그러자 파라오는 그들을 고센 땅에 안주하게 했습니다. 이때 야곱의 나이는 130살이었습니다. 그는 이집트에서 17년을 더 살다가 147세에 죽었습니다. 죽기 전에 야곱은 자신의 아들들을 통하여 후에 이스라엘의 12지파를 형성할 토대를 마련하였습니다. 요셉 역시 7년의 기근동안 이집트 백성을 식량의 위기에서 구했을 뿐만 아니라 바로의 재정도 역시 풍족하게 만들었습니다. 그러나 야곱의 12아들들의 이집트의 정착은 다음에 다가올 하나님이 계획에 대하여 독자들에 대한 궁금증을 자아내게 합니다. 왜냐하면 하나님이 아브라함에 약속하셨던 땅은 이집트가 아니라 가나안이기 때문입니다.

---

30) 피터 다우니 · 벤 쇼우 지음, 『성경 완전 정복』, 박규태 역 (좋은 씨앗, 2001), 122~123.

해방, 약속의 땅을 향하여

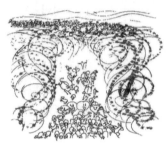

"이스라엘 자손이 바다 가운데 육지로 행하고 물은 그들의 좌우에 벽이 되니…"
(출 14:22)

· 모세의 리더십이 어떤 것인가를 출애굽기와 민수기를 통하여 알아볼까요?

· 미래의 지도자의 자격과 능력이 어떤 것이라고 생각하나요?

· 인간의 방법과 하나님의 방법의 차이는 무엇일까요?

인류 구원을 향한 모델로서 창세기는 하나님이 자신의 계획을 이루시기 위하여 가족 중심에서 인물들을 선택한 사건의 기록입니다. 반면에 출애굽기, 레위기, 민수기 그리고 신명기는 하나님이 선택한 가족들이 하나님이 약속한 곳을 향하여 그리고 가족 공동체에서 민족 공동체로 발전하는 과정을 보여주는 이야기입니다.

1. 이집트로부터

성경은 출애굽기의 처음을 야곱과 그의 가족으로 시작합니다. 그리고 우리는 출애굽기 1장 7~8절을 주목해 볼 필요가 있습니다.

> [7] "이스라엘 자손은 생육하고 불어나 번성하고
> 매우 강하여 온 땅에 가득하게 되었다.
> [8] 요셉을 알지 못하는 새로운 왕이 일어나 … ."(출 1:7~8)

출애굽기는 처음에 야곱(이스라엘)과 그의 자손을 열거하면서 출애굽기 1장 7~8절을 말하고 있습니다. 이 구절은 의미가 있는 구절이라고 생각됩니다. 출애굽기 1장 7~8절은 하나님의 약속이 단절되어 있는 것이 아니라 현재 진행형이라는 것입니다. 우리는 앞에서 하나님이 족장들에게 약속하신 것이 땅과 자손이라는 것을 알고 있습니다.(창 12:1~3). 그리고 그후 비록 야곱의 후손들이 하나님을 잊어버렸을지라도 하나님은 조상들과의 약속을 기억하고 계속 그 약속을 성취하고 계시다는 것을 말합니다. 그러나 출애굽기 1장 8절은 이제 그러한 평온함을 깨뜨리는 소리가 들려오게 됩니다. 이전에 이집트를 기근의 환란에서 구출하였던 요셉을 알지 못하는 새로운 왕이 일어났습니다. 새로운 왕이 오르자 급격히 수가 많아지는 이스라엘 공동체에 대하여 경계하기 시작하였습니다. 그래서 그는 여러 가지 방법으로 그들을 말살시키려고 하였습니다.

이집트는 세 가지 정책으로 이스라엘 공동체를 말살하려고 하였습니다. **첫째,** 이집트 사람들이 이스라엘 자손들을 노예로 만들어 억압하였습니다. 비돔과 라암셋(출 1:11)을 건설하는 일에 노예로서 강제 노동을 시켰던 것입니다. **둘째,** 히브리인들의 강제 노역에도 수가 줄어들지 않자 이번에는 더 악독한 방법을 동원하였습니다. 그것은 히브리 남자 아이들이 태어나면 죽이는 방법입니다. **마지막**으로 히브리 가문에서 태어나는 남자아이들을 강물에 던져 죽이는 명령을 내린 것입니다.(출 1:22)

이 같은 압재와 폭력에 의한 힘은 이스라엘 공동체로 하여금 현실을 구축하는 힘을 무너뜨리게 합니다. 즉, 희망을 가지지 못하게 하였습니다. 더구나 이스라엘 사람들은 의지할 분과 단절된 상태입니다. 인간이 믿고 의지할 수 있는 동인이 없다는 것은 인간에게 매우 불행한 일입니다. 야훼 하나님은 이스라엘 스스로가 아니라, 야훼 스스로 이 상황의 위대한 반전을 가져오게 합니다. 그 위대한 반전의 첫 번째 징조가 "십보라와 부아"라는 산파입니다. 즉, 하나님은 산파를 준비하셔서 이스라엘에게 하나님 스스로 그들을 위하여 일을 하신다는 신호를 보내셨습니다. 또한 산파들로 인해 이집트의 왕인 파라오의 계획이 좌절되자 파라오가 다른 일을 계획한 것을 알고 있습니다. 남자아이 살해 사건입니다. 그러나 하나님은 이러한 민족적인 절망을 희망으로 교묘하게 변화시켜 나갑니다. 그것이 바로 다음 장에서 소개하는 모세라는 사람입니다.

부기 1: 살아있는 신들의 나라 "이집트"[31]

---

31) 이 부록은 2009년 2학기 서울신학대학교 학보에 연재했던 글을 수정한 것입니다.

이집트의 수도 카이로에서 남쪽으로 2,200km로 내려가면 이디오피아에 속한 타나호수가 있습니다. 매년 6~9월이 되면 이디오피아 고원에는 우기가 되어 상당한 양의 물이 이 호수로 집중되어 물이 불어나기 시작합니다. 이 호수의 범람은 강줄기를 따라서 직접적으로 이집트에 도달한다고 합니다. 이 영향으로 해마다 7월이 되면 이집트를 가로지르는 나일강은 범람하며, 강 수위가 10m까지 올라가고 거의 나일강 양쪽으로 4~5Km를 범람하게 된다고 합

니다. 거의 4개월 정도 이 범람이 지속되지만 고대 이집트인들은 강이 범람할 때 다른 곳에 잠시 대피를 하고 강이 줄어들기만 기다렸습니다. 인위적으로 그들은 불편할 만한 홍수의 상황을 자연 그대로 두고 살았습니다. 왜 그랬을까요? 나일강의 범람은 이집트인들에게 재앙이 아니라, 축복이었기 때문입니다. 타나호수에서 물이 범람하여 이집트로 내려올 때, 흙탕물로 내려오는데 이 흙탕물 속에는 막대한 양의 영양분을 함유하고 있다고 합니다. 이것은 범람한 물이 줄었을 때 언제나 농사를 성공하게 하는 자연비료의 역할을 하게 됩니다. 그래서 나일강의 범람은 이집트인들에게 언제나 풍성한 풍작을 가져왔고 그로 인해 이집트인들은 강의 범람을 신의 선물로 인식하였습니다.

이러한 자연의 흐름은 이집트의 종교적인 사고를 유도하게 됩니다. 왜냐하면 나일강의 범람은 한 해만 일어나는 것이 아니기 때문입니다. 매년 반복

되는 강의 범람 속에서, 아니 100년 또는 1,000년 반복되는 자연의 흐름 속에서 이집트인들은 그들이 자랑하는 독특한 종교적 사고를 만들어 내게 됩니다. 즉, 매년마다 반복되는 것은 인간이 그의 사고체계를 세우는 데 결정적인 역할을 하게 됩니다. 매년 지속되는 강의 범람 또한 아침이 오면 저녁이 되고, 사람이 태어나면 언젠가는 죽고 그리고 또 새로운 아기가 태어나는 현실은(전 1:2~11) 인간의 세상뿐만 아니라 신(神)도 포함하는 종교적인 상징체계를 탄생하게 합니다. 즉, **"생명은 불멸하고 영원히 반복된다."**

이러한 자연을 통하여 얻어진 종교적 체계는 우주의 질서도 역시 반복적인 사고체계에서 발전하게 됩니다. 비록 현실이 혼돈 속에 있어도 결국에는 다시 질서를 되찾게 된다는 것입니다. 우주의 질서와 반복이라는 구조는 이집트인들에게 삶의 문제에서 "영원함"과 "죽음에서 부활"이라는 영혼 불멸의 사상을 갖게 합니다. 실제적으로 이러한 사상이 포함하는 것이 바로 이집트의 신화 "오시리스의 신화"입니다. 이집트의 실질적인 주신인 오시리스는 동생 세트 신에 의하여 죽임을 당하지만 부활하여 다시 이집트의 주신으로 등극하며, 결국에는 아들인 호루스에게 주신의 자리를 물려주고 자신은 지하세계의 죽음의 주신으로 살게 됩니다. 아마도 자연의 회귀와 더불어 살고 있는 이 신화들은 매년 이집트 축제의 날에 반복적으로 낭독되면서 그 당시 사람들의 기억에서 살고 있었을 것입니다. 이렇게 죽음과 부활을 반복하는 신들의 세계는 물론 농경문화의 일반적인 사고입니다.

그러나 왜 이집트인들은 이런 사고를 했을까요? 이런 이집트인들의 사고는 성경에도 나올까요? 사실 이런 사고의식은 성경의 창세기에도 나옵니다. 창세기 3장 4~5절에 보면 뱀이 전하는 말 속에 이집트의 오시리스 신화가 숨어 있습니다. '죽지 않는다!', '하나님과 같이 된다!', '선악을 알게 된다!'로 요약되는 이 말 속에는 인류가 오랫동안 추구하였던 열망과 소망의 핵심적인 알맹이가 들어있습니다. '죽지 않는다!'는 말과 '하나님과 같이 된다!'라는 말은 아마도 동일한 생각일 것입니다. 또한 '선과 악을 깨닫게 된다'는 말도 역시 신이 되기 위한 필요조건이 아닐까 합니다. 결국에 이 말은 '너는 신처럼, 아니 신이 될 수 있다'는 것을 전제로 합니다. 파라오가 현실에서는 먹고 마셔야 하는 육신의 몸을 가지고 있지만, 그러나 그가 죽은 후에는 다시 신이 된다는 것은 창세기의 뱀의 사상을 반영하고 있습니다. 반면에 성경의 기자는 이러한 행위가 바로 인류가 가진 최대의 죄라고 말합니다. 즉, 인간은 절대로 신이 될 수 없다는 의식을 전제로 합니다.

우리가 조금만 고대 근동을 이해한다면, 하나님이 무엇을 우리에게 원하시는가를 알 수 있습니다. 인류는 항상 죽음으로부터 탈피와 영원한 삶을 원합니다. 그리고 전지전능함을 가지길 원합니다. 그러나 하나님은 성경을 통해서 우리에게 말씀하고 있습니다. 인간은 유한한 존재이며, 인간에게 죽음은 당연한 결과이기 때문에 순응해야 한다고 말하는 것입니다. 인간이 신이 되려는 욕심을 버릴 때 '나'라고 하는 존재에서 벗어나 '내 이웃을' 보게 될 것입니다. 이것이 바로 야훼 종교의 기본적인 핵심 사상입니다. 하지만 인간이 신이 되었다고 착각할 때 인간은 인간을 죽일 수 있고, 해를 범할 수 있는 인간으로 전락하게 된다는 것을 알아야 합니다.

또한 죽음으로부터 부활하는 신의 이야기는 창조적 질서를 이집트의 정치적인 현실로 구체화하는 역할을 하게 됩니다. 이집트 왕권의 체제는 오시리스와 호루스 체제로 만들어진 형태입니다. 즉, 오시리스는 파라오이며, 파라오가 죽으면 다시 오시리스로 돌아가 죽음의 세계를 관장하며, 파라오의 후계자인 호루스는 왕위의 등극과 더불어 오시리스로 되어 파라오가 된다는 것입니다. 물론 후에는 이러한 신들의 이름이 태양신 레(Re)로 대치되기는 하지만 이러한 사고의식은 고대 이집트의 거의 모든 시기에는 "신성한 왕정"으로 계속 이어집니다. 그 때문에 세계상에서 많은 나라들은 반역과 왕위를 찬탈하기 위한 음모를 통하여 전쟁과 혼란에 휩싸이지만 이집트는 외부의 침략을 제외하면 내부적으로는 왕권의 절대적인 안정을 누렸던 나라입니다. 이집트의 왕권 사상에 대하여 다음과 같은 견해를 주장합니다.

"고대 이집트의 왕권 사상이 다윗의 왕권 사상(삼하 7:5~16)에 절대적인 영향을 주었다." 물론 신적인 권한의 부여와 왕위의 견고함과 왕권의 안정은 이집트의 왕권과 동일한 사상을 내포하는 것 같지만, 그러나 남 왕국의 왕권 사상은 다음과 같은 차이점을 생각할 수 있습니다. 첫째, 신적인 권한은 부여하였지만, 왕은 결코 신(神)이 아닙니다. 이스라엘에게 오직 신(神)은 야훼 이 외에는 생각할 수 없었습니다. 둘째, 무엇보다도 이집트 왕권의 안정은 파라오가 신 그 자체였기에 무제한적입니다. 그러나 다윗의 왕정은 조건적입니다. "만일 네가 죄를 범하면(삼하 7:14)" 왕권에서 쫓겨나지만, 그러나 반대로 "야훼를 의지하면" 다윗의 자손에게 있는 왕의 홀이 영원하다는 조건적인 계약이라는 점입니다.

그럼에도 불구하고 고대 근동의 세계는 어떤 국가이든 서로 영향을 주고받으며 살았습니다. 그 때문에 먼저 우리가 성경을 잘 이해하려고 한다면, 그 주변나라의 정치 • 경제 • 사회적인 문제와 고대 인간의 삶의 사상을 이해할 때 좀 더 쉽게 성경을 이해할 수 있을 것입니다.

2. 모세의 출현

1) 출애굽기에서 모세

하나님이 주도하신 이집트의 탈출 사건의 중심에는 모세가 있습니다. '물에서 건짐을 받았다'는 의미를 가진 모세는 원래 히브리인이면서 히브리 이름으로 지어지지 않았습니다. 그 이름은 이집트인의 이름입니다. 모세가 이집트인의 이름을 갖게 된 상황은 다음과 같습니다.

모세의 어머니 요게벳은 모세를 출산하고 남자아이를 강물에 빠뜨려 죽이라는 파라오의 명령을 지키지 않고 그를 자기 곁에 숨겨둡니다. 그러나 모세가 성장하자 더 이상 그를 자기 곁에 둘 수가 없었습니다. 그래서 그녀는 상자에 모세를 넣고 나일강에 그 아기를 띄어 보냅니다. 모세의 누이 미리암은 그 상자를 열심히 따라갔습니다. 이윽고 그 상자는 목욕을 하러온 이집트 공주의 눈에 띄게 됩니다. 공주는 상자를 보았고 거기에 히브리인의 남자아기가 있는 것을 보게 됩니다. 그녀는 그 아기를 건져 이집트의 이름인 모세라는 이름을 지어주게 됩니다. 상황이 전개되는 과정을 보면 우연의 연속으로 이어지는 것을 볼 수 있습니다. 그러나 성경은 그것이 우연이 아니라 하나님의 철저한 섭리 가운데 이루어진 것임을 말하고 있습니다.

모세는 이집트 왕궁에서 다른 왕자들과 같이 40년을 지내게 됩니다. 그리고 어느 시점에서 하나님은 모세를 깊은 절망의 나락으로 떨어뜨립니다. 즉, 이집트인 살해 사건입니다. 모세가 이집트의 공주에 의해 물에서 건짐을 받았을 때, 그의 누이 미리암은 모세를 따라가서 그 광경을 보고 이집트의 공주에게 유모를 소개합니다. 아마도 일정한 기간 동안 모세는 어머니 요게벳의 손에서 키워졌을 것입니다.(출 2:10) 이때 모세는 자신이 히브리인이라는 정체성을 배웠을 것이며, 그리고 비록 이집트의 궁중에서 살았지만 항상 히브리인이라는 자의식이 그의 깊숙한 곳에 자리 잡았을 것입니다. 이스라엘을 향한 폭력과 압제는 모세가 자라는 40년 동안 계속 되었으며, 모세가 이집트인을 살해하는 그날도 역시 폭력과 압제가 행하여지던 날이었습니다. 이집트인이 히브리인들을 잔혹하게 죽이는 장면을 모세가 목격하게 됩니다. 거기에서 모세는 그만 이집트인을 때려죽입니다. 그러나 모세가 이집트인을 살해한 것보다 더 모세를 힘들게 한 것은 바로 히브리인들이 모세를 고발한 것입니다. 모세는 이제 외로운 도망자의 신세로 전락하게 됩니다.

2) 모세의 절망과 극복

모세는 절망과 깊은 분노를 간직한 채 미디안 광야로 도망을 가게 됩니다. 거기에서 모세는 40년간 목자의 생활을 합니다. 이집트의 왕자에서 도망자의 신세로 전락한 모세, 많은 사람들이 자신에게 찬사를 보내던 장소에서 아무도 자신을 보아주지 않는 외롭고 적막한 장소에서 지내게 되었을 때, 모세의 심정은 어떠했을까요? 하나님의 교육방법은 때로는 우리가 알지 못하는 방법으로 자신의 사람을 교육시키기도 하십니다. 당장은 죽을 것 같고 모든 것을 잃어버린 것 같지만, 그러나 그 실망과 분노를 딛고 일어섰을 때 하나님은 그 사람을 향해서 **"가라! 그리고 내 백성을 구하라!"**라고 말씀하십니다.

광야생활 40년 동안 모세는 무엇을 거기에서 배웠을까요? 분노를 삭이고, 절망을 되돌리는 작업을 하였을 것입니다. 그러나 또한 우리가 여기서 간과해서는 안 될 것이 있습니다. 하나님은 40년 동안 무엇을 하셨을까요? 성경의 중요한 연대 순위가 거의 40년 또는 40일로서 기록되는 것을 볼 수 있습니다. 모세의 이집트 양육기간 40년, 미디안 광야생활 40년, 모세가 시내 산에 올라가서 머문 것이 40일, 요나에게 니느웨 멸망의 기간이 40일, 다윗의 왕위 연도 40년(왕상 2:11) 등등. 아마도 이러한 기간은 하나님도 역시 침묵하시고 기다리는 기간이었을 것입니다. 모세 혼자 절망하고 분노하고 있는 것 같지만, 하나님은 모세를 떠난 것 같지만, 그러나 하나님도 역시 그러한 모세를 보면서 기다리셨다는 것을 보여 줍니다.

모든 일은 한 순간에 이루어지지 않습니다. 인간이 어떤 일을 하기 위해서 그리고 하나님에게 쓰임을 받기위해서 기다림과 준비의 기간이 항상 필요한 것입니다. 비록 그 기간이 절망적일지라도 열심히 참고 기다리며 인내한다면 같이 기다려 주시는 하나님이 귀하게 쓸 것입니다.

모세에게 하나님으로부터 쓰임을 받는 순간이 갑자기 다가온 것 같지만, 그러나 하나님 편에서 볼 때 그때가 무르익은 것 같습니다. 모세가 평소처럼 양떼를 몰고 시나이 산, 즉 호렙이라고 하는 산에 이르렀을 때, 그는 이상한 광경에 넋을 잃고 보고 있었습니다. 가시나무 떨기에 불이 붙었는데, 나무가

타지 않고 있는 것입니다. 그 기이한 현상을 보고 있을 때 바로 거기에서 하나님의 음성이 들려왔습니다. "모세! 모세! 가까이 오지 말라. 네가 서있는 곳은 신성한 곳이니 네 신발을 벗어라!(출 3:5~6) 모세는 거기에서 죽을 것 같은 숨 막힘을 느낍니다. 이러한 현상을 우리는 누미노제(Numinose)라고 부릅니다. 즉, 종교적인 현상으로 초월적인 존재를 만났을 때 나타나는 현상입니다. 이것은 "신을 만나는 체험"이라고 할 수 있습니다. 모든 종교는 이러한 현상을 가지고 있습니다. 그러나 중요한 것은 그 체험을 통하여 신으로부터 소명을 받는 종교는 이 세상에서 야훼를 섬기는 종교 밖에 없습니다. 비록 모세는 몇 번이고 자신의 거대한 소명을 거절하지만 결국에는 야훼가 주시는 소명을 가지고 이집트로 향하게 됩니다.

3. 야훼 하나님의 이름의 의미

모세는 야훼 하나님과 대화를 하던 중 자신에게 소명을 주시는 신의 이름을 알고 싶었습니다. 자신의 조상인 아브라함과 이삭 그리고 야곱과 약속하신 하나님의 이름이 무엇인지를 알고 자신의 백성에게 갔으면 했습니다. 그래서 그는 하나님에게 질문을 하였습니다.

> "모세가 하나님께 고하되 내가 이스라엘 자손에게 가서 이르기를
> '너희 조상의 하나님이 나를 너희에게 보내셨다' 하면
> 그들이 내게 묻기를 "그의 이름이 무엇이냐" 하리니
> 내가 무엇이라고 그들에게 말하리이까?"(출 3:13)

그러자 하나님은 자신의 이름을 '스스로 계신 자'(출 3:14)로서 계시하셨습니다. 어떤 사람에 의존해 있는 또는 어떤 지역에 의존하여 숭배를 받는

신이 아니라, 오히려 스스로 능동적으로 움직이는 신이라는 의미입니다.[32] 이 신은 인간이 바치는 숭배와 물질에 얽매이지 않습니다. 인간을 자신의 숭배를 위한 도구로 생각하는 것이 아니라, 같이 움직이는 파트너로서 생각합니다. 그것이 바로 "인격적"이라는 것입니다. 야훼와 인간의 관계는 이스라엘인들에게 그들의 정체성에 있어서 고대 이웃 나라들과 차이 나게 하였으며 자신들의 정체성을 2,000년이 넘게 지키게 하였던 것입니다. 야훼와 인간의 관계에서 이스라엘인들의 야훼 신앙의 정체성이 나왔듯이 또한 기독교의 정체성도 역시 여기에서 나옵니다. 야훼가 인간을 이용물로서가 아니라, 존중해 주는 목적물로서 대우하기 때문에 우리도 역시 내 이웃에 대한 관계가 이용물이 아닌, 목적으로서 관계해야 합니다. 내 이웃은 내가 무엇을 얻기 위한 수단이 아니라, 함께 같이 더불어 살아야하는 존재인 것입니다.

4. 이집트의 탈출과 광야생활

1) 이집트와의 싸움

모세가 이집트에 들어가서 본격적으로 하나님의 말씀을 이집트의 왕 파라오에게 전하기 시작합니다.(출 5:1~5) 그러나 아버지 때부터 있었던 노예를 이집트의 왕은 쉽게 돌려보내지 않습니다. 그 당시에는 모든 노역과 힘든 일을 노예가 하고 있었으며, 특히 히브리인들은 왕의 명에 의하여 성을 건설하는 일을 하고 있었습니다. 파라오가 모세의 말을 듣고 화가 나서 노예에게 더욱더 가혹한 일을 하게 합니다. 그래서 하나님은 파라오의 승낙을 받아내기 위하여 이집트에게 열 가지 재앙을 내리게 합니다.(출 7:14~12:30)

---

32) D.M. Freedman/ P. O'connor, art, יהוה, 533~554 (ThWAT III, 1982)

우리는 이 열 가지의 재앙이 무엇을 의미하는지 알아야 합니다. 만일 우리가 이것을 단순한 재앙으로 생각한다면 출애굽기의 진정한 의미를 알지 못합니다. 하나님은 한 번에 바로의 마음을 꺾을 수 있는 분입니다. 그럼에도 불구하고 열 가지 재앙을 내리게 한 것은 **"온 세상에 하나님이 주가 된다는 것, 진정한 하나님, 완전한 우주의 신"**이라는 것을 알리고 싶으셨던 것입니다. 재앙은 나일강 물이 피로 변하며, 개구리, 이, 파리, 가축의 죽음으로 순차적으로 나타납니다. 여기에서 제시하는 나일강의 물은 이집트가 세상의 근원으로 여기는 것이며, 그리고 그 외의 곤충과 가축들은 이집트 신들의 형상들입니다. 그런 신들을 노예의 신인 하나님이 파멸시켰다는 것입니다. 그리고 그 이유는 **"너희는 내가 누구인 줄 알리라"**(출 6:7)라고 선언하시기 위함입니다.

두 번째로 피부병의 전염, 우박, 메뚜기, 어둠의 재앙들은 구별적인 요소가 들어가 있습니다. 즉, 이집트인과 히브리인들의 구별입니다. 하나님이 자신이 누구인가를 밝히는 가장 중요한 요소 중 하나가 바로 자기 백성의 보호입니다. 하나님은 자신의 백성을 보호하기 위하여 다른 민족들과 그의 백성을 구별하셨습니다.

세 번째로 이집트가 이러한 혼란 속에 있는 것은 이집트의 지도자 파라오가 하나님을 알아보지 못한 것에 원인이 있습니다.

> "바로가 가로되 여호와가 누구관대 내가 그 말을 듣고 이스라엘을 보내겠느냐 나는 여호와를 알지 못하니 이스라엘도 보내지 아니하리라."(출 5:2)

백성들이 재앙을 만나는 가장 큰 문제는 지도자에게 있습니다. 현대를 살아가는 여러분들 역시 한 가정 또는 공동체의 지도자라면 한 번쯤은 지도자의 역할이 무엇인가를 생각해야 합니다. 자신의 백성을 잘 돌보기 위해서는 올바른 판단을 해야 합니다. 재앙이 진행되면 될수록 이집트의 신들은 자신의 백성을 구원할 수 없다는 것을 알아야 했습니다. 또한 지도자는 재앙이 감당할 수 없는 것임을 빨리 깨닫고 포기할 줄 알아야 했습니다. 또한 지도자는 재앙이 감당할 수 없는 것임을 빨리 깨닫고 포기할 줄 알아야 했습니다.

파라오의 포기 못하는 교만 때문에 하나님은 최후의 재앙을 준비하셨습니다. 이집트 땅에 장자의 죽음을 선언하신 것입니다. 그런데 사람들이 잘못 생각하는 것이 있습니다. 이 하나님의 마지막 재앙은 이집트인에게만 국한된다는 생각입니다. 그러나 이 재앙은 "이집트 땅에" 내려진 재앙입니다. 만일 이집트인들만 국한시켰다면 하나님은 잔인한 하나님이셨을 것입니다. 그러나 그 땅에 사는 모든 사람에게 재앙이 임하게 하셨습니다. 최후에 모든 사람에게 내려진 심판이자, 하나님을 따르려는 사람들에게 선택권이 주어진 것입니다. 그러한 상황 아래에서 그 재앙을 피할 수 있는 조건은 재앙이 임할 때, 어린양의 피를 문설주에 바름으로 재앙을 면하게 되는 것이었습니다. 그런데 우리가 여기에서 생각해야 할 것이 있습니다. 피를 문설주에 바른다는 것을 우리가 너무 강조한다면 문설주에 피를 바르는 의식은 마치 주술적인 힘을 가지게 됩니다. 단지 이것은 하나의 표식일 뿐입니다. 그렇다면 왜 문설주에 피를 바른 곳에서는 이 재앙이 효력이 없었을까요?

"여호와께서 이집트 사람을 치러 두루 다니실 때에
문 인방과 좌우 설주의 피를 보시면 그 문을 넘으시고 멸하는 자로
너희 집에 들어가서 너희를 치지 못하게 하실 것임이니라."(출 12:23)

많은 사람들은 하나님께서 이집트의 처음 난 것을 죽이셨다고 합니다. 그러나 출애굽기 12장 23절은 다르게 말합니다. 즉, 멸하는 자가 그 지역의 처음 난 것을 멸하러 다녔다는 것입니다. 그러면 하나님은 어디 계셨을까요? 하나님은 멀리 계신 것이 아니라, 멸하는 자와 같이 하나님도 밤새도록

함께 일하셨다는 것입니다. 자신의 백성을 보호하시는 하나님, 바로 그 하나님이 당신의 하나님입니다. 이 사건으로 파라오는 완전히 저항의 마음을 상실하였으며 히브리인들에게 빨리 이 땅을 떠나라고 명합니다.

2) 자유의 땅으로 출발 …그리고 광야

히브리인들이 요셉 이후로 이집트 땅에 산지 430년 만에(출 12:40) 하나님의 약속이 진행되는 과정을 봅니다. 즉, 아브라함과 이삭 그리고 야곱과 맺으셨던 계약 중에서 "자손"의 약속은 성취되었지만, 그러나 아직 "땅"에 대한 약속은 이루어지지 않았던 것입니다. 이집트를 출발하였을 당시 성경은 "장정만 60만 명"(출 12:37)으로 기록하고 있습니다. 선조들에게 약속하신 하나님은 히브리인들이 그 약속을 망각하고 있었을지라도 천천히 성취하고 계심을 볼 수 있습니다.

이 탈출 과정에서 우리는 유명한 기적들을 듣게 됩니다. 바다 홍해가 극적으로 갈라지는 사건,(출 15:22~27) 그리고 마라에서 쓴물을 단물로 바뀌는 경험,(출 15:22~27) 바위를 쳐서 물을 만드는 경험(출17: 5~7)을 하였습니다. 또한 항상 구름기둥과 불기둥으로 자신의 백성을 보호하시는 하나님의 모습을 봅니다.(출 13:21~22) 먹을 것에 대한 불평과 고기가 먹고 싶다는 불평에도 응답하시는 그분의 열정을 경험합니다.(출 16장) 많은 사람들은 이러한 기적과 보호 그리고 하나님의 양육의 경험을 단지 이야기로만 여기려는 경향이 있습니다. 그것은 성경이 말하고자 하는 본질이 아닙니다. 성경은 이러한 기억을 통하여 하나님은 그 옛날 히브리인들에게 베푸셨던 기적을 지금도 계속 베푸신다는 것을 의미합니다. 그것이 바로 성경이 말하고자 하는 본질입니다.

히브리인들은 꿈을 가지고 "젖과 꿀이 흐르는 땅"의 부푼 기대감을 가지고 출발하였지만 하나님은 그들이 그 땅에 들어가려는 시간을 늦추셨습니다. 적어도 한 달 정도면 이집트에서 가나안까지 충분히 도달할 수 있었지만 그들은 거의 40년이나 걸려 가나안 땅에 들어갑니다. 그 때문에 이집트에서 나온 이후에 어느 정도 시일이 지나면서 백성들 사이에서는 불평과 불만이 나타나기 시작했습니다. 자신에게 위기가 닥쳤을 때, 사람들은 하나님의 방법보단 내 방법이 합리적이고 이성적이라고 생각합니다. 30일 만에 이룰 수 있는 것을 40년이나 걸렸다는 것은 인간의 이성적인 생각에서는 참으로 어리석은 방법일 것입니다. 이집트의 탈출 이후에 백성들은 하나님의 방법이 어리석은 것이라고 생각하기 시작했습니다. 심지어 모세를 제거하려는 반란의 음모(출 16:1~3; 민 14:1~4; 16:1~35)까지 있었습니다.

왜 하나님은 이런 방법을 선택하셨을까요? 문제는 이집트에서 살던 히브리인들의 습관과 관습이 처음 선조에게 주어진 관습이 아니라는 것입니다. 아마도 급하게 가나안 땅에 들어갔다면 그들은 야훼 하나님도 이집트의 신들과 같이 동일하게 취급했을 것입니다. 하나님은 이런 히브리인들의 생각을 변화시키려는 생각을 가지신 것입니다. 그래서 하나님은 광야를 선택하셨습니다. 다른 문명의 사람들과 접촉할 수 없는 곳이 바로 광야입니다. 하나님은 히브리인들을 고립시키셨습니다. 거기에는 높은 수준을 이룬 문명도 없고, 단지 하루하루 모험과 위험이 가득 차 있는 곳입니다. 광야는 문명 사회에서 살던 사람이 전기도 없고, 문명의 혜택도 없는 깊숙한 산골에서 지내는 것과 같습니다. 신문도 TV도 없는 곳입니다. 전기가 없어서 인터넷도 할 수 없습니다. 게임도 할 수 없습니다. 단지 거기에는 하나님만 있습니다. 하나님의 이러한 방법이 잘못된 것일까요? 우리는 가끔 우리의 신앙을 위하여 이렇게 모든 문명이 주는 즐거움을 단절하고 단지 하나님만 바라보는 광야 같은 삶도 우리에게 필요하다고 생각합니다.

5. 시내 산 언약과 토라

히브리인들이 광야에서 경험한 것 중 가장 중요한 것은 시내 산에 도착하여 야훼와 민족 단위의 계약을 맺은 것입니다. 이 계약은 가족 공동체에서 민족 공동체 전체가 야훼와 계약의 백성으로 되는 것을 말합니다.

> "[5] 세계가 다 내게 속하였나니 너희가 내 말을 잘 듣고 내 언약을 지키면
> 너희는 열국 중에서 내 소유가 되겠고
> [6] 너희가 내게 대하여 제사장 나라가 되며
> 거룩한 백성이 되리라. 너는 이 말을 이스라엘 자손에게 고할지니라."(출 19:5~6)

시내 산 계약의 가장 중요한 구절입니다. 하나님과 맺는 계약은 인간에게 일방적인 계약을 의미하는 것 같지만, 그러나 이 계약은 하나님과 인간 모두의 책임을 강조하고 있습니다. 하나님의 말씀과 언약을 잘 지키면 하나님에게 속한 민족이 된다는 상호적이고 조건적인 내용을 함축하고 있습니다. 이러한 계약을 통하여 히브리 민족이라는 공동체에서 벗어나 선민 이스라엘이라는 민족적 단위로 발전하게 됩니다.

이러한 계약과 더불어 하나님은 모세를 통하여 가장 기본적인 계명인 십계명을 이스라엘 민족 공동체에 주셨습니다. 하나님이 직접 쓰신 돌 판에 십계명은 다음과 같이 기록하고 있습니다.

제1계명: 너는 다른 신을 나 이외에 내게 두지 말라

제2계명: 너를 위하여 우상을 만들지 말라

제3계명: 너는 하나님의 이름을 망령되이 말하지 말라

제4계명: 안식일을 기억하고 거룩하게 지켜라

제5계명: 네 부모를 공경하라

제6계명: 살인하지 말라

제7계명: 간음하지 말라

제8계명: 도적질하지 말라

제9계명: 네 이웃에 대하여 거짓 증언하지 말라

제10계명: 네 이웃의 아내와 집과 그 종들과 이웃의 소유를 탐내지 말라

십계명은 절대적으로 형벌을 포함하지 않습니다. 그래서 법이라기보다는 인간이 자신의 삶의 지표로서 제시됩니다. 또한 포로 전 시기에 "토라"라는 말은 법이 아니라 신이 내려준 교훈, 인간이 가져야 하는 신율에 의한 윤리 또는 하나님의 말씀으로 대표되었습니다.

먼저 십계명 중 제1, 2, 3계명은 인간이 하나님을 어떻게 섬기는가에 대하여 제시하고 있습니다. 항상 자신이 믿는 하나님을 어떻게 사랑해야 하는가 하는 질문에 십계명은 "일편단심"이라는 제1계명으로 대답하며, 형상 금지의 선언인 제2, 3계명은 인간이 어떤 형상과 이름으로 하나님을 조종하려는 의도를 막고 있습니다. 그 다음에 안식일은 신이 인간에게 내려준 휴식과 관계됩니다.[33]

신이 내려준 윤리적 율법인 십계명의 중간에는 제5계명이 있습니다. 이 제5계명은 부모에 대한 계명입니다. "부모는 누구와 같은가"라는 질문과 더불어 부모는 자식의 형상을 결정합니다. 마찬가지로 하나님의 형상은 우리의 형상과 같습니다. 왜냐하면 하나님의 형상으로 우리를 만들었기 때문입니다. 그 때문에 부모를 공경하는 것은 하나님을 공경하는 것과 같습니다. 따라서 제5계명은 자연스럽게 신이 부여한 윤리와 그뒤에 따르는 인간들이 지켜야 할 윤리를 결합하고 있습니다.

제6계명부터 마지막 계명까지는 인간과 인간이 서로 지켜야 할 윤리적

---

33) 참조, W. H. Schmidt, Die Zehn Gebot im Rahmen alttestamentlicher Ethik, Darmstadt, 1993.

자세를 제시합니다. 살인, 강간, 거짓말 그리고 도적질 등은 안에서 외부로 나가는 윤리적 의식을 표현한다면, 9계명과 10계명은 마음속에 품고 있는 욕망과 탐심을 표현하는 것으로 나타납니다.

이러한 십계명은 그 각각의 기본적인 정신을 바탕으로 출애굽기와 레위기 그리고 민수기에서 수많은 법들을 세우는데 기초가 됩니다. 우리는 그것을 언약법전과 성결법전이라고 합니다. 거기에는 형법, 민법, 도덕법, 약자보호법, 사회정의와 복지법 등 다양한 유형으로 나눌 수 있습니다. 이러한 율법의 근본적인 목적은 하나님을 어떻게 섬길 수 있는가에 우선적으로 초점을 맞추고 있습니다. 이러한 율법을 어떻게 지키는가 하는 것은 신명기 6장 4~5절에서 나타나는데 모든 율법을 왜 지켜야 하며, 어떻게 지켜야 하는지를 확실하게 제시하고 있습니다.

> [4] "이스라엘아 들으라
> 우리 하나님 여호와는 오직 하나인 여호와시니
> [5] 너는 마음을 다하고 성품을 다하고 힘을 다하여
> 네 하나님 여호와를 사랑하라."(신 6:4~5)

왜 율법을 지켜야 하는가? 오직 이 세상에 하나님은 한분이시기 때문입니다. 어떻게 하나님을 섬기지요? 마음, 성품 그리고 힘을 다하여 아마도 이말은 전심이라는 말로 표현할 수 있을 것입니다. 그것은 아마 100%를 요구하시는 것 같습니다. 모든 것을 전부 다 하나님을 향하여 매진하는 것을 요구하는 것이 바로 율법의 기본적인 정신입니다. 그러므로 그 100%가 되지 않을 때 우리는 율법을 범하는 것이 되는 것입니다.

부기 2: 두 강사이의 땅 메소포타미아[34]

티그리스 강이 이라크의 수도 바그다드를 관통하고 있습니다. 인류의 4대 문명 발상지의 하나인 티그리스와 유프라테스 강은 메소포타미아의 수많은 나라 - 예를 들면 아람, 미타니, 바벨론, 앗시리아 등등 - 들의 흥망성쇠를 맞이하게 했던 두 근원지입니다. 사실 "메소포타미아"라는 말 자체가 "두 강 사이의 땅"이라는 의미를 가지고 있습니다. 메소포타미아는 이집트와는 다른 기후를 가지고 있는데 이집트가 건기와 우기로 나누어지며, 언제나 태양이 뜨겁게 내리쬐는 기후라면, 메소포타미아는 사계절이 뚜렷하게 나타납니다. 또한 이집트에게 나일강이 "신의 선물"이라면, 메소포타미아에게 홍수는 "신의 저주"라고 할 수 있습니다. 아마도 이러한 자연의 재해는 메소포타미아인들의 종교와 사회 그리고 그들의 독특한 사고의 체계를 세우는데 아주 큰 역할을 하였을 것입니다.

가장 독특한 메소포타미아의 사고체계는 이집트의 왕들이 신과 인간의

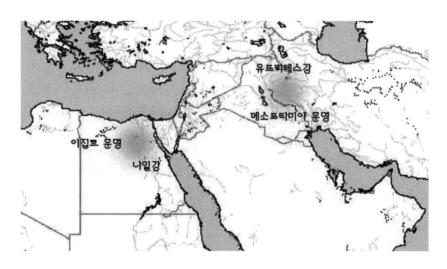

---

34) 이 부록은 2009년 2학기 서울신학대학교 학보에 연재했던 글을 수정한 것이다.

경계를 없애버린 데 반해 메소포타미아의 왕들은 오히려 신과 인간의 차이가 분명했습니다. 즉, 인간이 신이 된다는 것은 거의 불가능한 것으로 간주하였습니다. 길가메시 서사시는 그러한 점을 가장 적나라하게 드러낸 서사시입니다. 인간 길가메시가 자신의 친구 엔키두의 죽음으로 인해 필연성으로 간주된 인간의 죽음에 대한 고뇌 속에서 벗어나려는 노력과 그 가능성이 주어졌지만 그 가능성마저 뱀에게 강탈당하는 이야기 속에서 볼 수 있습니다. 비록 길가메시의 이야기 속에서 오랜 홍수의 시기에 살아남은 우트나피스팀이 신들의 회의에서 신으로 되지만, 그 이야기의 내용은 **"인간은**(결코 신의 도움 없이는) **신이 될 수 없다"**는 메소포타미아인들의 사고의 틀을 볼 수 있습니다. 이러한 사고가 성경에서 말하는 조물주와 피조물의 넘을 수 없는 한계와 비슷하게 나타납니다. 그러나 사소한 차이가 절대적인 차이라고 할 수 있습니다. 그나마 길가메시의 서사시에는 인간이 신이 될 수 있는 자그마한 가능성을 제시하지만, 성경은 절대적으로 인간은 신이 될 수 없다는 것을 말하고 있습니다. 하나님이 제정하신 법칙은 변하지 않습니다. 이러한 사실을 인간이 조금 더 인식하게 된다면, 사람들은 더욱더 겸손해지지 않을까요?

자연과 더불어 메소포타미아 인들의 사고의 틀을 잘 볼 수 있는 것은 "신과 인간의 관계성"에서도 잘 볼 수 있습니다. 메소포타미아의 신화들은 세상의 창조시기에 인간도 같이 만들었습니다. 그러나 신이 만든 인간은 신과 협동하는 것도, 내세에 신으로 다시 돌아가는 것도 아닙니다. 단지 인간은 많은 신화 속에서 '신을 돕는 목적'으로 만들어집니다.

'엔키와 닌마흐' 신화에 의하면 신들이 스스로 양식을 조달하는 어려움 때문에 불평을 하자 엔키는 닌마흐에게 그 해결책으로 인간을 만들라고 전해줍니다. 그리고 그 인간들이 신들의 일을 대신하게 할 수 있도록 조언을 합니다. 메소포타미아의 거의 모든 창조신화 속에서 인간은 단지 신들의 소모품으로 나타납니다. 그 때문에 메소포타미아의 신화에 대한 사고체계에서 본다면, 인간과 신의 세계는 서로 다른 세상이라고 할 수 있습니다.

그러나 구약성경의 '인간론'에서 인간의 위치는 전적으로 다르게 나타납니다. 창조의 핵심이 인간이며, 모든 만물의 중심으로 나타납니다. 단지 인간은 흙으로 세상 속에서 만들어진 형태가 아니라, 오히려 신의 형상(체렘)이며, 신의 가장 주요한 속성을 지닌 존재입니다. 그래서 시편 8편에서 '하나님보다 조금 못하게 지은 존재'(시 8:6)로 나타납니다. 인간은 신의 소모품이 아니라, 신을 대신하여 세상을 다스리는 세상에 대한 왕적인 대리인입니다. 그것이 우리의 현 주소입니다. 자신은 아무것도 할 수 없다고 생각하는 젊은 이들이여! 당신은 세상에서 가장 귀중한 사람입니다. 하나님이 가장 당신을 귀중하게 생각하신다는 것과 당신에게 이 세상을 평화롭게 만들라고 위임하셨다는 것을 믿고 자신 있게 행동했으면 합니다.

　　마지막으로 메소포타미아의 종교는 이집트와는 다른 자연 종교의 현상을 가집니다. 이집트나 메소포타미아의 신들은 단지 죽고 부활한다는 점에서 동일하지만, 메소포타미아의 신은 철저하게 사계절에 지배를 받습니다. 봄, 여름과 가을은 신이 지배하는 세상이며, 겨울은 신이 없는 세상으로 생각하였습니다. 그 때문에 메소포타미아 사람들의 종교는 전적으로 시각적(視覺的) 사고체계에서 발생을 합니다. 봄이 되면 죽었던 생명의 신이 다시 태어납니다. 그리고 씨앗이 뿌려졌던 땅이 비로소 자라나기 시작합니다. 여름에는 곡식의 성장과 가을의 추수는 신의 축복입니다. 그러나 신과의 관계를 잘 맺지 못하면 홍수와 자연 재해가 몰아쳐 한 해의 수고를 헛되게 할지도 모릅니다. 그러기에 항상 신과 인간 사이에는 물질적인 관련성이 존재합니다. 왜냐하면 인간은 무조건적으로 신을 섬기기 위하여 만들었기 때문입니다. 이러한 시각적인 효과를 가지고 있는 종교가 바로 메소포타미아 종교의 핵심입니다.

　　반면에 유목민을 바탕으로 성장한 '야훼 종교'는 본질적으로 다릅니다. 야훼종교는 시각과 청각 중에서 청각을 우선적으로 합니다. 즉, 보지 않고 들음으로 신을 알 수 있는 종교입니다. 흔히들, 이런 종교의 체계를 말씀(다

바르)을 듣는 종교라고 합니다. 모세가 호렙 산에서 야훼를 만날 때, 야훼를 본 것이 아니라 음성을 먼저 듣습니다. 모세가 시내 산에서 40일 동안 야훼와 함께 있을 때, 음성만을 듣게 됩니다. 사무엘이 하나님을 처음으로 안 것도 역시 음성입니다. 먼저 보지 않고 음성으로만 신을 섬기게 하는 믿음의 체계가 바로 성경에서 말하는 야훼종교의 체계입니다.

메소포타미아의 종교가 시각적이라는 것은 3인칭의 관계로 자신 이외에 모든 것을 사물로 보는 것으로서 인격적이라고 할 수 없습니다. 그러나 청각을 강조하는 종교는 1인칭과 2인칭의 관련이기에 "인격적"입니다. 메소포타미아보다 높은 믿음의 현상을 소유했던 고대 팔레스틴의 야훼를 믿는 자들의 세계는 현대에 와서야 인도주의 또는 인격적이라는 용어가 사용되었던 시기보다 더 먼저 그들에게 익숙했다는 것을 기억해야 합니다.

약속의 땅에서

"궤를 멘 제사장들이 여호와께서 여호수아에게 명하사
백성에게 이르게 하신 일 곧 모세가 여호수아에게 명한 일이
다 마치기까지 요단 가운데 섰고 백성은 속히 건넜으며…" (수 4:10)

· 여호수아의 정복과 사사기 이야기는 현재 우리 신앙의 패턴을 적나라하게
보여주는 예들입니다:
"하나님 보호 – 교만 – 이웃나라의 침략 – 회개 – 회복.

· 당신은 어떠신가요? 적어도 이 패턴은 오늘날 우리에 신앙 패턴이 아닌가
요?

· 그 때문에 이 단원에서는 하나님을 벗어난 삶의 모습은 반드시 실패한다는
것을 제시합니다.

1. 여호수아

모세가 광야생활에서 꿈을 꾼 것은 무엇이었을까요? 1960년대 흑인 목사 마틴 루터 킹[35]은 "우리는 하나의 꿈이 있습니다.(I have a dream) 흑인 어린이와 백인 어린이가 손잡고 웃으며 서로 뛰어놀 수 있는 … 그러한 꿈을 꾸고 있습니다"라고 호소하였습니다. 킹 목사님은 이 설교를 통하여 분열된 미국의 흑인을 하나의 공동체로 모았듯이, 모세는 불편함과 괴로움 그리고 외로움을 동반하는 광야에서 이스라엘인들이 야웨를 통한 하나의 정체성을 가지게 하는 꿈을 꾼 것이 아니었을까요? 이러한 모세의 꿈을 이루는 모티브는 아마도 선조에게 주어진 하나님의 약속이었을 것입니다. 하나님께서 우리에게 "젖과 꿀이 흐르는 땅"(출 3:8)을 줄 것이라는 약속이 이스라엘 공동체를 지탱했을 것입니다. 드디어 그 시기는 다가왔고 모세는 이스라엘 공동체를 움직여 요단강 앞까지 진군하였습니다. 그러나 모세는 가나안 땅을 바라보며 느보 산에서 죽음을 맞이합니다.

모세의 뒤를 이어서 여호수아가 후계자로서 택함을 받습니다. 우리는 권력의 힘이 물 흐르듯이 자연스럽게 모세에서 여호수아로 승계되는 것을 볼 수 있습니다. 후계자 여호수아는 드디어 가나안 땅에 진군하게 됩니다. 여호수아서의 진행은 여러 가지 기적 사화가 계속적으로 이어지며, 신학적으로 이것을 우리는 성전(聖戰), 즉 하나님이 행하시는 성스러운 전쟁이라고 말을 합니다. 다른 나라들의 신들은 결코 자신을 숭배하는 민족을 위하여 전쟁에 직접 참여하지 않습니다. 그러나 하나님은 역사 안에 들어오셔서 자신들의 백성을 위해 직접적으로 그들과 싸움을 하십니다.

---

35) 마틴 루터 킹 주니어(영어: Martin Luther King Jr. 1929년 1월 15일~1968년 4월 4일) 또는 마틴 루터 킹 목사는 미국의 침례교 목사이자 흑인 인권 운동 및 권리 신장 운동가로 미국 내 흑인의 인권 운동을 이끈 개신교 목사들 가운데 한 사람으로 꼽힌다. 1964년 노벨 평화상을 받았다. 그는 1968년 암살당하기 까지 미국에서 가장 탄압과 억압 받는 흑인, 이방인 소수자를 위하여 살았다. 또한 마틴 루터 킹은 다른 사람들을 위해 살려고 노력했고, 다른 사람들을 사랑하려 했으며, 전쟁에 대해 올바른 입장을 표명하였다. 또 배고픈 사람에게 먹을 것을 주고 헐벗은 사람들에게 입을 것을 주기 위해 그는 자신의 일생을 바쳤으며, 인간다움을 지키고 사랑하기 위해 몸 바쳤다.

여호수아서에 의하면 가나안 점령은 초입단계인 가나안 진입과 여리고와 아이 성의 점령에서 시작합니다. 두 번째의 단계는 남부 지역으로 진군하여 그곳에 연합군을 물리치고 가나안의 남부지역을 점령하게 됩니다.

마지막 단계로서 가나안의 북부지역에 대한 정벌이 이루어집니다. 그러나 이 가나안의 정복은 단기간의 군사적 행동으로 처리되기에는 약간의 무리가 따릅니다. 철기로 중무장한 가나안인들을 아직 청동기 문화인 이스라엘인들이 쉽게 정복했다는 것은 쉽게 납득이 가지 않습니다. 그러나 군사적인 정복이 없었다는 것도 믿기는 어렵기 때문에 가나안의 정복은 아마도 두 가지의 방법으로 이루어졌음을 추측할 수 있습니다. 한 편으로는 정복을, 또 다른 한편으로는 점진적이고 평화적인 정착을 병행하였을 것입니다. 여기에서 생각해야 할 것은 정복을 했는가 또는 아닌가 하는 것이 아니라, 오히려 정처 없이 떠돌아다니던 한 민족이 정복 사업과 평화적 사업을 병행하여 정착을 했다는 것입니다. 이것의 의미는 정착이 단순하게 한 민족이 어느 땅에 뿌리를 내린 것이 아니라, 하나님이 정한 오랜 약속의 성취가 이루어졌다는 것 그리고 하나님의 약속은 어떤 경우에도 이루어진다는 신뢰를 바탕으로 하고 있는 것입니다.

여호수아서에서 우리는 이러한 신뢰를 배울 수 있으며, 역사적으로는 출애굽 - 광야 - 언약의 성립 - 약속의 성취라는 간단한 도식이 만들어지게 됩니다. 또한 여호수아서 마지막에는 구약성경에서 처음 시

도되는 종교집회가 있습니다. 여호수아가 말년에 세겜에서 이스라엘 사람들을 모으고 집회를 시작합니다. 이 집회는 일단 선조에게 약속한 하나님의 언약에 대한 성취를 의미하기 때문에 한 세대의 끝과 또 다른 세대가 시작되었다는 것을 의미합니다. 그래서 집회는 옛날을 회상(수 24:2~13)하며 또한 앞으로 새로운 땅에서 "하나님만 섬기겠다는" 결심을 유도하는 집회입니다.(수 24: 14~15)

2. 사사기

이스라엘 민족은 대략 주전 1200년경에 가나안의 정착을 말합니다. 이 시기는 일반적으로 여호수아의 죽음(삿 2:6 이하)으로부터 시작하여 사무엘의 고별사로 끝나는(삼하 12장) 사이의 시기를 말합니다. 그래서 주전 1000년경 이스라엘에 왕정이 수립되기까지 약 200년간을 사사시대라고 합니다. 이 기간 동안 이스라엘은 고대 근동에 없는 제도를 지속시켰습니다. 즉, 왕정체제보다는 신정체제에 가까운 공동체로 유지하였습니다. 아마도 아브라함이 자신의 고향을 떠나서 하나님이 원하는 곳으로 가기 시작하여 여호수아의 땅 점령 시기까지 강력한 신정 공동체의 시기라고 말할 수 있습니다. 반면에 사사시대 다음의 시기는 정확하게 신정 국가이기보다는 사울, 다윗에서부터 유다의 마지막 왕인 여호야긴에 이르기까지 왕정 시기라고 합니다. 사사기는 이른바 신정국가와 왕정국가를 이어주는 과도기적 성격을 가지고 있는 것을 볼 수 있습니다.(김광원 외 1, 성서 닷컴, 114)

우리는 여기에서 사사기의 성격을 세 가지로 규정 하고자합니다. 첫째, 사사기는 다음과 같은 구절로 그 당시의 상황을 정리할 수 있습니다.

"그 때에 이스라엘에 왕이 없었으므로 사람이 각각

그 소견에 옳은 대로 행하였다."

(삿 21:25; 또한 삿 17:6; 18:1; 19:1)

이 말을 우리는 잘 해석해야 합니다. 여기에서 왕이 없다는 것은 전체적으로 한 공동체 또는 한 국가를 움직이는 지도자가 없다는 것을 의미합니다. 물론 사사들이 있었지만 그들은 단지 자신의 지파만을 위한 - 데보라는 예외 - 지도자(또는 재판관)와 같은 의미입니다. 강력한 지도자가 없다는 것은 정치뿐만 아니라, 또한 종교에도 영향을 미쳤다는 것을 의미합니다. 또한 "그 소견대로 올바른 일을 행하였다"라는 말은 각 사람의 선에 대한 기준이 자기 기준이라는 것을 의미합니다. 단순하게 정치적인 혼란과 지도자의 부재를 의미하는 것이 아니라, 과도기적 체제는 정신적인 혼란기와 종교적인 타락이 진행되고 있었다는 것을 의미합니다.

둘째, 사사시대의 전체적인 종교의 상황은 항상 바알과 연관이 됩니다.

"이스라엘 자손이 야훼의 목전에
악을 행하여 바알들을 섬겼다."(삿 2:11; 또한 삿 4:1 등등)

바알은 가나안 문화 종교를 대표하는 신입니다. 그의 뜻은 "소유 또는 주인"을 의미합니다. 인간이 추구하는 모든 것은 물질주의에 우선하고 있습니다. 그 때문에 바알주의는 인간을 물질과 동일하게 취급합니다. 또한 바알주의는 그들의 의식을 성적인 쾌락에 두고 있기 때문에 굉장히 매력적인 종교입니다. 따라서 문화의 유혹이 없었던 광야에서 야훼의 법을 배워온 이스라엘의 과제는 다음과 같은 것이었습니다.

가나안 땅 진입 후에
가나안의 문화적, 종교적 유혹을 어떻게 극복할 수 있는가?

또한 야훼 신앙을 어떻게 굳건하게 지킬 수 있는가?

그러나 이스라엘은 이 과제를 지키지 못하였습니다. 바알과 관련하여 **[이스라엘의 배신(바알로 돌아섬) → 야훼의 징벌 → 이스라엘의 회개 → 야훼의 도움]**으로 진행되는 신앙의 순환에서 생각해볼 수 있습니다. 이러한 신앙의 패턴은 거의 왕정 수립 전 200년 동안 반복된 것을 볼 수 있습니다. 그러나 이러한 신앙의 패턴이 과연 그 당시 이스라엘에만 한정된 것일까요? 현재의 우리의 신앙도 이러한 신앙의 악순환에 시달리고 있지 않습니까?

마지막으로 사사기에는 모두 12명의 사사들이 등장합니다. 전에도 말했듯이 이스라엘은 출애굽 후에 하나님이 직접 통치하는 신정정치의 체제 속에서 발전되었습니다. 이스라엘은 여호수아가 죽은 후에 왕이 없는 대신 각 지파가 여호수아에게서 자신에게 부여된 지파를 독립적으로 운영할 수 있는 지파 동맹체로서 움직였습니다. 이러한 정치체제가 발전할 수밖에 없는 배경이 있습니다. 이스라엘인들은 이집트에 있을 때 압제와 노예제도 때문에 시달림을 당한 사람들입니다. 이집트에서의 탈출은 이들에게 자유를 알게 하였으며, 평등을 경험하게 하였습니다. 다스리는 자와 다스림을 받는 자가 없는 공동체, 억압하는 자와 억압받는 자가 없는 공동체를 구현하기 원했습니다. 그렇게 발전된 신정정치를 위하여 하나님에게 선택된 자들이 바로 사사들입니다. 전에는 하나님의 통치의 대리자를 한명씩 선택하여 이스라엘 공동체를 이끌었다면, 이제는 많은 사람들이 같이 하나님의 일을 돕고 진행하게 됩니다.

사사들은 이스라엘 역사 속에서 독특한 임무를 수행했습니다. 백성들을 심판하는 심판관이며, 또한 전쟁 시에 군사 지도자이며, 종교적인 행사에서는 종교의 지도자의 역할을 감당하였습니다. 또한 지파가 평온한 상태가 되면 그들은 자신의 일터로 돌아갔습니다. 이러한 역할을 통하여 이스라엘 역사 속에서 이들은 그 주변 사회와는 다른 독특한 제도를 발전시켰습니다.

그것이 바로 우리 사회보다 거의 2000~2500년을 앞서는 사회복지제도입니다. 특히 안식일 규정(신 15장), 희년(레위기 21장), 도피성의 규정, 기근으로 토지를 매매할 경우 가장 가까운 친척이 그 땅을 다시 사서 되돌려주는 고엘 제도(레 25:23~28) 등등. 많은 사회복지 제도는 주변의 나라와 차별성을 가진 나라로 발전합니다. 아마도 이러한 차이는 바알의 종교를 중심으로 형성된 가나안의 문화와 야훼 종교를 중심으로 형성된 이스라엘 사회와의 차이일 것입니다.

부기 3: 야훼와 바알[36)]

1. 아버지 엘보다 더 힘이 강한 바알이 사는 가나안

가나안 지역은 야곱의 고향인 "하란"(밧단아람: 창 28:2)으로부터 시작하여 이집트로 가는 지역까지 입니다. 사실 이 지역은 먼저 언급한 이집트의 나일 강과 같은 특징을 가지고 있으며, 또한 이 지역 사람들은 메소포타미아에서 강의 근원을 두고 발전한 사고체계를 가지고 있습니다. 이것은 가나안지역의 특징 때문입니다. 즉, 이집트에서 메소포타미아로 가기 위해서는 반드시 가나안을 거쳐야 하며, 반대로 메소포타미아에서 이집트로 가기 위해서는 반드시 가나안을 거쳐야 합니다. 이러한 특징은 가나안의 문화를 결정하는 중요한 요소입니다. 고대의 전쟁은 오랜 기간에 걸쳐서 일어나기 때문에 자국의 문화를 나르는 수단입니다. 그 때문에 고대 팔레스틴의 지역은 전쟁의 통로이기도 하지만, 문화를 나르는 통로이기도 했습니다. 이러한 결과로 많은 사람들은 가나안의 문화를 메소포타미아와 이집트의 카피(copy)된 문화로서 이해하였으며, 가장 저급한 문화로 취급하였습니다. 그러나 **라스 샤므**

---

36) 이 부록은 2009년 2학기 서울신학대학교 학보에 연재했던 글을 수정한 것입니다.

라(Ras Shamra)에서 이스라엘이 정착할 무렵인 주전 1200년경에 파괴된 우가릿(Ugarit) 문헌의 발견은 과거 가나안 종교에 관하여 형성된 여러 개념들을 크게 수정시키는 결과를 가져왔습니다. 즉, 가나안의 문화가 이집트와 메소포타미아의 문화에 종속되어 있다는 편견에서 벗어나, 두 문화를 받아들여서 더욱더 정교한 종교의 체계를 발전하였다는 것을 알게 되었습니다.

그 때문에 가나안의 문화는 다양하며, 이집트와 메소포타미아의 문화보다는 더 복잡한 체계를 가지고 있습니다. 특히 이제 우리가 알아보고자 하는 바알종교는 아마도 메소포타미아의 문화를 종합한 체계라고 할 수 있습니다. 앞서서 이집트와 메소포타미아의 종교체계가 자연종교를 바탕으로 하고 있다고 말씀드렸습니다. 바알 종교 역시 자연 종교를 바탕으로 하고 있습니다. 그러나 메소포타미아의 종교 체계보다는 더 복잡하며 영향력이 크다고 할 수 있습니다. 먼저 바알 신화는 다음과 같습니다.

"바알은 창조의 신이며, 다산과 폭풍 그리고 생명의 신이다. 그가 세상을 정복하고 나서 그는 세상을 정복하였지만, 그러나 나는 아직 지하세계는 정복하지 못하였다고 생각했다. 그래서 바알은 지하세계의 무트(죽음의 신)와 전쟁을 하였다. 그러나 바알은 그 전쟁에서 패하여 지하세계에 갇히게 된다. 그 결과로 지상에서는 혼란이 야기된다. 여자는 아기를 낳지 못하고, 세상의 모든 생물들은 말라가며 그리고 종말이 다가온다. 그래서 그의 누이이자, 아내인 아나트가 지하세계로 내려가서 무트와 싸움 끝에 승리하여 계약이 이루진다.

즉, 일정 부분은 세상에서 바알이 살고, 일정 부분은 지하에서 사는 것

으로 계약하였다.” … (ANET)

이러한 신화의 의미는 자연 종교의 절정을 이루는 계절 속에 상징화된 신화를 의미합니다. 즉, 봄, 여름, 가을 그리고 겨울에 맞추어서 이 신화가 구성되어있으며, 실제적으로 농업적인 순환구조를 가지고 있습니다. 겨울은 바알의 죽음을, 봄은 바알의 부활을 그리고 여름은 성장을 마지막으로 가을은 수확을 하고 바알은 다시 긴 죽음의 세계로 넘어갑니다. 죽음과 부활을 일 년 주기로 반복하는 신이 만들어진 것입니다. 그 때문에 가나안에서는 일 년에 한 번씩 봄이 다가오는 시기에 신년 축제가 벌어졌습니다. 바알의 부활을 맞이하기 위한 축제입니다. 그 축제는 아마도 거의 신화의 재현과 그리고 마지막에는 성전의 창기와 난교가 벌어지는 것으로 끝맺었을 것입니다. 이러한 신화 속에 나타난 비알의 상징의 의미는 가나안에서 대단한 영향을 미쳤습니다. 왜냐하면 바알은 고대 메소포타미아 왕궁의 틀 속에 갇혀 있는 마르둑의 신, 이집트의 왕이자 신인 파라오인 오시리스, 레와는 다르게 왕족뿐만 아니라 또한 일반 사람에게도 숭배의 대상이기 때문입니다. 일반 서민들의 숭배의 대상이며, 일 년에 한 번씩 부활하여 곡식과 다산을 이루게 하는 신이 바알입니다.

거기에 덧붙여서 바알의 이름은 “소유”라는 뜻입니다. 각 개인이 자신의 소유를 가진 현대의 초기 자본주의 사상과 일치합니다. 일반적으로 가나안에게 알려진 가나안의 주신인 엘(el)이라는 신보다 바알이 일반 대중에게 더 많이 칭송을 받고 숭배를 받았습니다. 사실 엘(el)은 제의적인 관점에서 보면 가나안에서 거의 멀리 있는 신이라고 해도 과언이 아닙니다. 가나안의 모든 사람들은 창조의 신이며, 실생활에 도움이 안 되는 엘 el보다는 바알을 더 숭배하였습니다. 왜냐하면 그들에게 가장 가까이 있으며, 생명을 주는 신이 바알이기 때문입니다.

사실 바알 종교는 그 어떤 종교보다 매력적인 종교입니다. 바알 신화를 통한 신년 축제는 그 속에 매력적이 요소를 많이 가지고 있습니다. 즉, 보이는 종교로서 형상, 눈에 보이는 죽음과 부활의 종교적 행위, 성적인 유혹과 매력 … 등등. 이러한 경향을 통하여 우리는 왜 가나안 땅에 들어가기 전에 신명기에서 그렇게 강 저편의 땅에 대한 경계를 말하였는가를 알 수 있습니다.(신 11:13~17) 다른 고대 근동의 종교보다 더 매력적인 종교의 체계에서 살아남기 위한 몸부림이 바로 여호수아에서 실행한 가나안 문화와의 단절입니다. 물론 현대 세계에서 말하는 "인도적"이라는 잣대로 여호수아서를 보면 구약의 하나님에 대한 생각이 단지 엄격하고, 가부장적인 모습으로 보일 수도 있을 것입니다. 그러나 우리가 야훼 신앙과 바알 종교의 본질적인 모습에서 이 두 가지를 비교한다면 다른 방향으로 생각할 수 있습니다. 그래서 마지막으로 야훼 신앙과 바알 종교의 모습을 비교하여 구약 속에 우리의 정체성을 알아보기로 하겠습니다.

2. 이스라엘 하나님 "야훼"

모세 사후에 여호수아가 야훼의 공동체를 이끌고 가나안 땅에 진입할 때 이집트, 메소포타미아 그리고 가나안들은 이스라엘 공동체보다 더 높은 문화와 문명을 이룩한 후였습니다. 더욱이 가나안에 진입할 당시에 이스라엘 공동체는 청동기 문화를 사용한 반면에 가나안들은 그 당시에 철기 문화를 이룩한 후입니다. 그 때문에 이스라엘 공동체는 고대 메소포타미아에서 가장 약한 민족이었습니다. 거의 광야생활을 통해서 그들의 문화는 낙후된 문화를 소유하고 있었습니다.

한 민족이 다른 민족과 섞이는 경우 대체로 높은 문화는 문화가 낮은 문화의 사상과 습관 그리고 관습까지 전부 흡수해버립니다. 일반적이며 그리고 지금까지 인류의 역사적 발전 단계를 보면 거의 문화가 낮은 민족은 그들이 가졌던 민족적인 자의식과 정체성을 잃어버리고 흔적조차 없어졌습니다. 중국의 경우 비록 몽고의 징기스칸이 중국 대륙을 점령하였지만 후에 그들은 몽고인이라는 정체성을 잃어버리고 한족화되는 결과를 볼 수 있으며, 게르만 민족이 민족의 대 이동을 통하여 로마사회에 들어와서 자신들의 정체성을 기독교화한 것과 같은 이치입니다. 이론상으로는 이스라엘 공동체도 역시 가나안 정복 후에 "야훼의 공동체"라는 정체성을 잃어버리고 가나안화 되어야 하지만 이 공동체는 동화되지 않고 정체성을 지키면서 살아남았다는 사실입니다. 인류 역사상 처음 있는 일입니다.

왜 이스라엘은 자신의 정체성을 가나안화되지 않고 지킬 수 있었을까요? 그것은 야훼, 즉 우리의 하나님 야훼의 특징 때문입니다. 야훼 하나님의 특징은 고대 팔레스틴의 가나안의 신인 바알과 철저하게 차이점들을 가집니다.

첫째, 가나안의 신인 바알이 항상 특정한 지역과 연관을 갖는 반면에, 야훼 하나님은 항상 인간과 관계를 맺으며 그 특징을 드러냅니다. "두로(Tyrus)의 바알"이라는 명칭은 "두로"라는 지역을 벗어나지 못하는 지역 신을 의미합니다. 사실 가나안 자체는 여호수아가 가나안 정복을 시작하기 전에, 하나의 통합된 국가를 형성한 것이 아니라 도시국가로서 그 도시에 속한 사람은 그 도시에 속한 신만을 섬겼습니다. 그 때문에 한 도시의 신인 바알은 다른 도시의 바알에게 영향을 줄 수가 없었습니다. 가나안의 신들이 지역에 묶여 있기 때문에 항상 제한적입니다. 반면에 야훼 하나님은 확고한 지역에 결부되어 있지 않습니다. "아브라함의 하나님, 이삭의 하나님 그리고 야곱의 하나님"이라는 이름 자체가 지역이 아니라 이름에 관련되어있습니다. 일정한 장소와 결합되지 않는 하나님과 인간의 관계를 중요하게 생각하는 종교가 바로 야훼 종교의 핵심입니다. 이것은 인간이 신에게 매어있는 수동적인 관계가 아니라, 신이 인간에게 역동적으로 개입할 수 있는 종교입니다. 역사는 인간이 만들어 가지만 그 인간의 행위에 개입하는 것은 하나님이라는 것입니다. 우리는 이것을 **하나님의 역사 개입**"이라고 합니다. 이러한 종교에서 인간은 신을 위한 단순한 집무자 또는 대행자가 아니라, 오히려 신이 행하는 일에 파트너로서 투입됩니다.(암 3:7) 장소에 국한되지 않는 자유로운 신(God)이신 야훼는 항상 인간과 소통하기를 원하십니다. 그 때문에 종교혼합적인 가나안 문화와의 혼합을 항상 야훼는 자신의 인간에게 경고합니다. 그것으로 인하여 야훼의 파트너인 사람은 - 우리는 이 사람들을 예언자라고 말합니다 - 가나안의 종교 혼합을 막기 위하여 자기 민족에게 야훼의 생각과 원하시는 것을 부르짖었습니다. 이러한 이스라엘의 신앙이 오늘날 우리에게 전해진 것입니다. 그것이 바로 야훼 신앙입니다.(참조, W. H. Schmidt, 구약신앙, 226~242)

둘째, 야훼와 바알은 어떤 차이가 있을까요? 바알의 의미는 "소유 또는 주인"입니다. 바알의 이 의미는 인간과의 관계에서 우리에게 많은 생각을 하게 됩니다. 즉, 바알은 자기를 신봉하는 사람에게 물질적인 축복과 다산을 약속합니다. 자연 숭배의 가장 중요한 요소입니다. 그 때문에 여기에는 "인격적"이라는 의미가 부여되지 않습니다. 왜냐하면 바알의 숭배자들이 바알에게 바치는 것은 "누가 무엇을 소유했는가" 하는 문제이기 때문입니다. 즉, 누가 무엇을 많이 가졌는가에 따라서 인간의 신앙심이 평가를 받습니다. 이 바알의 사상은 현대에 우리가 누리는 자본주의 사상을 대표하고 있습니다. 즉, 물질로서 인간의 가치가 평가 받는 세상을 말합니다. 이러한 사회는 인간이 주인이 아니라, 단지 물질로서 취급을 받습니다. 그래서 물질문명의 문화를 우선시 하는 현대에서 우리 역시도 현대의 바알문화 속에서 살아가고 있습니다. 당신은 바알의 신앙을 야훼의 신앙과 동일시하며 살아가고 있지는 않습니까?

반면에 야훼의 의미는 다른 의미를 가집니다. 출애굽기 3장 14절에서 야훼라는 명칭의 의미를 "스스로 있는 자"로서 표현합니다. 어떤 사람에 의존해 있는 또는 어떤 지역에 의존하여 숭배를 받는 신이 아니라, 오히려 스스로 능동적으로 움직이는 신이라는 의미입니다. 이 신은 그 때문에 인간이 바치는 숭배와 물질에 얽매이지 않습니다. 인간을 자신의 숭배를 위한 도구로 생각하는 것이 아니라, 같이 움직이는 파트너로서 생각합니다.

　야훼는 인간을 "나(1인칭) 또는 너(2인칭)"로서 생각합니다. 그것이 바로 "인격적"이라는 것입니다. 이러한 야훼와 인간의 관계는 유대인들에게 실질적으로 그들의 정체성을 고대 근동과는 다르게 자신들의 정체성을 2,000년이 넘게 지키게 하였던 것입니다. 야훼와 인간의 관계에서 이스라엘인들의 야훼 신앙의 정체성이 나왔듯이 또한 기독교의 정체성도 역시 여기에서 나옵니다. 야훼가 인간을 이용물로서가 아니라, 존중해주는 목적물로서 대우를 하기 때문에 우리 역시 내 이웃에 대한 관계가 존중해 주는 목적으로서 이루어져야 합니다. 내 이웃은 내가 물질을 얻기 위한 수단이 아니라, 함께 같이 더불어 살아야 하는 존재입니다. 이러한 경향이 바로 고대 근동과는 다른 이스라엘의 독특한 사회복지적인 공동체로서 형성하게 된 것입니다.

이스라엘 왕들의 이야기

"… 바알과 아세라와 하늘의 일월 성신을 위하여 만든 모든 기명을 여호와의 전에서 내어다가 예루살렘 바깥 기드론 밭에서 불사르고…
(왕하 23:4)

· 왜 우리는 이스라엘 역사를 배워야 하나요?

· 지도자가 갖추어야 할 덕목은 무엇일까요?

· 실제적으로 패배한 역사를 배워야 할까요?

· 역사 속에서 활동하시는 하나님을 볼 수 있을까요?

1. 왕정의 전환

가나안 점령 후에 이스라엘은 신정 정치와 왕정 정치의 과도기적 상태로서 사사의 시대가 약 200년간 지속됩니다. 그리고 사사 시대 말기, 즉 사무엘이 사사와 제사장으로 있을 말기에 이스라엘 사람들 중에 왕을 요구하는 소리가 한쪽에서 강력하게 들려왔습니다. 그러나 사사 시대가 왕정으로 전환되었다는 것은 왕정을 반대하는 목소리보다는 왕정을 찬성하는 세력이 더 강했다는 것을 의미합니다. 여기서는 왕정의 찬성과 반대의 목소리를 들어보고 그것이 이스라엘 역사와 신앙에 어떤 영향을 주었는가를 생각하고자 합니다. 더불어 그러한 사상은 구약성경을 이해하는데 아주 중요하다고 먼저 말하고 싶습니다.

1) 사무엘 말기 시대의 이스라엘

고도로 발전한 바알 종교와 지적으로 높은 가나안 문화의 영향에도 불구하고 사사시대가 근 200년간 지속할 수 있었던 것은 아마도 모세와 여호수아 그리고 사사들, 마지막으로 사무엘로 이어지는 야훼 신앙이 이스라엘 백성들을 한분인 야훼 하나님을 섬기는 공동의 신앙 정체성으로 연결했다는 것을 말합니다. 그러나 이러한 체제에도 불구하고 이스라엘 백성들이 왕을 요구한 것은 아마도 사사 시대 말기, 즉 사무엘 시대 말기에 이스라엘 사회의 신앙적 결속이 느슨해지고, 부패가 만연해졌기 때문입니다. 또한 종교혼합적인 상황이 지속적으로 이스라엘인들을 타락으로 몰아넣었을 것입니다. 우리는 이러한 상황을 세 가지로 요약하고자 합니다.

첫째, 그 동안 해안을 중심으로 도시국가를 건설하고 각 도시국가에서 개별적으로 통치를 하고 있었던 블레셋[37]이 동맹을 체결하고 가나안 내륙으로 쳐들어왔습니다. 또한 이스라엘 주변의 나라인 모압, 미디안, 암몬 등의 나라들의 침략이 많아지기 시작했습니다. 이러한 침략에 대항하는 수단으로서 그 당시에는 단지 각 지파의 사사들이 자기 지파의 사람들과 개별적인 대항만 할뿐이었습니다. 그래서 이스라엘 부족들의 결집 없이 개별적인 부족들이 자신의 영토와 인접한 이웃나라와 싸우는 것은 별로 효과적이지 않았습니다. 이것으로 인하여 이스라엘 나라는 이웃나라와 같은 왕정 체제를 요구하였습니다.(삼상 8:20)

둘째, 사사 시대가 가지는 권력의 부패 현상이 나타나고 있는 것을 볼 수 있습니다. 사사 시대 말기부터 이스라엘 지도자들의 부패 현상이 두드러지게 나타나기 시작합니다. 기드온이라는 사사의 아들 중에 아비멜렉은 왕이 되기 위하여 자신의 형제 70명을 몰사하는 악행을 저질렀습니다.(삿 9:4~6). 또한 엘리 제사장의 아들들은 성전에 내는 물건 중에서 하나님에게 드리기 좋은 물건을 항상 자신이 먼저 차지합니다.(삼상 2:12~26) 마지막으로 사무엘의 아들들인 요엘과 아비야는 뇌물을 받고 재판을 불공정하게 행하였습니다.(삼상 8:1~5)

마지막으로 결정적인 요인은 블레셋과의 전투에서 언약궤를 빼앗긴 사건입니다. 전쟁에서 언약궤를 앞세우고 가는 것은 이스라엘의 오랜 전쟁의 관습입니다.(수 6:4 등) 그러나 이스라엘 장로들과 엘리의 두 아들 홉니와 비느하스가 행한 에벤에셀의 전투(삼상 4:1~18)는 이 언약궤의 사용을 지금까지 행하였던 것과 다른 용도에서 사용하였습니다. 언약궤를 앞세우고 전쟁을 벌이는 행위는 언약궤의 마법적인 힘을 의지하는 것이 아니라, 확실하게 야훼가 우리와 함께 싸우신다는 믿음의 상징입니다. 그러나 장로들과 엘리의

---

37) 블레셋은 아마도 주전 1100년경에 한쪽으로는 지중해의 바다를 건너서 그리고 다른 쪽으로는 히타이드를 지나서 가나안에 정착했다. 그들은 가자(Gaza), 아스켈론(Aschkalon), 아쉬돗 (Aschdod), 에클론(Ekron), 갓(Gat)으로 이어지는 가나안 서쪽 남부 해안에 도시국가를 건설하였으며, 주전 1000년부터 동맹을 결성하고 가나안 내륙으로, 즉 가나안의 므낫세와 에브라임 그리고 유다 부족이 살고 있는 땅을 탈취하려고 전쟁을 벌었다.

아들들은 야훼가 우리와 함께 하신다는 것이 아니라, 언약궤를 마치 마법의 상자와 같이 취급했던 것입니다. 종교의 행위 성물들을 상품화하고 마치 그것들이 야훼를 대신하는 사고에서 나타난 것입니다.

" … 야훼의 언약궤를 실로에서 우리에게로 가져다가
우리 중에 있게 하고 그것으로 우리를
우리의 원수들의 손에서 **구원하게 하자**. … ."(삼상 4:3)

이러한 행위는 아마도 이스라엘 전반적인 당시 사회를 표현하고 있는 것이라고 생각합니다. 종교적 행위나 성물들이 야훼 하나님을 대신하는 사회는 더 이상 인간을 인간으로 취급하며, 목적 그 자체로 대하는 야훼 신앙 효력을 발휘할 수 없습니다. 종교는 이데올로기로 대치되며, 강력한 물질적인 또는 이념적인 교리로 대체됩니다. 마치 오늘날 교회가 하나님으로 대치되는 현상 속에서 하나님 없는, 예수님 없는 교회를 만들 듯이 말입니다. 이러한 이스라엘 사회의 부패적인 현상이 왕정을 요구하는 측과 또한 왕정이 필요 없다는 측으로 나뉘게 되었습니다.

2) 왕정의 비판과 설립

앞서서 왕정의 설립을 반대하는 쪽과 왕정을 찬성하는 쪽이 있다고 말씀을 드렸습니다. 성경에서 이 왕정 반대의 사상은 다음과 같은 구절에서 찾을 수 있습니다:

"그에게 이르되 보소서
당신은 늙고 당신의 아들들은 당신의 행위를 따르지 아니하니
열방과 같이 우리에게 왕을 세워 우리를 다스리게 하소서 한지라."(삼상 8:5)

"야훼께서 사무엘에게 이르시되

백성이 네게 한 말을 다 들으라 그들이 너를 버림이 아니요

나를 버려 자기들의 왕이 되지 못하게 함이니라."(삼상 8:7)

다윗 이전에 이스라엘의 가장 중요한 사상은 **"야훼가 왕이다"**는 것입니다. 아마도 이러한 사상은 모세가 출애굽한 후에 시내 산의 계약에서부터 볼 수 있습니다.(출 9:16) 즉, 하나님 야훼는 이스라엘의 진정한 통치자이며 왕이라는 것입니다. 백성의 지도자들은 야훼 하나님의 대리자이며, 진정한 왕은 야훼 하나님이라는 것입니다. 이러한 사상은 모세로부터 여호수아 그리고 마지막 사사인 사무엘까지 내려왔습니다.

이러한 신정 통치의 사상에 이스라엘 백성이 "왕을 달라"고 요구하는 것은 야훼를 왕으로 인정하지 않는 것으로 여겨졌습니다. 이러한 거부는 두 가지의 상황으로 요약됩니다.

첫째, 왕을 달라는 요구는 앞으로 이스라엘 사회 또는 나라에 한쪽으로는 하나님의 왕국과 다른 한쪽으로는 인간이 통치하는 나라가 세워지게 될 것이라는 것입니다. 그렇게 될 경우, 왕으로서 야훼의 통치에서 인간의 통치로 넘어가게 되어 결국에는 야훼의 실질적인 통치가 중지된다는 것입니다. 야훼의 통치를 기반으로 하는 이스라엘 공동체는 앞서서 제시하였던 자유와 평등의 사상이 함축되어 있습니다. 그러나 만일 왕의 통치 사상이 인간의 통치 사상으로 넘어가면 이웃 나라의 전제 국가와 다를 바가 없으며, 야훼는 실질적인 지배자 또는 통치자가 아닌, 왕의 통치 수단으로 전락하게 될 것이라고 왕정 반대파는 생각하였습니다.

둘째, 왕정의 요구는 이스라엘 사회의 전반적인 변화가 될 것이라는 것입니다. 좋은 변화가 아니라 나쁜 쪽으로의 변화를 의미합니다. 사무엘 상 8장 11~17절은 만일 왕이 세워진다면 왕의 권한이 이렇게 된다는 것을 제시

합니다.

" … 왕은 이스라엘 장정을 데려다가 군대를 만들 것이다.
… 왕의 군대는 왕을 위하여 밭을 갈고, 추구를 할 것이다
…………………
… 왕은 남녀노소를 가리지 않고 결국에 종으로 우리를 부릴 것이다.
… 모든 이스라엘 백성이 왕의 노예가 될 것이다."(삼상 8:11~17)

왕정 반대파가 본 것은 이러한 왕의 권한 아래에서 시간이 갈수록 심각한 사회 계층화를 이루게 한다는 것입니다. 관리, 지주, 귀족이 형성되면, 일반 백성들은 소위 상류층이 행하는 권력에 의하여 노예화되며 불평등이 일어날 것이라고 보았습니다. 사실 이들이 본 것은 올바르고 정당했습니다. 왕정 후 200년이 지나서 거의 호세아와 아모스 예언자시기에 이러한 갈등이 첨예화되면서 북 이스라엘의 왕들은 야훼에 대한 신앙도 자신들의 공동체도 파멸의 위험으로 몰아넣는 결과를 가져왔습니다.(임태수, 성경의 세계 3, 52~54)

2. 통일 왕국 시대

왕정의 반대에도 불구하고 역사의 흐름과 시대의 흐름은 어쩔 수가 없었습니다. 왕정의 반대는 사사와 같은 민족 지도자들의 부패와 타락으로 힘을 얻지 못하였고 점차적으로 왕정지지 세력이 힘을 얻게 됩니다. 그러한 증거는 이스라엘의 첫 왕인 사울이 왕으로 등극하는 과정에서 왕을 세우는 것에 반대하는 성경의 구절이 없기 때문입니다.

"내일 이맘때에 내가 베냐민 땅에서 한 사람을 네게 보내리니

너는 그에게 기름을 부어

내 백성 이스라엘의 지도자를 삼으라.

그가 내 백성을 블레셋 사람의 손에서 구원하리라.

내 백성의 부르짖음이 내게 상달하였으므로

내가 그들을 돌아보았노라."(삼상9:16; 또한 9:1~10; 11:1~15)

사울을 초대 왕으로 하여 사무엘 7장에 이르는 다윗의 계약에 이르기까지 이스라엘 역사가들은 단지 왕 개인의 비판은 말하지만 왕권 자체의 부정적인 시각은 발견하지 못합니다. 이제부터 우리는 통일왕국의 3명의 왕들을 지도자적 시각에서 살펴볼 것입니다.

1) 사울

이스라엘 최초의 왕은 베냐민 지파의 사울입니다.(삼상 9:1) 사울이 왕이 되는 과정은 다음과 같습니다. 당시에 이스라엘의 상황은 이웃 나라들에게 심하게 압력을 받고 있는 상황이었습니다. 아벡 전투에서 블레셋에게 패함으로 법궤와 실로성소가 파괴되는 불운을 겪게 됩니다.(삼상 4~6장) 또한 암몬이 야베스 사람과의 전쟁을 시작하는 시기이었습니다. 이같이 이스라엘이 이웃나라에 압박을 받고 있는 상황에서 사무엘은 사울을 만나게 됩니다. 그 만난 자리에서 사무엘은 그에게 기름을 부어 왕을 삼게 됩니다.[38] 그후에 사울은 암몬의 압박에 시달리는 야베스 사람을 만나게 됩니다. 즉, 사울은 암몬이 야베스를 침공하여 도움을 청하러 온 야베스 사람의 말을 들은 후에,

---

38) "기름을 붓다"라는 말은 히브리어 'חשׁמ(마샤흐)'에서 유래한 말입니다. 헬라어로는 Μεσσιαξ(메시아스)라고 합니다. 이 기름을 붓는 행위는 다음과 같은 것을 의미 합니다: 1) 신에 의한 인간적인 선택과 보호 받는 자.(삼상 9:16; 24:6,10; 26:9) 2) 하나님의 영에 임재 (삼상 10:1,6; 16:13 14), 3) 성별된 자 또는 전권을 위임 받은 자(사 61: 1; 참조 시 105:15); 참조, W. Schmidt 차준희 역, 구약신앙, 450 475.

하나님의 영에 감동되어 소를 가져다가 토막을 내어 온 이스라엘에게 보냅니다. 그리고 "누구든 사울을 따라나서지 않으면 이렇게 된다."(삼상 11:7)는 전령을 보내 군대를 소집합니다. 그후에 야베스 전투를 승리로 이끈 사울은 실질적으로 모든 백성의 동의를 얻게 되어 이웃 나라와 많은 전투를 치르게 됩니다.[39)]

초기에 사울은 수많은 전쟁에서 승리합니다.(삼상 13~14) 사울은 주전 1020년에 왕이 되어 약 20년간 이스라엘을 다스리며 왕권 제도를 확립하게 됩니다.(삼상 14:47) 또한 사울은 국방을 강화하고 국력을 튼튼하게 세웁니다. 그는 유능한 군사적 지도자로서 당시 이스라엘이 겪고 있는 외세의 침략을 효과적으로 극복할 능력이 있는 사람이었습니다. 그 때문에 그는 지파 동맹체의 분열과 강력한 왕정체제의 등장 사이에서 가교의 역할을 한 인물입니다. 그의 통치 초기에는 겸손하면서 용기 있는 사람으로 그려지고 있습니다.(삼상 9:2) 이러한 사실들은 이스라엘의 왕정에서 사울에 대한 긍정적인 측면으로 생각할 수 있습니다.

그러나 성경은 사울의 긍정적인 면보다는 부정적인 면을 더 부각시키고 있습니다. 왜냐하면 많은 사람들은 사울을 실패한 왕으로 묘사하고 있기 때문입니다. 그 원인은 여러 가지가 있습니다.

첫째, 다윗과 달리 사울은 자신 만을 위한 군대가 전혀 없었다는 것입니다. 다윗은 그를 따르는 무리가 600명이 됩니다.(삼상 27:2) 그러나 사울은 자신을 위한 군대 없이 전부 지파에 의존하여 군대를 편성했기 때문에 항상 지파에 의존적이었습니다. 그 결과로 초기에 지파의 도움으로 강력한 군주체제를 유지하였지만 시간이 갈수록 지파의 지도자와의 갈등으로 인하여 강력한 군주체제가 무너지게 됩니다. 그리고 후반기 점점 이웃나라와 전쟁

---

39) 사울의 왕위 등극 과정은 앞으로 이어지는 이스라엘 왕이 등극과정의 전승으로 작용한다. 왕이 되는 과정은 다음과 같다: 1) 예언자를 통한 기름 부음.(소위 하나님의 선택: 필수 요소: 삼상 10:1) 2) 하나님의 영이 임함.(필수 요소가 아님: 삼상 10:10) 3) 백성의 동의.(필수 요소: 삼상 10:24; 11:15)

에서 패배를 하게 됩니다.

둘째, 사무엘과의 갈등입니다. 아마 이 갈등은 신정 정치와 왕정 정치의 갈등이라고 할 수 있습니다. 사무엘은 신정 정치를 대표하는 인물입니다. 그러나 사울이 원하였던 것은 강력한 군주제도입니다. 이러한 정치적인 내부의 갈등에서 사울은 사무엘이라는 벽을 넘지 못하였습니다.[40] 결국 이 갈등은 지파들이 사울에게서 등을 돌리게 하는 역할을 초래하였던 것입니다. 아마도 주후 10세기 후반에 일어난 "카놋사의 굴욕"[41]과도 동일한 사건입니다.

셋째, 사울과 다윗의 갈등입니다.

"사울이 죽인 자는 천천이요,

다윗은 만만이로다."(삼상 18:7)

이 노래는 아마도 사울의 질투심을 부추겨서 다윗을 죽이려고 하는 사울의 의지를 더욱더 불타게 했을 것입니다. 자기보다 더 능력이 있는 부하를 포용하지 못하는 지도자는 좋은 지도자가 아닙니다. 사울은 이러한 이유들 때문에 결국에 자신뿐만 아니라, 자신의 왕가가 비참한 최후를 맞이하게 됩니다. 사울은 자살하고, 자신의 왕국은 다윗이 차지하게 됩니다.

2) 다윗

이스라엘 통일왕국의 두 번째 왕인 다윗은 이새의 여덟 번째 아들로 태

---

40) 이 같은 갈등을 나타내는 상황을 성경은 사울이 사무엘을 기다리지 않고 번제를 드린 사건(삼상 13: 8 15)으로 인하여 야훼께서 사울을 버렸다고 선포하였으며, 또한 아말렉과의 전쟁에서 모든 것을 진멸하라고 명하신 것을 사울이 빼돌린 것에 대하여 역시 순종이 제사보다 낫다는 말 로 야훼가 사울을 버렸다고 선고한 사건이다.

41) 주후 10세기 후반 주교를 임명하는 서임권을 둘러싸고 신성로마제국(독일) 황제와 교황과의 싸 움에서 교황이 승리한 사건.

어났습니다. 사무엘이 사울과의 갈등으로 인한 결별 후에 두 번째로 택한 이스라엘의 왕이 바로 다윗입니다. 다윗은 목동이며, 아마도 시와 음악에 재주가 있는 사람이었던 것 같습니다. 다윗은 사무엘의 기름부음과 골리앗과의 싸움,(삼상 17:41~51) 그리고 악령에 든 사울을 노래로서 고치는 것 때문에 국민적인 영웅으로 떠오르게 됩니다. 그러나 그후에 다윗은 사울의 질투에 의하여 고난을 겪게 됩니다. 그러나 이 고난은 다윗으로 하여금 지도자로서 능력을 가지게 되는 결과를 가져오게 됩니다. 사람을 포용한다는 것은 지도자의 가장 중요한 요소 중에 하나입니다. 이러한 고난을 통하여 사울에게는 없는 다윗에게 개인적으로 충성을 바치는 사람들이 모이게 됩니다.

> "환난 당한 모든 자와 빚진 모든 자와 마음이 원통한 자가
> 다 그에게로 모였고 그는 그들의 우두머리가 되었는데
> 그와 함께 한 자가 사백 명 가량이었더라."(삼상 22:2 ; 또한 삼상 27:2)

이러한 상황은 다윗에게 최악의 상황을 가져오게 합니다. 그것은 개인적으로는 사울의 질투와 미래로는 사울 왕국의 큰 위협으로 다윗이 작용할 것이라는 사울의 정치적 판단으로 인하여 사울은 다윗을 죽이려고 합니다. 그래서 다윗은 망명의 길에 오르게 됩니다.(삼상 24~26) 그러나 지금 처한 상황이 절망의 상황일지라도 그 절망의 상황을 희망으로 만드는 것이 좋은 지도자의 덕목이라고 생각합니다. 다윗에게 망명은 고난의 연속이었지만 그러나 이 망명은 후에 이스라엘의 최고 성군으로서 치세하는데 초석이 됩니다.

사울이 죽은 후에 다윗이 온 이스라엘의 왕이 되는 과정은 다음과 같습니다. 첫 번째 단계는 사울이 죽고 나서 다윗은 처음에 단지 한 지파인 유다 지파의 왕이 됩니다.(삼하 2:4) 두 번째 단계는 사울이 죽은 후에 사울의 아들인 이스보셋이 아브넬 장군의 도움으로 북 이스라엘의 왕으로 있었지만 그들 스스로의 내분으로 인하여 멸망하고 난 후에 그 잔여세력들이 다윗에게

귀순하게 됩니다. 마지막으로 다윗은 온 이스라엘의 지지와 동의에 의하여 왕위에 오르게 됩니다. 왕위 등극의 과정에서 다윗의 위대한 점은 피를 흘리지 않고 무혈로서 통일 왕국시대를 시작했다는 것입니다.

이스라엘의 통일왕국의 실질적인 왕이 된 다윗은 여부스 족속을 점령한 후에 자신을 따르는 신하만으로 예루살렘을 정복합니다. 그리고 예루살렘을 이스라엘의 수도로 만들어서 그 동안 방치되어 있던 야훼의 법궤를 기럇여아림에서 예루살렘으로 운반합니다. 이러한 움직임은 다윗의 의도를 명백하게 보여주는 것입니다. 예루살렘을 하나님의 집으로 만들려는 계획입니다. 다윗은 이러한 계획을 하나님의 거부 때문에 실현시키지 못했지만 결국 그의 아들인 솔로몬을 통하여 실현됩니다.

다윗이 행한 업적을 두 가지 측면에서 살펴보려고 합니다. 먼저 긍정적인 측면에서 생각해본 다윗의 일생입니다. 첫째, 다윗은 그의 인생의 후반기를 제외하고 보면 거의 전쟁과 함께 하는 삶을 살았습니다. 지금까지 이스라엘의 생존을 위협하던 블레셋, 모압, 에돔 그리고 암몬 등 이웃나라를 점령하여 식민지로 만들었습니다. 그리하여 이스라엘 역사상 가장 넓은 지역을 확보한 통치자가 됩니다. 이러한 일들에 대하여 신명기 사가(삼상 16~삼하 10장)[42]는 다윗이 탁월한 지도력으로 영토를 확장한 왕이기에 칭찬을 하는 것이 아닙니다. 사울과는 다르게 다윗은 항상 모든 일을 행할 때, 야훼에게 묻고, 그 분을 신뢰하며 그리고 야훼의 지시대로 행동하였습니다.

"다윗이 여호와께 묻자와 가로되 내가 이 군대를 쫓아가면 미치겠나이까?
여호와께서 대답하시되 쫓아가라

---

42) 여호수아부터 열왕기 하까지 이르는 이스라엘 역사를 기술한 역사가를 말한다. 거의 700년의 기간의 역사를 예루살렘 멸망 후 포로기에 바벨론에서 기록했다고 한다. 이들은 사무엘로부터 시작하는 왕들을 선한 왕과 악한 왕으로 평가하는데 그 기준은 왕의 세속적인 업적이 아니라, 야훼에 대한 신앙을 기준으로 평가하였다. 아무리 크고 훌륭한 업적을 남겼다고 해도, 그 왕의 일 생이 우상 숭배를 단행 하였다면 그 왕은 악한 왕으로 평가하였다. 그 평가할 때 그들의 기준점 이 있는데 평가의 기준점은 십계명의 제 1계명이었다.(참조: 김광원. 문시영. 「성서 닷컴」 126~128)

네가 반드시 미치고 정녕 도로 찾으리라."

(삼상 30:8; 비교 삼상 16:13; 17: 37.45; 23: 12; 삼하 2: 7; 5:19 등등)

이러한 측면은 다윗의 생애에 걸쳐서 거의 유지되었습니다. 그 때문에 비록 다윗이 후반부에 다소 잘못하는 부분이 있었을지라도 오늘날까지 다윗은 항상 야훼를 경외하는 모범적인 왕으로 그리고 메시야 대망의 모델로 이상화하는 것입니다.

둘째, 다윗은 누구보다도 하나님을 사랑하는 사람이었습니다. 그래서 그는 자신의 왕국을 건설하고 하나님의 집, 즉 성전을 건축하고자 했습니다. 그러나 하나님은 선지자 나단을 통하여 허락하지 않았습니다. 아마도 하나님은 전쟁의 피 묻은 손으로 자신의 성전을 건축하는 것을 원하지 않은 것 같습니다. 그러나 하나님은 그 거절 대신에 다윗에게 두 가지의 약속을 하십니다. 그 하나는 성전을 다윗의 아들 솔로몬을 통하여 건설될 것을 허락하셨습니다. 또 다른 하나는 하나님은 다윗이 진실하게 하나님을 경외하는 마음을 보시고 다음과 같이 다윗과 계약을 하십니다.

[11] " … 여호와가 또 네게 이르노니 여호와가 너를 위하여 집을 이루고, [12] 네 수한이 차서 네 조상들과 함께 잘 때에 내가 네 몸에서 날 자식을 네 뒤에 세워 그 나라를 견고케 하리라. [13] 저는 내 이름을 위하여 집을 건축할 것이요 나는 그 나라 위를 영원히 견고케 하리라. [14] 나는 그 아비가 되고 그는 내 아들이 되리니 저가 만일 죄를 범하면 내가 사람 막대기와 인생 채찍으로 징계하려니와, [15] 내 가 네 앞에서 폐한 사울에게서 내 은총을 빼앗은 것 같이 그에게서는 빼앗지 아니하리라. [16] 네 집과 네 나라가 네 앞에서 영원히 보전되고 네 위가 영원히 견고 하리라 하셨다."(삼하7:11~16)

이 계약을 우리는 "왕조 계약 또는 왕조 전승"이라고 하며 이 전승은 후에 시온신학으로 발전하는 밑그림을 제공하게 됩니다.(참조, W. 쉬미트, 구약신앙, 481~491)

다음은 다윗의 부정적인 측면입니다. 첫째, 밧세바의 사건(삼하 11~12장)에서 시작될 것입니다. 후반부에 다윗은 정복사업이 완성되자 왕권을 강화하고자 합니다. 그때 밧세바 사건이 일어나게 됩니다. 다윗은 그의 인생의 후반부에 전쟁에 직접 참여하지 않고, 왕궁에서 부하를 보내어 전쟁을 하게 합니다. 그 와중에 다윗은 부하의 아내인 밧세바를 취하게 됩니다.

그리고 밧세바가 임신을 하게 되자 밧세바의 남편인 우리야를 요압에게 명령하여 전쟁터에서 죽게 만듭니다. 자신의 잘못을 은폐하려는 다윗의 모습은 정직한 지도자라도 또한 하나님을 경외하던 지도자라도 일순간에 타락할 수 있다는 것을 보여줍니다. 다윗을 타락하게 만든 것은 권력입니다. 자신이 힘이 있으면 무엇이든 할 수 있다는 생각입니다. 이것은 하나님의 생각과는 정 반대된다는 것을 기억해야 합니다. 후에 이러한 일을 누구도 알지 못할 것이라는 다윗의 예상을 뒤엎고 선지자 나단이 이 사건을 폭로합니다. 그러나 비록 그가 심각한 범죄를 저질렀을지라도, 다윗의 지도자로서 훌륭한 인격은 여기에서 나타납니다. 나단의 지적으로 다윗은 두 가지의 행동을 합니다. 한쪽으로는 자신의 잘못을 인정하고 하나님께 또한 사람들 앞에서 자신의 잘못을 시인했다는 것입니다. 지도자로서 자신의 잘못을 사람들 앞에서 시인하는 것은 아주 중요한 지도자의 덕목 중 하나입니다. 다른 한쪽으로는 자신과 밧세바에게 난 자식을 하나님이 병에 걸려 죽게 하려하십니다. 그때에 그는 전심으로 자식을 위하여 하나님께 매달립니다. 비록 죄를 범한 결과로 비롯되었지만 아들을 위한 아버지의 심정이 잘 나타나 있습니다. 밧세바의 사건은 단지 다윗의 도덕적인 잘못만을 말하는 것이 아닙니다. 그것은 다윗의 절대 권력의 남용을 지적합니다.

둘째, 다윗이 행한 왕권 강화로 아마도 백성의 독립권과 각 지파의 독립권이 다윗의 지배하에 들어가게 됩니다. 또한 장기간 전쟁이 계속되면서 백성들의 불만이 고조되기 시작합니다. 이러한 사실을 알 수 있는 사건들이 다윗 치세의 후반부에 일어납니다. 다윗의 치세 말년에 반란이 일어납니다. 다윗의 아들 압살롬(삼하 13~19)과 베냐민 지파의 세바(삼하 20:1~2)입니다. 물론 압살롬의 반역은 다윗의 아들이 정권 찬탈을 위하여 반역한 것처럼 보이지만 그 내용을 자세하게 보면 압살롬이 북쪽 지파를 이용한 것이 아니라, 오히려 북쪽 지파가 압살롬을 이용하여 자신들의 잃어버린 지파간의 독립권을 쟁취하려는 시도입니다. 이러한 점에서 세바의 반란도 북쪽 지파의 권리를 찾기 위한 반란이라고 생각합니다. 이러한 반역의 결정적인 원인은 아마도 다윗이 절대 권력을 가지기 위한 왕권강화에서 비롯된 것을 알 수 있습니다.

셋째, 다윗의 부정적인 측면은 자식들을 성실하고 올바르게 가르치는 것에 실패했다는 것입니다. 몇 가지의 잘못만 제외하고 정당하고 모든 것에서 공평한 왕으로서 다른 사람들에게 행하였던 다윗은 유일하게 자식을 가르치는 것에는 실패하였습니다. 그 좋은 예가 바로 압살롬의 반역입니다.

그러나 다윗의 부정적인 면이 있음에도 불구하고, 왜 우리는 다윗을 위대한 지도자이며, 성군으로 생각할까요? 참으로 중요한 것은 크고 작은 다윗의 실수는 오늘을 살아가는 우리에게 지도자도 실수할 수 있다는 위안(?)을 줍니다. 그리고 실수하였을 때 그의 행동이 얼마나 위대한가를 알게 합니다. 즉, 자신의 잘못을 시인하고 그에 따르는 책임 있는 행동을 했다는 것입니다. 또한 그의 일생이 크고 작은 실수가 있음에도 불구하고 절대적으로 하나님에게 매여 있으려는 의지는 오늘을 살아가는 우리에게 위안과 용기를 줍니다. 우리는 또한 회개하고 하나님에게 멀어지지 않으려고 하는 다윗을 받아주시는 하나님의 사랑을 볼 수 있습니다.

3) 솔로몬

전반기 이스라엘의 통일 왕국의 마지막 왕은 솔로몬입니다. 그는 다윗의 아들 아도니야와의 왕위 쟁탈전에서 승리하였습니다. 왕위를 계승하는데 있어서 솔로몬은 "평강의 왕(대상 22:9)"이라는 그의 말과는 다르게 수많은 사람을 숙청하며 자신의 왕권을 굳건하게 합니다. 그럼에도 불구하고 솔로몬의 초기 치세는 이스라엘의 최대 전성기를 누리게 됩니다. 지혜의 왕으로 대표되는 솔로몬은 뛰어난 지혜의 통치술과 이웃 나라와의 동맹으로 이어지는 평화 정책으로 이스라엘의 국제화를 이루게 합니다. 그는 주변의 국가들인 메소포타미아와 이집트와의 활동적인 무역과 문화의 교류를 통하여 문화의 장을 열었습니다. 또한 무역의 활동을 크게 일으켜서 이스라엘에 많은 이익을 가져오게 합니다. 특히 '엘릿온게벨'이라는 항구를 개발하여 활발한 국제 무역의 중심을 차지하게 됩니다.

무엇보다도 각 이웃의 왕실과 국제결혼은 이스라엘이 그동안의 전쟁을 잊어버리고 평화를 추구하는 계기가 됩니다. 그러는 동안 솔로몬 치적의 최대 칭찬 받는 일 중의 하나로 성전 건축을 하게 됩니다. 7년에 걸친 성전 건축으로 인하여 명백하게 이스라엘 신앙의 중심지를 예루살렘으로 정하게 하였으며 오늘날까지도 역시 모든 세상의 신

앙 중심지의 역할을 하게 만들었습니다.

이러한 치세에도 불구하고 이스라엘 역사가는 솔로몬에 대하여 그리 좋은 평가를 하지는 않습니다. 여기서 솔로몬의 정책에 대하여 살펴보고 그의 지도자적 문제점을 생각하려고 합니다. 첫째, 솔로몬은 왕이 된 후에 각 지역에 행정 구역을 정하게 됩니다.(왕상 4:7) 그러나 이러한 행정구역은 단지 북 이스라엘에만 국한되어 있습니다. 즉, 유다에는 행정구역이 빠져 있습니다. 이러한 정책은 후에 조세와 성전 건축에서 유다가 빠지고 모든 짐을 북 이스라엘이 감당하게 됩니다. 결국은 유다의 부의 증대, 북 이스라엘 사회 자체의 심각한 경제적인 어려움 그리고 성전 건축을 위한 북 이스라엘의 강제노역 등으로 인하여 북 이스라엘의 일반 백성들에게 심각한 삶의 피폐함을 가져오게 됩니다. 더욱더 심각한 것은 솔로몬이 이웃나라와 무역으로 벌어드린 막대한 부가 정당하게 모든 지파 또는 모든 이스라엘에게 공평하게 재분배된 것이 아니라, 오히려 어느 특정한 집단,(유다지파) 특권 계층(예루살렘 귀족)에만 편중되기 시작했다는 것을 의미합니다.

그것과 더불어 솔로몬은 이스라엘의 어떤 왕보다도 호화스러움이 극치에 달했습니다. 그렇기 때문에 왕궁유지 비용이 엄청나게 지출되었습니다. 이러한 사치의 부담은 고스란히 북 이스라엘 백성의 부담이 되었습니다. 지도자가 사치하며 그리고 자신밖에 모른다면, 고통을 받는 것은 아래에 있는 백성이라는 것을 알아야 합니다.(왕상 10:23~29) 이러한 사회적 현상은 그동안 사사 시대의 평등한 사회적 체제가 무너지고 상하복명의 전제 군주적인 사회로 급격하게 변화했다는 것을 의미합니다.

둘째, 솔로몬은 그의 아버지 다윗과 같은 신앙의 지도자의 모습은 아니었습니다. 솔로몬의 집권 초기는 아버지 다윗을 따라서 하나님의 뜻에 살려고 했지만 성전 건축과 막대한 부를 소유함으로서 솔로몬은 변하기 시작했습니다. 그는 하나님을 아버지처럼 전심으로 사랑하지 않았으며, 또한 백성을 자기 몸처럼 사랑하지도 않았습니다.

마지막으로 특히 왕실간의 국제결혼을 통하여 솔로몬은 많은 후궁을 두었습니다. 그 후궁들은 자신의 나라에서 신들을 가져왔습니다. 이에 솔로몬은 그 신들에게 마음을 빼앗겨서 하나님을 버리고 우상숭배를 하게 되었습니다.(왕상 11:4) 이러한 결과는 결국에 이스라엘이 남북으로 갈라지게 되는 결과를 가져왔을 뿐만 아니라, 또한 후에 온 이스라엘을 종교 혼합으로 빠지게 합니다.

위에서 제시한 이 세 명의 지도자를 어떻게 생각하십니까? 지혜가 없이 힘으로 승부하려는 사울과 영악할 정도로 지혜로운 다윗과 철저하게 이기적인 솔로몬으로 표현하면 전체적으로 이들의 특성을 이해할 수 있을까요? 이 세 사람 중에 왜 다윗만이 후대의 역사가들에게 존경과 칭찬을 받을까요? 지도자의 덕목에서 가장 중요한 것은 보이지 않는 분을 두려워하는 능력입니다. 지도자가 보이지 않는 분, 즉 하나님께 대한 두려움이 없다면 자신도 망하고 결국에는 자신을 따르는 자도 망하게 된다는 사실을 기억해야 합니다. 다윗은 허물이 없는 완벽한 지도자라고 할 수 없습니다. 그러나 그의 일생동안 그는 두려워할 자를 두려워하는 삶을 지켰습니다.

3. 이스라엘의 남북 분열

1) 남북 분열의 원인

솔로몬의 죽음은 그동안 억눌려왔던 북쪽 지파 사람들이 자신의 의지를 말할 수 있는 기회를 얻었다는 점에서 의의가 있습니다. 솔로몬의 아들인 르호보암이 왕권을 계승하자 북 이스라엘의 사람들은 현재의 독재 정치와 자신들이 당하는 고난에서 해방될 것이라는 희망을 갖게 됩니다. 그래서 그들은 르호보암에게 솔로몬이 행한 무거운 멍에를 가볍게 해달라고(왕상 12:4) 요청합니다. 르호보암은 이러한 요구에 두 부류의 사람에게 자문을 청합니다. 한쪽의 부류는 나이든 장로들입니다. 그들은 멍에를 가볍게 하고, 백성을 섬기는 왕이 되라고 충고를 합니다.(왕상 12:7~8) 그러나 르호보암은 자신을 따르는 그 또래의 젊은 가신들에게 동일하게 묻습니다. 그러자 그들의 대답은 "아버지보다 더 강하게 통치해야 한다"(왕상 12:11)고 충고합니다. 이 상반된 충고 중에서 르호보암은 자신이 편의에 의해 선택합니다. 즉, 르호보암은 젊은 신하들의 충고를 듣고 북쪽 지파의 사람들에게 아버지보다 더 많은 요구를 할 것이며, 더욱더 엄하게 치리하겠다고 통보합니다. 섬김보다는 복종을, 이해와 사랑보다는 탄압을 사람들에게 요구하였으며, 그렇게 다스리는 것이 힘이 들지 않는다는 생각을 한 것 같습니다. 지도자는 자신에게 혹독한 아픔이 후에는 성공으로 변한다는 사실을 알아야 하며, 반면에 현재의 달콤한 것이 후에는 패망으로 작용한다는 것을 인지해야 합니다. 결국에 이 사건으로 북쪽 10개의 지파와 남쪽의 유다와 베냐민 지파가 서로 돌아올 수 없는 강을 건너게 됩니다. 르호보암의 어리석은 선택과 솔로몬의 실정이 남북을 분열시키는 촉매의 역할을 하였습니다. 그러나 돌이켜보면 계속되는 북 이스라엘과 남 유다의 이념적 갈등과 지방색이 두 나라를 나뉘게 한 결과라고 해도 과언이 아닙니다.

2) 북 이스라엘

북 이스라엘은 르호보암에게 반역을 시도하여 망명길에 있었던 여로보암을 왕으로 세우게 됩니다. 여로보암은 급하게 수도를 세겜으로 정하고 근심에 싸이게 됩니다. 왜냐하면 북 이스라엘 백성들이 만일 절기가 되면 자신을 버리고 예루살렘 성전에 제사를 드리러 가서 자신을 배척할까 두려웠기 때문입니다. 그래서 그는 종교문제로 인하여 정치적 결단을 하게 됩니다. 북 이스라엘 가장 북쪽 지역인 단과 국경 경계구역인 남쪽 지역 벧엘에 황금송아지를 세우고 그것이 하나님이라고 공표합니다.

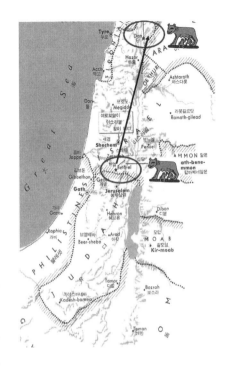

"이스라엘아 이것이 너희를 이집트 땅에서
인도하여 올린 너희 신이다."(왕상 12:28)

지도자가 자신의 안위를 위하여 북 이스라엘을 우상숭배와 종교 혼합으로 인도하는 결과를 가져오게 합니다. 이러한 여로보암의 죄는 북 이스라엘이 다윗 왕조인 남 유다와 다르게 계속적인 왕조확립에 실패하는 모습에서 볼 수 있습니다.

북 이스라엘은 전체적으로 여로보암으로부터 마지막 왕 호세아까지 19

명의 왕이 다스렸습니다. 여로보암 1세를 제외하고 3개의 왕조를 형성하였으며, 북 이스라엘의 멸망 전 30년 기간 동안에 5명이 왕들의 반란과 반란으로 이스라엘 자체가 급격하게 몰락하는 결과를 가져왔습니다. 위에서 언급한 이 세 왕조는 바아사 왕조, 오므리 왕조 그리고 예후 왕조입니다. 그 중에서 우상숭배와 백성들의 탄압과 폭력이 가장 극심한 왕조는 오므리 왕조와 예후 왕조이었습니다. 그러나 세속사적으로 본다면, 북 이스라엘의 시기에 가장 번영한 시기가 바로 이 두 왕조의 시기입니다. 특히 오므리 왕조의 아합 왕과 예후 왕조의 여로보암 2세의 시기는 가장 융성하게 경제적인 부를 누렸던 시기입니다.

그러나 그 시기는 가장 격렬하게 예언자의 반대가 있었던 시기입니다. 오므리 왕조의 아합 시기의 엘리야 예언자와 예후 왕조의 여로보암 2세 시기에 아모스는 이 왕조들에 대해 격렬하게 비판을 가한 예언자들입니다. 물질적인 부와 사치 그리고 부를 얻기 위한 부정직한 행위들은 야훼가 원하시지 않는 것이라는 것입니다. 폭력과 억압으로 탈취한 물질적인 부를 통하여 겉으로 보기에는 화려하며 풍요로움 속에서 평화를 누리는 것 같습니다. 그러나 이러한 것을 얻기 위하여 인간의 기본적인 권리를 약탈하는 행위는 가장 나쁜 행위입니다.

> [10] "무리가 성문에서 책망하는 자를 미워하며 정직히 말하는 자를 싫어하는도다.
> [11] 너희가 가난한 자를 밟고 저에게서 밀의 부당한 세를 취하였은즉 너희가 비록 다듬은 돌로 집을 건축하였으나 거기 거하지 못할 것이요 아름다운 포도원을 심었으나 그 포도주를 마시지 못하리라. 12 너희의 허물이 많고 죄악이 중함을 내가 아노라 너희는 의인을 학대하며 뇌물을 받고 성문에서 궁핍한 자를 억울하게 하는 자로다."(암 5:10~12)

결국에 북 이스라엘은 이러한 부정과 불의로 인하여 하나님께서 앗시리아를 통하여 멸망의 벌을 받게 하셨습니다. 주전 723년에 북 이스라엘은 멸망했으며, 북 이스라엘의 남자들은 국외로 강제추방을 당하게 됩니다. 그리고 다른 나라의 남자들이 사마리아로 와서 북 이스라엘의 여자들과 강제로 결혼을 하게 됩니다. 이러한 혼혈의 현상으로 인하여 사마리아 사람들은 계속적인 멸시와 천대를 당하게 됩니다.

3) 남 유다

남북 분열 이후에 남 유다는 종교적으로 예루살렘의 성전의식과 예배를 통하여 사회적인 변화를 거치면서 안정적으로 발전하였습니다. 수도인 예루살렘은 큰 변화 없이 남 유다 왕국의 중앙집권화 정책을 펼치게 하였습니다. 유다는 르호보암으로부터 마지막 왕인 시드기야에 이르기까지 19명의 왕이 통치하였습니다.[43] 남 왕국은 북 이스라엘보다는 왕권이 안정적으로 왕국이 멸망되기까지 잘 유지되었습니다. 왜냐하면 다윗과 함께한 계약이 이 왕조를 반역으로 몰지 않고 한 인물의 씨로 왕권을 유지하게 하였기 때문입니다.

그러나 남 유다의 왕들도 히스기야와 요시야의 왕을 제외하고 그들의 신앙은 항상 아버지 다윗의 신앙을 본받지 않았습니다. 즉, 하나님이 원하시던 백성들의 자유와 평등을 지키는 목자로서의 역할을 감당하지 못했다는 것입니다.

다윗 이후에 남 유다의 왕들 중에 우리가 주목해야 하는 한 왕이 있습니다. 요시야 왕입니다. 그는 다윗 이후에 히스기야를 제외한 남 유다의 신실치 못한 왕들을 본받지 않고 다윗의 계약과 하나님과의 시내산에서 언약

---

43) 아마 여기에서 아합의 딸(?)인 아달리야가 북 이스라엘의 예후 혁명에서 북 이스라엘뿐만 아니라 남유다의 아하시야 왕과 그의 왕자를 다 죽인 사건으로 인하여 처음이자 최초로 여왕이 되었다.(주전 845~839)

에 충실하려고 노력한 왕입니다. 그는 성전을 보수하던 자들이 찾아낸 하나님의 말씀을 가지고 온 이스라엘 전체에 걸쳐서 종교, 사회, 문화에 개혁을 감행하게 됩니다.

하지만 이스라엘(=남 유다)의 국운도 요시야의 갑작스러운 죽음과 함께 사라져 갑니다. 멀리 북쪽에서 밀려온 바벨론은 주전 587년에 이스라엘(=남 유다)을 멸망시키고 유대의 지도급 인사들과 글을 쓸 줄 아는 사람들을 바벨론으로 끌고 갑니다. 이에 이스라엘은 황폐하게 되고, 이스라엘에 남은 자들은 철저하게 버려진 자들로서 귀환 공동체가 오기까지 가난과 비참함으로 살게 됩니다.

예언자의 이야기

"그 때에 이리가 어린 양과 함께 거하며 표범이 어린 염소와 함께 누우며
송아지와 어린 사자와 살찐 짐승이 함께 있어 어린아이에게 끌리며"(사 11:6)

· 왜 예언자가 등장했을까요?

· 예언이란 무엇인가요?

· 성경에 나타난 예언은 다른 예언과 무엇이 다른가요?

1. 예언과 예언자의 의미

일반적으로 예언이라고 할 때 우리에게 다가오는 두 가지의 용어가 있습니다.[44] 한자로 표기하면 예언(豫言)과 예언(預言)입니다. 전자 '미리 예(豫)'자는 "앞으로 일어날 미래를 말한다"는 말이며, 후자 '맡길 예(預)'자는 "무엇을 맡겨서 말하게 하다"라는 말입니다. 구약성경에서 위대한 예언자들에게 쓰는 한자는 후자입니다. 왜냐하면 인간 스스로 어떤 일을 감지하고 그를 감지한 것으로 미래를 예언하는 것을 구약성경은 말하지 않기 때문입니다. 구약성경의 예언자들을 대언자라고 하는 것은 이런 의미를 가지기 때문입니다. 즉, 하나님께서 그들을 부르시고 그들에게 자신의 말씀을 위탁했다는 것입니다.

구약성경에서는 이러한 예언자들의 용어를 세 가지로 분류하고 있습니다. 첫째, 로에(roeh)입니다. 이 용어는 예언의 기능보다는 "호칭"의 의미가 강합니다. 거의 이 용어는 존경받는 사람,(삼상 9:19; 대상 9:22; 삼하 15:27) 또는 왕의 행실과 기록을 담당하는 사람(대상 29:29)으로 사용되었습니다. 그러나 이상과 묵시를 보는 작용도 합니다.(삼상 9:9)

둘째, 호제(hozeh)라는 용어입니다. 이 말은 "환상을 보는 자"라는 의미입니다. 이 단어의 사용은 3가지로 나눌 수가 있습니다. (1) 계시의 수용과 전달 (2) 이스라엘에게 향한 판결 선포의 근거 마지막으로 (3) 거짓 예언자를 판결하는 단어로 사용되었습니다.

마지막으로 나비(navi)라는 단어입니다. 이 단어는 어원적으로 복잡합니다. 대부분 아카디아어에서 온 수동태의 의미로서 "부름을 받은 자 또는 소명을 받은 자"로서 이해됩니다.(차준희, 구약신앙, 67.)

이스라엘에게 있어서 이 예언자들은 다른 어떤 나라도 가지지 못한 공통적인 요소들이 있습니다.

---

44) 강영선, 141.

(1) 소위 문서 예언자라고 하는 이스라엘의 전형적인 예언자들은 "소명의 체험"을 전제로 합니다. 즉, 예언자 자신들은 자신이 직업으로서 예언자가 된 것이 아니라, 오히려 원하지 않았는데 하나님이 부르셔서 예언을 행한다는 것입니다.

14 " … 나는 선지자가 아니며 선지자의 아들도 아니요,

나는 목자요 뽕나무를 배양하는 자이다.

15 내가 양떼를 따를 때에 여호와께서 나를 데려다가

내게 이르시기를 가서 내 백성 이스라엘에게 예언하라 하셨다."

(암7:14~15; 참조, 렘 1:9)

(2) 예언자들은 항상 "하나님으로부터 보내심을 받았다는 자의식"을 가지고 자신의 임무를 수행하였습니다. 즉, 이것은 자신의 모든 것을 버릴 만큼 하나님에게 사로잡힌 자였다는 것입니다. 그래서 그들을 가리켜서 **'원하지도 않았는데 부름을 받았으며, 원하지도 않았는데 가서, 하나님의 말씀을 전해야만 하는 소명자로서의 역할'**을 해야 했습니다. 그래서 소위 문서 예언자 - 아모스, 호세아, 이사야 그리고 예레미야 등 - 는 자신의 친척과 이웃에게 핍박을 받았습니다. 왜냐하면 하나님의 말씀을 가감 없이 전했기 때문입니다. 많은 사람들은 어떤 사람에게 말을 전할 때 그 사람의 상황과 처지를 생각하지 않고 전하는 사람을 싫어합니다. 죄를 지적하는 것도 적당하게 그 사람의 처지를 생각해서 전해야 한다고 생각합니다. 그러나 하나님이 원하시는 것은 그러한 인간의 인정을 가지고 말씀을 전하는 것이 아니라는 것을 예언자들을 통해 보여주고 있습니다. 우리는 과연 어떠합니까?

(3) 그들은 하나님이 주시는 말씀을 메신저 양식 "하나님이 이같이 말씀하셨다"라는 그들만의 독특한 양식으로 만들어 전달하였습니다. 즉, 언제나

그들의 예언은 자신이 지어낸 또는 감지한 예언이 아니라, 받은 말씀이기 때문에 전달의 의무를 가지고 행하였다는 것입니다.[45] 이 전달의 의무는 오늘날 우리에게도 적용되어야 합니다. 내가 하나님의 말씀을 그대로 전하면 남이 나를 미워하지 않을까 하는 염려를 내려놓으십시오. 그것이 진정 하나님의 말씀이라면 하나님께서 당신을 안전하게 인도하실 것입니다.

(4) 예언자는 자신의 삶에 민감한 사람들입니다. 그 민감함이 하나님과 소통하는 예언자들로 만들었습니다. 세상 사람들이 보이는 상황에만 만족하여 자신의 삶을 산다면, 예언자들은 보이지 않는 부분을 느끼는 사람들이었습니다. 그러므로 이스라엘의 예언자들은 하나님이 먼저 자신의 종을 선택하고 다가와서 명령을 행하는 부분은 동일합니다. 그러나 그들은 하나님의 명령에 대하여 자신의 의견을 제시할 수도 있었습니다.

> 2 " … 내가 가로되 주 여호와여 청컨대 사하소서
> 야곱이 미약하오니 어떻게 지탱할 수 있습니까
> 3 여호와께서 이에 대하여 뜻을 돌이켜 가라사대
> 이것이 이루지 아니하리라 하시니라. "(암 7:2~3)

이러한 거부의 몸짓은 신을 향한 민감함과 더불어 자신의 이웃에 대하여 인애와 사랑을 느끼는 민감함이라고 할 수 있습니다.

2. 예언자의 기원과 분류

---

45) 예언자는 하나님의 대리인으로서 권위를 가지게 하는 양식이다; W. H. Schmidt, 『구약성서 입문』, 차준희 역, 246.

이스라엘의 예언은 사실 왕정의 시작과 더불어 나타납니다. 또한 이스라엘의 예언자들은 아모스 예언자를 기점으로 커다란 분기점을 가집니다. 우리는 이것을 크게 문서이전의 예언자와 문서 예언자의 시기라고 합니다.

문서이전 예언자의 시기는 몇 가지의 특징이 있습니다. 첫째, 그들은 자신의 이름으로 된 책을 가지고 있지 않았습니다. 그들의 활동과 말씀을 자신 또는 그 주변 사람들에 의하여 기록에 남기지 않았기 때문에 거의 성경에서는 3인칭으로 나타납니다. 둘째, 이들은 거의 북 이스라엘에서 주로 활동을 하였습니다. 마지막으로 이들의 예언은 거의 왕에 대한 비판을 가지고 있습니다.

[8] "이스라엘 왕이 여호사밧에게 이르되

오히려 이믈라의 아들 미가야 한 사람이 있으니

저로 말미암아 여호와께 물을 수 있으나

저는 내게 대하여 길한 일은 예언하지 아니하고

흉한 일만 예언하기로

내가 저를 미워하나이다.

여호사밧이 가로되 왕은 그런 말씀을 마소서."(왕상 22:8)

이스라엘 민족에 대한 전적인 죄 지적이 아니라 단지 왕과 왕권에 대한 심각한 도전을 합니다.

그러나 소위 문서 예언자들의 특징은 소위 9세기 문서 예언자 이전의 예언자들(엘리야 또는 엘리사)과 커다란 차이를 가집니다. 첫째, 문서 예언자들은 자신의 책을 자신의 이름으로 남긴 사람들을 말합니다. 둘째, 문서 예언자들은 항상 그들이 하나님으로부터 소명을 받았다는 소명의식을 말합니다. 그래서 그들은 자신을 3인칭으로 말하는 9세기 문서이전 예언자와는 다르게 항상 1인칭으로 말합니다.

[14] "아모스가 아마샤에게 대답하여 가로되

나는 선지자가 아니며 선지자의 아들도 아니요

나는 목자요 뽕나무를 배양하는 자로서

[15] 양떼를 따를 때에 여호와께서

나를 데려다가 내게 이르시기를

가서 내 백성 이스라엘에게 예언하라 하셨나니."(암 7:14~15)

[7] "그것을 내 입에 대며 가로되

보라 이것이 네 입에 닿았으니 네 악이 제하여졌고

네 죄가 사하여졌느니라.

[8] 내가 또 주의 목소리를 들은즉 이르시되

내가 누구를 보내며 누가 우리를 위하여 갈꼬

그 때에 내가 가로되 내가 여기 있나이다.

나를 보내소서."(사 6:7~8)

[4] "여호와의 말씀이 내게 임하니라 이르시되

[5] 내가 너를 복중에 짓기 전에 너를 알았고

네가 태에서 나오기 전에 너를 구별하였고

너를 열방의 선지자로 세웠노라."(렘 1:4~5)

셋째, 이들은 주전 8세기부터 거의 북 이스라엘 – 아모스와 호세아 – 과 남유다 – 이사야와 미가 – 모두에 출현하였습니다. 넷째, 이 문서 예언자들은 명백하게 주전 9세기 엘리야 예언자 같이 이스라엘 사람들에게 예언자로서 인정받지 못하는 경우가 많았습니다. 현재에 우리는 위의 소명에서 그들이 예언자로서 하나님이 세웠다고 주장하지만, 그러나 그것은 그들의 자의식일 뿐 이웃에게 증명하지 못하는 환상을 체험하였기 때문입니다. 자주 문서 예언자들은 자신들의 예언이 하나님으로부터 직접 왔다는 환상을 말하였습니다. 그리고 그 환상의 내용은 이스라엘을 위하여 싸우시는 하나님을 말하는 것이 아니라, 항상 이스라엘의 멸망을 외쳤기 때문에 이스라엘 사람들에게 미움을 받았습니다.

"가라사대 아모스야 네가 무엇을 보느냐
내가 가로되 여름 실과 한 광주리니이다 하매
여호와께서 내게 이르시되
내 백성 이스라엘의 끝이 이르렀은즉
내가 다시는 저를 용서치 아니하리니."(암 8:2)

문서 예언자들이 말하는 멸망은 단지 지도자인 왕만이 아니라, 민족 전체에 이르는 재난의 선포입니다. 그 때문에 일반 백성은 그들을 두려워하며 미워하였을 것입니다.

3. 예언자들의 메시지[46)

예언자들은 이스라엘의 왕정과 함께 시작하였으며 그리고 왕조의 멸망과 더불어 쇠퇴하였습니다. 이러한 시기적인 의미는 이스라엘 예언을 이해하는데 아주 중요한 역할을 합니다. 무엇보다도 문서 이전 예언자들 시기에 이스라엘 예언자들은 왕정과 밀접한 관계를 가지고 있었습니다. 그래서 그들의 예언은 거의 왕들에게 집중이 되지만, 문서 예언자의 시기가 진행되면서 그들의 예언은 왕에게만 한정된 것이 아니라 온 이스라엘 백성에게 확대됩니다. 이러한 예언대상의 변화는 이스라엘 사회가 점점 종교적으로, 도덕적으로 타락하고 있다는 것을 볼 수 있습니다. 그러한 시기에 예언자들은 야훼의 말을 전한 것입니다.

여러 시대에 걸쳐서 많은 예언자들이 자기 시대에 하나님의 말씀을 전하였습니다. 그 속에서 우리는 몇 가지 그들이 전하려 했던 핵심적인 것들을 생각해 보고자 합니다.

1) 사회의 타락을 경고

예언자의 메시지는 그 사회에 타락에 대하여 경고하는 메시지를 전달합니다.

> "가옥에 가옥을 이으며
> 전토에 전토를 더하여
> 빈틈이 없도록 하고
> 이 땅 가운데에서 홀로 거주하려 하는 자들은

---

46) 참조 W. H. Schmidt, 『구약 신앙』, 521~533.

화 있을진저."(사 5:8 비교, 암 2:6~8)

사실 이스라엘은 자신들이 무엇을 잘못하고 있는가에 대하여 알지 못했습니다. 악을 행해도 그것이 악이라는 것을 모르는 상태가 되어있었습니다. 야훼 하나님을 섬긴다고 하면서 하나님의 이름으로 폭력을 행하던 사회가 바로 주전 8세기의 사회상이었습니다.

> [2] "하늘이여 들으라 땅이여 귀를 기울이라 여호와께서 말씀하시기를
> 내가 자식을 양육하였거늘 그들이 나를 거역하였도다.
> [3] 소는 그 임자를 알고 나귀는 주인의 구유를 알건마는
> 이스라엘은 알지 못하고 나의 백성은 깨닫지 못하는 도다."(사1:2~3)

이사야의 글은 이런 상태를 잘 표현해 주고 있습니다. 본능적으로 살아가는 짐승도 자신을 키운 주인을 알아보는 법입니다. 그러나 이스라엘은 알지 못한다는 것이 아니라, 그러한 것을 기억하고 인지할 수 있는 능력이 없다는 것을 의미합니다. 예언자의 죄의 지적은 인간의 근본적인 문제에 대한 질문과 지적인 것입니다.

2) 종교적 타락을 지적

예언자의 메시지는 또한 종교적인 타락에 대하여 지적합니다. 사람들은 자신들이 정직하고 올바르게 하나님을 섬기고 있다고 하지만, 정말 진정한 예배를 행하고 있는지에 대하여 묻고 지적합니다.

> [4] "너희는 벧엘에 가서 범죄하며 길갈에 가서 죄를 더하며
> 아침마다 **너희 희생을**, 삼일마다 **너희 십일조를** 드리며,

^{5} 누룩 넣은 것을 불살라 수은제로 드리며

낙헌제를 소리 내어 소리치거라

이스라엘 자손들아 이것이 **너희의 기뻐하는 바**니라

이는 주 여호와의 말씀이니라."(암 4:4~5)

이 본문에서 예언자가 말하는 대상은 아마도 예배에 잘 참석하는 사람들이었을 것입니다. 누구보다도 열심히 교회에 참석하고, 누구보다도 헌금에 열심이고, 누구보다도 남을 돌보는 일에 열심인 사람, 그러나 그 열심이 언제나 자신과 또는 자신의 가족에게 돌아오는 보상을 받기 원하는 사람들이라는 것입니다. 아모스는 이러한 신앙을 **"너희가 기뻐하는 신앙"**이라고 지적 합니다.

이러한 종교적인 타락은 자신이 행하는 숭배의 대상을 구별하라는 것입니다. 아마도 이러한 지적은 호세아 예언자가 시도한 그의 "불행한 결혼생활"에서 살펴볼 수 있을 것입니다. 어느 날 호세아에게 야훼 하나님의 말씀이 임합니다. 야훼는 호세아에게 "음란한 여자를 아내로 맞으라고" 명하십니다. 호세아는 그 동네의 음란한 여인과 결혼을 하고, 시간이 흘러 아들과 딸을 낳게 되지만 그 여인은 다른 남자를 좋아하여 도망을 갑니다.

그러면서 그 여자는 다음과 같이 말합니다.

^{5} " … 저가 이르기를 나는 나를 연애하는 자들을 따르리니

저희가 내 떡과 내 물과 내 양털과

내 삼과 내 기름과 내 술 들을 내게 준다하였느니라. …

^{8} 곡식과 새 포도주와 기름은 내가 저에게 준 것이요

저희가 바알을 위하여 쓴 은과 금도 내가 저에게 더하여 준 것이거늘

저가 알지 못하도다."(호 2:5~8)

이 여인의 문제는 '누가 올바른 자신의 남편인가'를 모르는 것에 있습니다. 이 의미는 누가 진정한 신인가? 또는 너는 너의 필요성을 채워 주시는 야훼와 거짓으로 채워지는 바알을 구별할 수 있는가에 대한 문제입니다. 호세아 예언자는 이 여인을 이스라엘에 빗대어 말합니다. 결코 이 여인이 자신의 남편을 구별 못하는 것과 같이 이스라엘도 역시 마찬가지라고 합니다. 왜냐하면 그러한 능력을 갖추지 못하였기 때문입니다. 누가 진정한 신인가 하는 구별은 그 신이 어떤 분인가를 아는 것이 매우 중요합니다. 호세아의 비난은 이스라엘은 이것 자체를 버렸다는 것입니다. 그렇게 호세아는 말합니다. "저가 알지 못하도다."(미 2:8)

고대인들은 항상 자신들이 믿는 신을 형상화하여, 자신들이 볼 수 있으며, 만질 수 있는 형상(形像)을 만들었습니다. 그 때문에 자신들의 신과 다른 부족 간의 신을 구별할 수 있었습니다. 그러나 야훼 종교는 야훼의 형상을 만들지 말라고 금지해 놓았기 때문에 이스라엘은 자신의 하나님과 다른 이방신을 구별하기 위한 "신을 아는 지식"이 필요했습니다. 그래서 모세의 율법을 읽고 강론하고, 또한 절기와 예배제사를 드리는 것으로 행하였습니다. 그러나 어느 정도 시간이 흐르면서 그들의 생활에서 의식적이든 무의식적이든 이방의 제의와 의식을 받아들였습니다. 그 결과 자신도 모르게 그들은 스스로 하나님을 알 수 있는 지식을 버리게 되었습니다. 이것을 예언자 호세아는 자신의 결혼 생활에 빗대어 말하고 있는 것입니다. 종교적인 생활과 종교적 제의가 진실로 행하여 질 때 하나님을 아는 지식으로 인도할 수 있습니다. 그러나 그것이 형식화되고 마음에 감동이 되지 않을 때, 바로 호세아가 비난한 여인과 같이 누가 자신의 주인인가를 알지 못하게 되는 것입니다. 예언자는 이것을 지적합니다. 그리고 그들의 임무가 바로 이러한 것을 일깨우는 사람들이었습니다.

3) 하나님을 추구하는 길 제시

예언자들의 메시지는 우리가 어떻게 해야 하나님을 올바르게 찾을 수 있는가에 대하여 대답합니다.

"너희는 나를 찾으라, 그리하면 살리라" (암 5:4)

"너희는 야훼를 찾으라 그리하면 살리라."(암 5:6)

14 "너희는 살기 위하여 선을 구하고 악을 구하지 말지어다.

... 15 너희는 악을 미워하고 선을 사랑하며

성문에서 공의를 세울지어다."(암5:14~15)

이 본문은 야훼를 찾는 것과 선을 행하는 것을 동일시합니다. 야훼의 이름으로 내 이웃에게 정의를 행하는 것이 바로 올바르게 야훼를 찾는 것이라고 아모스 예언자는 말합니다. 여기서 말하는 정의는 사회의 변화가 아니라 오히려 내 이웃이 어려울 때, 도움을 주는 것을 말합니다.

예언자들의 메시지는 많은 책망과 질책 그리고 파멸이라는 말을 자주 사용하기 때문에 현대인들에게 거부감을 갖게 합니다. 그러나 그들의 선포 속에는 하나님의 공의만 있는 것이 아니라, 공의의 말씀을 하실 수밖에 없는 애끓는 하나님의 사랑 역시 같이 있다는 것을 기억해야 합니다. 왜냐하면 사랑은 자신이 아니라 상대방이 잘되기를 바라는 마음에서 비롯되기 때문입니다. 그래서 자신이 선택한 민족이 정의롭게 살며, 지난날 자신들이 노예였던 때에 어려움을 기억하며, 가난하고 헐벗고 약한 자를 돕기 위하여 깨어서 자신의 것을 남에게 주는 실천적인 인간이 되라는 것으로 권고하고 있는 것입니다.

구약성경의 성문서 이해

"… 하나님을 기뻐하는 자에게 주게 하시나니
이것도 헛되어 바람을 잡으려는 것이로다" (전 2:26)

· 성문서(케투빔, Ketubim)라는 말은 무엇을 의미하지요?

· 왜 구약성경에 문학작품이 필요한가요?

· 하나님의 말씀은 하나님을 통하여 전해지는 것인데, 왜 인간 삶의 지혜를 기
 록한 것들이 필요하지요?

· 시편은 하나님이 전해준 말씀과 무엇이 다른가요?

구약성경에서 나타나는 여러 개의 문학작품들을 하나의 큰 그룹으로 연결시킨 것을 "성문서"라고 합니다.[47] 성문서는 하나님의 행위와 말씀이 구전에서 문서로 전해진 오경과 예언서와는 다릅니다. 왜냐하면 성문서는 문서로 전해졌기 때문입니다. 그래서 일반적으로 성문서가 오경과 예언서보다 하나님 말씀으로서 가치가 적다고 생각합니다. 왜냐하면 각 개인들이 만나는 삶의 상황에서 하나님의 음성을 듣고 행동하기보다는 인간의 생각 속에서 만들어진 문학적 상상력에 의한 요소가 많이 묻어나오기 때문이라고 생각하기 때문입니다. 일반적인 사람들의 생각은 지혜문학은 단지 인간들이 살아가는데 도움이 되는 윤리적인 교훈을 제시한 책들이며, 전도서는 허무주의를 바탕으로 기록된 현재의 삶에 대한 애착을, 그리고 욥기는 단순하게 의인의 고난과 신정론을 표현한다고 생각합니다. 사실 성문서에서 가장 큰 비중을 차지하는 시편은 하나님의 말씀이 아니라, 인간의 비탄과 실패 그리고 하나님께 향하는 찬양으로 쓰여 있습니다. 그 외에 성문서의 책들은 단지 인간 삶의 이야기를 진실하게 표현하기 위하여 노력합니다.

그러나 하나님은 인간들 사이에 일어나는 사건 속에서 말씀하시지만, 인간이 표현하고자 하는 문학을 통해서도 하나님이 스스로 자신의 생각과 의지를 알려주십니다. 그 때문에 성문서의 문학작품은 단지 인간의 생각만 있는 것이 아닙니다. 한쪽으로 인간 세상에서 일어나는 여러 가지의 모순, 슬픔, 지식의 간구 그리고 자기애의 감정 등과 같은 것들을 통하여 인간의 마음을 하나님에게 시와 문학으로 표현하며, 또 다른 쪽으로 성문서는 인간에게 문학적인 기법을 통하여 격언, 잠언, 비유와 상징 등으로 하나님의 마음을 알려주는 작용을 합니다. 또한 성문서가 오경과 예언서보다 덜 중요한 성경의 경전이 아니라 동등한 경전이라는 것은 성문서도 이스라엘 삶의 역사에

---

47) 성문서는 크게 다섯 가지로 나눌 수가 있다. 첫째, 시를 중심으로 하는 "시편, 예레미야 애가와 아가서"가 있으며, 둘째, 잠언, 전도서 그리고 욥기인 "지혜문학"이 있다. 셋째, 그 외에 여인들 의 삶의 이야기를 전하는 에스더와 룻기서가 있다. 넷째, 묵시문학의 걸작인 "다니엘서"가 있으며, 마지막으로 역대기 사가인 역대기 상 하, 에스라 그리고 느헤미야가 있다.

서 배어나오는 하나님에 대한 찬양과 고백이 숨겨져 있기 때문입니다.

이제 성문서의 중요한 문학유형들 중에서 가장 중요한 몇 가지 것들을 살펴봄으로서 성문서의 특징 속에 나타난 하나님의 말씀을 경험해 보도록 합시다.

1. 시편

시편은 구약성경 중에서 인간이 하나님께 나아가는 또한 다른 사람들에게 하나님의 행위와 놀라우신 능력을 알려주는 가장 대표적인 책입니다. 시편은 히브리어로 테힐림(Tehillim, 찬양, 노래)라는 책의 제목을 가지고 있습니다. 이스라엘 초기 시대에는 하나님을 향한 다양한 삶의 상황을 노래로서 만들어 불렀습니다.(출 15:20~21; 민 21:17~18; 삿 5장 등) 다양한 삶의 현장에서 기원한 이 노래들은 그후에 시적인 운율을 포함한 시로서 만들어졌을 것입니다.(W. H. 슈미트, 입문, 415~416). 이러한 추측을 확신으로 이끌 수 있는 증거는 시편의 구성에 있습니다. 보통 많은 사람들은 시편이 구약성경에 속한 한 권의 책으로 알고 있지만 원래 시편은 구성상 5권의 차이나는 책으로 만들어져 있습니다.

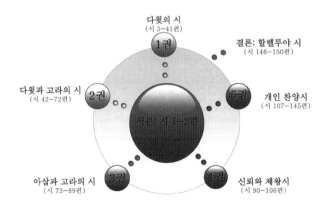

5권의 책으로 시편이 만들어졌다는 것은 적어도 시편의 책이 한 사람에 의하여 쓰인 것이 아니며, 또한 한 시대에 만들어진 것이 아니라는 것을 증명합니다. 삶 속에서 경험한 놀라운 자신들의 경험이 천천히 노래로 만들어졌으며, 그것이 하나의 문학적인 시로서 정착되었을 것입니다. 이 책들은 그 후 성전건축이 이루어진 후에 이스라엘 사람들이 예배를 위한 찬양곡으로 사용되었을 것입니다.

이 책을 읽으면 읽을수록 우리의 영혼 깊숙한 곳에서 삶과 죽음의 문제, 번민과 방황, 숨죽이며 고난을 짊어지고 가는 자신의 모습을 발견하게 될 것입니다. 또한 인간이 가장 불행에 빠졌을 때 외치는 울부짖음과 불가능이 가능하게 되었을 때 나타나는 경탄과 찬양을 경험할 수 있을 것입니다. 이 모든 울부짖음과 경탄의 표현이 인간의 언어이지만, 그러나 어느 순간 하나님이 우리를 향한 울부짖음으로 변하기 때문에 하나님의 말씀인 것입니다.(E. 샤르팡티에, 『구약성서의 길잡이』, 253~253)

1) 시편의 특징

시편은 다음과 같은 특징을 가지고 있습니다. 첫째, 시편은 구약성경의 대부분이 하나님 편에서 이스라엘 백성을 향하여 말씀하고 인도하고 명령한 것이라면, 시편은 이스라엘 백성의 영혼으로부터 하나님에게 전달되는 **"아래로부터"**(김광원 외 1인, 『성서 닷컴』, 152)의 기도들입니다. 둘째, 이 시편이 후에 이스라엘 예배에 중요한 역할을 했다는 사실은 단순한 노래와 성 가곡집 이상의 의의가 있습니다. 5권의 책들은 각각 자신들의 독특한 색깔을 가지고 인간의 마음을 그리고 하나님의 응답을 표현합니다. 마치 그것은 큰 오케스트라가 각각의 악기를 가지고 연주하는 것과 같습니다. 그 때문에 인간의 감정을 표현한 책이지만 또한 하나님의 마음을 표현한다고 할 수 있습니다. 셋째, 위의 두 가지 특징을 통하여 시편은 이스라엘 자신들의 신앙의 표현 수단으로 사용되었습니다. 물론 제의가 자신들의 신앙 표현에 정점을 이루지만, 그럼에도 불구하고 그 안에서 진실한 신앙의 고백과 영혼에서 울려나오는 기도의 토로와 참회의 표현은 구약성경에서 시편만이 가지는 독특한 구원의 외침을 말하게 하는 특징을 가집니다.

2) 시편의 이해

(1) 시편의 언어 이해

시편은 두 가지의 관점에서 이해해야 합니다. 첫째, 시편의 언어적 표현의 이해입니다. 말하자면, 언어의 표현은 두 가지의 기능을 가집니다. 한편으로는 남에게 자신이 알고 있는 지식과 정보전달을 하기 위한 **"정보전달의 언어"** 수단으로 사용됩니다. 이것은 정확하게 자신의 상황을 묘사하는 기능입니다. 언어의 또 다른 기능은 **"관계의 언어"**를 이해하는 것입니다.[48] 건조한 정보의 교환을 의미하는 것이 아닌, 감정의 교감을 의미합니다. 즉, 차가운 기계적인 언어전달이 아닌, 의미와 의도가 있는 정감 있는 감정언어의 전달을 말합니다.

예를 들면 정보전달의 언어와 관계의 언어는 다음과 같은 면에서 차이가 납니다. 정보의 전달은 교사가 학생에게 "내일까지 영어단어 30개 암기해 오도록, 내일 영어단어 시험을 본다"라고 말하는 것입니다. 반면에 관계의 언어는 아들이 엄마에게 "엄마! 오늘 천둥과 번개가 치니 무서워요. 오늘 엄마와 함께 있고 싶어요"라고 말하는 것입니다. 이 두 언어의 기능을 이해한다면, 시편은 정보의 전달이라는 기능보다도 거의 감정과 의미를 전달하기 위한 "관계의 언어"로 쓰여 있다는 것을 알 수 있을 것입니다. 시편의 시인은 자신의 한탄을 하나님에게 정보를 제공하는 언어가 아닌 관계의 언어

---

48) E. 샤르팡티에, 구약성서의 길잡이, 안병철 역, 바오로의 딸, ⁶1997, 253.

로 탄식하고 있습니다.

> [6] "나는 광야의 당아 새 같고 황폐한 곳의 부엉이같이 되었사오며,
> [7] 내가 밤을 새우니 지붕 위에 외로운 참새 같습니다."(시 102:6~7)

정보의 언어는 인간에게 무한한 지식을 전달하지만, 인간의 영혼을 바꾸어 놓지는 않습니다. 하나님에 대한 기도는 단지 자신의 상태가 어떻다고 하는 정보를 전달하는 수단이 아닙니다. 기도는 하나님과 인간이 그리고 인간과 인간이 변화하려는 의지를 나타냅니다. 이처럼 관계의 언어를 상대방에게 호소와 간구를 통하여 말할 때, 듣는 사람의 마음이 변하게 됩니다.

> [5] "여호와여 내가 주께 부르짖어 말하기를
> 주는 나의 피난처시요 생존 세계에서 나의 분깃이시라 하였나이다.
> [6] 나의 부르짖음을 들으소서 나는 심히 비천하나이다.
> 나를 핍박하는 자에게서 건지소서 저희는 나보다 강합니다."(시142:5~6)

위의 본문은 인간이 하나님에게 이미지를 통한 관계의 언어를 표현하고 있습니다. 즉, "하나님은 나의 피난처"라는 이미지를 제시하면서, 환난 속에 있는 나에게 피난처라는 관계의 언어를 보내 하나님의 마음을 움직이고 있는 것을 봅니다(E. 샤르팡티에, 253~255).

(2) 시편의 유형별 이해

시편을 이해하기 위한 두 번째 관점은 시편을 유형별로 나누어서 이해해야 합니다. 대체적으로 시편은 자신의 표현의 틀에 박힌 형태가 있다는 것입니다. 우리는 이런 것을 유형이라고 명칭하고 있습니다. 예를 들면 장례식을 위하여 편지를 보내는데 "안녕! 오늘 우리 집에서 장례식을 하려고 해, 아침

7시까지 집으로 와줘"라고 편지를 보낼 수 없습니다. 장례식의 글은 무겁고 그리고 슬픔이 배어나오는 글로 편지를 보내야 합니다. 이처럼 유형이라는 것은 문학 양식의 한 종류이며, 각각 삶의 상황에 따라서 글의 형태와 단어의 선택이 다르다는 것을 알아야 합니다. 시편의 형태는 이러한 유형별로 감상을 할 때 진정한 시인의 마음을 읽을 수가 있을 것입니다.

시편의 첫째 유형은 **탄식시**(Lament) **또는 탄원시**라고 하는 유형입니다. 삶의 고난과 현재에 물리적인 억압과 압제에 처한 시인이 자신의 상황을 하나님을 향하여 올리는 간절한 기도입니다. 이 형태는 시편 중 많은 시가 속해 있습니다. 탄식시는 삶의 상황이 고난이기 때문에 항상 하나님을 부르는 "간구"가 핵심적인 부분을 차지합니다.

"내 하나님이여 내 하나님이여
어찌 나를 버리셨나이까?"(시 22:1)

그러나 사람들은 탄식시라고 하면, 시인이 단지 탄식만 한다고 생각하지만, 탄식시의 밑바닥에 깔려 있는 탄식은 믿음을 전제로 합니다. 즉, 탄식과 탄원은 간구를 하게 하며, 이 간구는 고난을 변화시키시는 분이 있다는 믿음에서 나옵니다.

"슬초로 나를 정결케 하소서 내가 정하리이다.
나를 씻기소서 내가 눈보다 희리이다."(시 51:7)

그 때문에 탄식 시는 항상 고난을 전환하는 희망을 말하는 시입니다.

시편의 두 번째 유형은 **찬양시**(Praise)입니다. 찬양시는 찬양의 부름으로 - 너희 의인들아! - 시작하며, 간접명령으로 - ~을 해라 - 그리고 마지막으로 근거를 제시하면서 끝납니다.

> ¹ "온 땅이여 야훼께 즐거이 부를지어다.
> ² 기쁨으로 여호와를 섬기며 노래하면서 그 앞에 나아갈지어다."(시 100:1~2)

시편에서 찬양시의 내용은 세 가지로 나타납니다. 창조주로서 활동 - 8편, 19편 등 - , 역사 속의 개입에 대한 찬양 - 33편 등 - 그리고 이스라엘의 선택 - 100편 등 - 입니다.

시편의 세 번째 유형은 **감사**시(Thanksgiving)입니다. 이 감사의 시편은 찬양시와는 다르게 언제나 탄원의 결과를 중요시합니다. 그 때문에 탄원시와 거의 함께 나옵니다. 즉, 하나님을 향하여 개인 또는 공동체가 자신의 삶의 상황을 탄원을 통하여 간구함으로 말미암아 그 삶의 상황이 변화된 것을 알고 감사하는 시입니다.

시편은 거의 위의 세 가지 유형이 주축을 이루고 있습니다. 그러나 이 세 가지 유형의 시만 있는 것은 아닙니다. 몇 가지 더 생각해보면 신뢰의 시편이라는 시 23편이 있습니다.

> "여호와는 나의 목자시니
> 내가 부족함이 없습니다. … "(시 23편)

그 외에도 삶의 지혜를 시로서 표현하며, 인간이 올바른 길을 가게 하기 위한 지혜의 시 – 37편 – 가 있으며, 그런가 하면 율법이 삶의 척도라고 노래하는 율법의 시 - 시 119편 등 - 가 있습니다. 그리고 시온을 노래하는 시온시들은 거의 예루살렘과 그 성전을 찬양하며 다윗과 세운 하나님의 언약을 기억하고 찬양하는 시로서 구성되어 있습니다.

그 외에 구약성경에서 시(詩) 부분에 사랑을 표현하는 유형의 "아가서"가 있습니다. 솔로몬에 의하여 저작되었다고 하는 아가서는 초대교회에서는 너무 외설적인 표현이 있다고 해서 별로 주목을 받지 못하였습니다. 그러나 종교 개혁 후 개신교에서 하나님이 어떻게 자신의 백성을 사랑하는가를 시로서 인정받은 책이 바로 아가서입니다. 아가서는 시를 통한 빼어난 사랑의 메시지로서 가치를 입증하고 있습니다. 진정한 사랑을 하는 분 – 하나님 – 과 사랑을 받는 우리의 관계를 너무도 아름다운 사랑의 시(詩)로 표현한 책입니다.

2. 지혜문학

성문서에서 시편을 인간이 하나님에게 드리는 고뇌의 목소리라고 한다면, 또한 인간 자신의 목소리를 내는 또 다른 분야가 있습니다. 우리는 이 분야를 지혜문학이라고 말합니다. 구약성경에서 지혜문학으로 분류된 책들의 명칭은 잠언, 전도서 그리고 욥기입니다.[49] 또한 지혜에 관한 형태로 각 책들에서 단편적으로 나타나는 것들은 하나님의 계획을 말하고 있는 창세기의 요셉이야기, 시편 -시 1편; 37편; 49편; 73편 등 - 과 각 책들의 격언과 잠언들이 속합니다. 이 지혜문학의 책들을 여러분들이 읽기 시작하면 지금까지 다른 분야-예언서 또는 모세오경들에서 느끼지 못한 것을 알게 됩

---

49) 구약성경 이 외에 책으로 나오는 것은 외경에서 "벤 시라(Ben Sirah)의 집회서"와 "솔로몬의 지혜서"가 속한다.

니다. 첫째, 야훼 하나님의 이름이 전적으로 줄어들며 하나님의 말씀은 인간의 삶과 사색 뒤편으로 숨는 것을 발견합니다. 둘째, 본문이 말하는 대화 자체가 하나님을 중심으로 말하기보다는 인간과 인간이 서로 자신의 사색의 결과로 삶의 진지한 대화를 시도하며, 또한 지혜자는 인간에게 이쪽 – 선한 것 – 으로도, 또한 저쪽 – 악한 것 – 으로도 치우치지 말라고 경고합니다.

> [16] "지나치게 의인이 되지 말며 지나치게 지혜자도 되지 말라
> 어찌하여 스스로 패망케 하겠느냐! [17] 지나치게 악인이 되지 말며
> 우매자도 되지 말라 어찌하여 기한 전에 죽으려느냐."(전7:16~17)

마지막으로 책의 주인공이 하나님이신 것은 확실하지만, 그러나 하나님은 전면적으로 나타나지 않으며, 단지 인간의 행위에서 하나님의 존재를 미약하게 느끼게 합니다. 그러나 이러한 표면적으로 보이는 모습들은 이스라엘 지혜문학의 진수를 바로 보지 못한 결과입니다. 우리는 이제 이스라엘의 지혜문학이 단순한 인간의 정신적 활동이 아니라, 그것을 넘어서 더 큰 의미가 있다는 것을 알아보기로 하겠습니다.

1) 호크마[חכמה '지혜']의 의미

지혜라고 번역이 되는 히브리어 단어인 '호크마'는 일반적으로 현대인들이 말하는 지혜(Wisdom)의 범위보다 더 광범위하고 포괄적인 개념입니다. 호크마는 지적인 범위를 말하는 지식, 깨달음, 자각, 통찰력 이라는 용어로 번역됩니다. 또한 호크마는 심지어 사무엘 하 13장 3절에서 말하는 것과 같이 "간교한"이라는 말로도 번역될 수 있으며, 전문적인 기술[50]까지도 포함합

---

50) 기술과 예능,(출 28,3~5; 35,10; 왕상 7,14; 시 40,20; 렘 10,9) 직물,(출 35,25) 대장장이,(렘 10,9) 곡하는 전문가,(렘 9,16) 주술사,(창 41, 8; 왕상 5,10~12; 사 44,25) 등등 또한 분야별 로 나누면, 자연 지혜, (오나미스티카 왕상 5,12) 사법 지혜,(왕상

니다. 구약성경에서 호크마라는 용어는 적어도 4가지의 의미로 사용됩니다.

1. 어떤 것을 이해할 수 있는 기술적인 재능(사 3:3; 10:13)
2. 궁중의 범위 안에서 자문, 국가 지배 기술
3. 지혜자의 상태(사 5:21)
4. 교육적인 관점을 가진 지혜교사로서 확장된 생각 안에서 지혜자 또한 삶의 경험을 가르치는 것

2) 이스라엘의 르네상스

이스라엘에서 단순하게 지혜를 전문적인 기술로서 이해한 시기를 넘어서는 신기원의 시기가 있었습니다. 바로 솔로몬 시대입니다. 이 시기에는 다윗의 후기 시기부터 솔로몬의 시기까지 이스라엘은 구약성경 전체에 걸쳐서 태평성대를 누리는 시기였습니다. 이웃나라와의 교역으로 인하여 많은 물질과 그 동안 이스라엘이 보지 못하였던 이웃나라의 문명들을 볼 수 있었습니다. 솔로몬은 이웃 국가들의 선진 문명을 받아들여서 물질문명의 지평선뿐만 아니라, 또한 정신적인 지평선[51])도 확장하게 하였습니다. 단순한 문화에서 다른 문화와 자신의 문화를 비교할 수 있다는 것은 자신의 삶에 대한 여러 가지 상황을 비교할 수 있는 힘을 지니게 됩니다. 물론 이러한 르네상스의 시기는 이스라엘이 이웃의 문화를 받아들였기 때문에 이스라엘의 지혜가 이스라엘의 고유한 삶의 맥락과 하나님으로부터 멀어진 세속화된 산물이라고 합니다. 그러나 이스라엘인들은 문물을 받아들였지만 모방만 한 것이 아니라, 오히려 이웃 나라의 지혜 전승을 이스라엘 토양에 스며들

3, 16~28) 정치 지혜,(삼하 16) 생활 지혜와 지파 지혜,(렘 35,6G) 궁성 지혜,(잠 22,17~23,14) 예능 지혜,(잠 30,15~33) 그리고 신학적 지혜 (참조: 구 덕관, 『지혜와 율법』, 대한기독교서회, 51996, 26.)

51) 왕상 10 22 10 14_15 29

게 하였으며, 또한 자신들의 신앙의 바탕 위에서 재해석하는 결과를 가져왔습니다. 결국에 이러한 이스라엘 지혜는 자신만의 독특한 지혜로 발전하게됩니다. 즉, 세속적이며 전문적인 인간의 생각은 혼자 독단적으로 발생할 수없다는 것입니다. 그것은 그 생각을 발생하게 하며, 지시하는 어떤 존재자가있다는 것을 말합니다. 그래서 이스라엘의 현자들은 인간의 삶에 발생하는여러 가지의 일들에는 보이는 것과 보이지 않는 것이 있다는 것을 사색하게되었습니다.

3) 이스라엘 지혜의 특징

(1) 인간의 한계의식 발견

자신이 처한 상황을 극복할 수 있는 힘을 현대인들은 인간의 이성이라고합니다. 인간에게 일어나는 일들은 자신이 결정해야 하며, 능히 사람들은 자신이 행하는 올바른 이성적 결정으로 자신에게 성공을 가져올 수 있다고 자부합니다. 그러나 이스라엘의 지혜는 이러한 결정에 제동을 겁니다. 인간은결코 인간이 스스로 갖는 통찰력으로 자신의 앞일을 예측할 수 없다고 말합니다. 사람의 생각으로 어떤 일이든 완벽하게 계획하고, 예측하며 그리고 성공을 100% 자신할지라도 그것이 이루어질 것인가는 결코 알 수 없다는 것입니다.

> "사람이 마음으로 자기의 길을 계획할지라도
> 그 걸음을 인도하는 자는 여호와시니라."(잠 16:9)

> "마음의 경영은 사람에게 있어도
> 말의 응답은 야훼에게서 나느니라."(잠 16:1)

인간의 생각과 성공의 관계는 항상 일치하지 않습니다. 많은 계획, 성공할 수 있는 계획을 완벽하게 있을지라도 그것의 성공과 실패는 인간의 영역이 아니라, 하나님의 영역이라는 것입니다. 고대 메소포타미아의 세계가 인간의 힘(특히 왕)과 능력 그리고 인간의 지혜를 우선적으로 간주했던 것과는 다르게 이스라엘 지혜는 하나님의 영역을 인정하였습니다.

> "사람의 행위가 자기 보기에는 모두 깨끗하여도
> 여호와는 심령을 감찰하시느니라."(잠 16:2)

인간의 한계성의 인식은 고대 이스라엘에서 하나님을 인식하는 방법으로 발전합니다. 그래서 지혜의 인식 가능성은 인간은 자신의 분수를 지키면서 살라는 것입니다. 즉, 겸손하게 자신에게 주어진 일 또는 사건을 바라보라는 것입니다. 그러면 그 속에서 하나님이 무엇을 원하시는가를 깨닫게 된다는 것입니다.

(2) 행위 – 결과의 관련성

인간의 지성이 발전하면서 사람들은 인간 삶이 자신이 행한 것에 대한 결과가 항상 따른다고 생각하였습니다. 물론 이러한 사상이 지혜에서만 발견되는 것은 아닙니다. 그러나 다른 어떤 분야보다 지혜는 더 깊숙이 이 사상을 발전시켰습니다. 지혜는 먼저 단순한 인과 관계를 제시합니다. 즉, 선한 행위는 선한 열매를, 악한 행위는 악한 결과를 가져온다는 것입니다.

> "바른 길로 행하는 자는 걸음이 평안하려니와
> 굽은 길로 행하는 자는 드러나리라."(잠 10:9)

> [7] "생각하여 보라 죄 없이 망한 자가 누구인가
> 정직한 자의 끊어짐이 어디 있는가?

⁸ 내가 보건대 악을 밭갈고 독을 뿌리는 자는

그대로 거둔다."(욥 4:7~8)

이러한 사상은 이스라엘뿐만 아니라 고대 이웃나라들에게도 나타나는 일반적인 인과응보 사상입니다. 또한 고대 이웃나라와 이스라엘 지혜의 발전이 나타나게 됩니다. 즉, 단순히 자연적으로 주어진 인간 질서에 신의 활동을 포함하게 되는 것입니다.

¹⁷ "가난한 자를 불쌍히 여기는 것은

여호와께 꾸이는 것이니 그 선행을 갚아 주시리라."(잠 19:17)

그러나 고대 이웃 세계도 또한 현대 세계도 이러한 인과응보의 가장 이해하기 힘든 것은 열심히 일한 사람이 복을 받는 것에 대한 관계가 아니라, 악한 자의 성공에 있습니다. 악한 사람은 남을 착취하고 억압하여 자신의 부와 자신이 원하는 것을 얻습니다. 이런 세상을 보면 인과응보의 질서는 없는 것처럼 보입니다.

³ "이는 내가 악인의 형통함을 보고 오만한 자를 질시하였음이로다.

⁴ 저희는 죽는 때에도 고통이 없고 그 힘이 건강하며

⁵ 타인과 같은 고난이 없고 타인과 같은 재앙도 없나니,

....

¹¹ 말하기를 하나님이 어찌 알랴 지극히 높은 자에게 지식이 있으랴 하도다.

¹² 볼지어다! 이들은 악인이라 항상 평안하고 재물은 더 하도다."(시 73:3~12)

이러한 인과응보의 붕괴현상을 이스라엘 지혜는 인간질서의 절망이 아

니라, 오히려 하나님의 개입을 통한 희망으로 보았습니다. 즉, 약한 자와 가난한 자 그리고 억압받는 자들은 하나님의 개입을 통한 위로로서 희망을 가질 수 있기 때문입니다. 그 개입이 악한 자를 멸망시키는 것이든 또는 선한 자에게 희망을 주는 것이든 간에 야훼 하나님이 자신의 일로서 여기신다고 잠언은 말합니다.

> [22] "너는 악을 갚겠다 말하지 말고
> 여호와를 기다리라 그가 너를 구원하시리라."(잠 20:22)

> [21] "네 원수가 배고파하거든 식물을 먹이고
> 목말라하거든 물을 마시우라
> [22] 그리하는 것은 핀 숯으로 그의 머리에 놓는 것과 일반이요
> 여호와께서는 네게 상을 주시리라."(잠 25:21~22)

이러한 사색과 숙고는 이웃 나라에 없는 지혜의 산물입니다. 이스라엘 지혜는 단지 하나님의 개입을 원수에 대한 보복의 차원으로만 생각하지 않았습니다. 즉, 자신에게 해를 끼친 원수를 개인의 보복 차원을 넘어서 "용서"의 차원으로 이끄시는 분은 인간이 스스로 만들 수 있는 감정의 극복이 아니라, 하나님의 영역이라는 것을 말합니다.(W. Schmidt, 구약신앙, 626~627)

(3) 야훼 경외

지혜문학에서 야훼경외 사상은 다른 분야 – 오경과 시편 – 에서 말하는 야훼 경외와는 다르며, 이러한 야훼경외 사상은 고대 이웃나라 – 신에 대한 경외 – 의 지혜와 경계를 지어주는 역할을 합니다. 우선적으로 지혜 문학을 제외한 오경과 고대 이웃에서 신에 대한 경외는 두 가지의 형태가 결합된 것을 의미합니다. 첫째, 소위 누미노제(Numinose)라는 말을 이해해야 합

니다. 종교학에서는 인간이 어떤 초월적-초자연적 현상을 느끼는 것이라고 합니다. 이스라엘 전체는 시내 산에서 이런 현상을 체험했습니다.

> [18] "뭇 백성이 우뢰와 번개와 나팔소리와 산의 연기를 본지라 그들이 볼 때에 떨며 멀리 서서 [19] 모세에게 이르되 당신이 우리에게 말씀하소서 우리가 들으리이다. 하나님이 우리에게 말씀하시지 말게 하소서 우리가 죽을까 하나이다."(출 20:18~19)

이 현상은 초월적인 존재와 만남으로 죽을 것 같은 경험이 동반되는 경험에서 시작합니다. 이러한 경험으로 인하여 하나님을 따르게 되며 그리고 하나님이 자신의 백성을 인도하고 보호하신다는 신뢰를 가지게 될 때, 죽을 것 같은 위협에서 벗어나서 그를 추종하고 따르게 되는 현상을 말합니다. 즉, 두려움과 존경이 함께 공존하는 현상을 말합니다. 고대 이웃의 지혜도 신의 경외는 이런 경험 속에서 인간의 삶을 숙고하였으며, 어떻게 해야 신의 두려움에서 벗어날 수 있는가에 대하여 고민하였습니다.

반면에 이스라엘 지혜문학에서 야훼 경외는 좀 다릅니다. 이스라엘 지혜문학에서 야훼의 경외는 두려움 보다는 존경의 의미를 더 많이 내포하고 있습니다. 왜냐하면 두려워서 따르는 것이 아니라, 인간이 가져야할 근본이기 때문에 야훼를 경외하라는 것입니다. 인간이 짐승과 다른 것은 단지 이성만이 있어서가 아닙니다. 그것은 자신의 행위가 올바른가를 정해줄 수 있는 존재자를 인식할 수 있는 영혼의 사색이 있기 때문입니다. 그 때문에 지혜는 복종과 두려움 때문에 야훼를 경외하라는 것이 아니라, 오히려 존경이 먼저 앞서기 때문에 경외하라는 것입니다.

> [7] "여호와를 경외하는 것이 지식의 근본이어늘 … ."(잠 1:7B)

하나님을 경외하는 것이 자신의 행위의 척도가 될 수 있기에 인간은 자신의 삶을 항상 조심하며, 선하게 살려고 노력하게 됩니다.

> "⁸ 여호와께서 사단에게 이르시되
>
> 네가 내 종 욥을 유의하여 보았느냐 그와 같이 순전하고 정직하여 하나님을 경외하며 악에서 떠난 자가 세상에 없느니라."(욥 1:8)

4) 지혜문학의 책들의 특징

(1) 잠언

솔로몬의 잠언이라고 기록된 이 책은 이스라엘 삶의 경험에서 보이는 인간의 경험과 보이지 않는 하나님의 개입을 집약적으로 기록한 책입니다. 잠언은 먼저 인간이 살아가는데 있어서 자기 책임의식을 가지고 어리석은 선택을 하지 말라고 권고합니다. 그러한 올바른 선택은 결국에 자신과 부모 그리고 이웃에게 기쁨과 희망을 주는 사람이 될 것이라고 말합니다. 그 때문에 잠언에서는 무엇보다도 어리석은 자와 지혜로운 자, 의인과 악인의 특징을 집약적으로 표현하고 있습니다. 악한 자의 특징을 잠언은 악한 범죄 (잠 1:10~19), 사려 깊지 않은 행위, 약속과 맹세(잠 6:1~5)를 행하는 자로, 게으름,(잠 6: 7~11) 불의를 행하는 자 등으로 말하며 이런 사람들은 어미에게 근심을 끼치는 자라고 말합니다. 반면에 의인의 행함은 지혜를 소유한 자로서 칭찬, 평안 그리고 생명의 샘들이 약속됩니다.(고든 D. 피 더글라스 스튜어트, 276~277) 이런 행위가 세속적인 모습으로 비춰지는 것 같지만 그러나 잠언은 이 모든 의로운 행위와 악한 행위를 정하는 기준이 인간의 생각에 있는 것이 아니라, 오히려 "야훼를 경외"하는 것에 있다고 말합니다.

이스라엘 백성에게 있어서 지혜로운 삶의 모습은 단순한 삶의 실용적인 결단이 아니며, 성공적인 삶의 모습은 항상 하나님과의 연관성에서 시작하며 끝을 맺습니다. 즉, 잠언은 언뜻 보기에 인간의 삶에 단지 윤리적인 것을 위한 책인 것 같으며 또한 신앙에서 나타나는 믿음이 보이지 않는 것 같지만, 명백하게 자신의 삶에 개입하시는 하나님의 인식이 자신의 행위의 척도라는 믿음을 전제로 합니다.

(2) 욥기의 신앙

잠언이 여러 가지의 격언과 잠언으로 구성되어 있는 반면에 욥기는 두 가지의 다른 양식으로 구분됩니다. 맨 처음 욥에 관한 이야기(욥 1~2장; 42:7절에서 마지막) 그리고 또 다르게 가운데 중간에 친구들과 논쟁을 하는 대화 부분(욥 3장: 4~42:6)입니다.

욥기는 한 인간이 이해할 수 없는 그리고 처참하게 하나님에게서 모든 것을 빼앗긴 사람의 이야기를 다룹니다. 욥은 정직하며(욥 1:1,8; 2:3), 하나님을 경외하는 사람이었습니다. 그런데 그에게 임한 불행이 욥의 잘못이기보다는 하나님과 사탄의 시험으로 인한 것이었습니다. 사탄은 하나님에게 말합니다.

> [9] "사단이 여호와께 대답하여 가로되
> 욥이 어찌 까닭 없이 하나님을 경외하겠습니까?"(욥 1:9)

이 한 마디를 통하여 욥은 재산과 건강, 자녀 모든 것을 잃어버리게 됩니다. 욥은 경건하려고 매 순간 노력하였음에도 불구하고 그에게 찾아온 불행은 인간으로는 감당하기 어려운 고난이었습니다. 게다가 욥기 4장부터는 욥을 위로하기 위하여 찾아온 친구들(데만 사람 엘리바스와 수아 사람 빌닷과 나아마 사람 소발)이 조직적이며 날카롭게 욥을 책망하며 비난합니다.

> [6] "네 의뢰가 경외함에 있지 아니하냐

네 소망이 네 행위를 완전히 함에 있지 아니하냐

7 생각하여 보라 죄 없이 망한 자가 누구인가

정직한 자의 끊어짐이 어디 있는가?"(욥 4:6~7)

친구들의 비난과 요구는 "욥이 처한 고난은 욥이 죄를 행하였기 때문에 임한 것"이라는 겁니다. 그 때문에 욥은 죄인이며, 하나님에게 회개하라는 것입니다. 욥의 친구들은 고대 이웃세계에서 일반적으로 말하고 있는 인과응보 사상으로 욥을 판단하려고 하였습니다. 우리는 욥이 처한 상황에서 누군가에게서 이런 말을 듣는다면 당연히 내가 죄인이라는 생각을 갖게 됩니다. 그러나 욥은 당당하게 친구들과 토론합니다.

10 "그러할지라도 내가 오히려 위로를 받고 무정한 고통 가운데서도 기뻐

할 것은 내가 거룩하신 이의 말씀을 거역치 아니하였음이니라."(욥 6:10)

욥은 거의 초인적인 말과 행위로 자신을 변호하기 시작합니다. 이러한 과정을 통하여 욥은 처음에 친구에게 항변을 하지만, 논쟁이 진행하면 할수록 자신의 항변의 방향을 하나님으로 향합니다. 욥에게 있어서 친구의 책망은 자신을 혼란 속에 집어넣는 것이 아닙니다. 그것은 아무런 이유 없이 자신을 박해하고 억압한 분에 대한 혼란입니다. 그분은 그동안 자신이 경험한 정의로운 하나님의 모습이 아니기 때문입니다. 즉, 고난 속에서 건지시는 희망의 하나님이라는 생각이 이제는 희망을 꺾으시는 분이라고 바뀌는 것을 경험한다는 것입니다.

10 "사면으로 나를 헐 으시니 나는 죽었구나

내 소망을 나무 뽑듯 뽑으시고,"(욥 19:10)

결국에 욥은 자신의 정당함을 빼앗은 하나님께 대항하여 자신의 정당함

을 입증할 하나님을 부릅니다.

> [19] "지금 나의 증인이 하늘에 계시고 나의 보인이 높은 데 계시니라
> [20] 나의 친구는 나를 조롱하나 내 눈은 하나님을 향하여 눈물을 흘리고 …
> "(욥 16:19~20)

마지막으로 하나님은 이러한 욥의 질문과 혼란에 대하여 대답하십니다. 그것은 "하나님의 세계지배"에 대한 하나님의 견해이며 그러한 견해가 욥 자신의 고난을 심사숙고하게 만듭니다. 즉, 피조물과 조물주의 생각이 다르다는 것입니다. 피조물은 현재 당한 현실을 단순한 고난으로 인식하지만, 그러나 그것을 지켜보는 조물주에게는 더 포괄적이며, 더 큰 의미가 있다는 것을 말합니다.

> [4] "내가 땅의 기초를 놓을 때에 네가 어디 있었느냐
> 네가 깨달아 알았거든 말할지니라."(욥 38:4)

하나님은 인간에게 이유 없이 고난을 주시는 분이 아니라, 자신의 세계경영 속에 하나님 자신을 이해하게 하는 도구의 한 부분이 고난이라는 것을 의미합니다. 욥은 그러한 대답을 통하여 자신의 인식의 더 넓은 범위로 하나님을 바라보게 됩니다.

> [4] "내가 말하겠사오니 주여 들으시고
> 내가 주께 묻겠사오니 주여 내게 알게 하옵소서
> [5] 내가 주께 대하여 귀로 듣기만 하였더니,
> 이제는 눈으로 주를 뵈옵니다.
> [6] 그러므로 내가 스스로 한하고

티끌과 재 가운데서 회개하나이다."(욥 42:4~6)

욥기를 좁은 시각으로 바라보면 "의인의 고난"이 주제이지만, 우리가 조금만 더 넓은 시각으로 바라보면 복합적이며 다양한 주제가 들어가 있습니다. 의인이 고난을 당할 수 있는가? 의인도 교만할 수 있는가? 인간은 자신에게 유익함 없이 하나님을 신뢰할 수 있는가? 내가 하나님을 인식할 수 있는 범위는 어디까지인가? 욥은 이러한 많은 주제 속에서 확실하게 말할 수 있는 것은 이성적으로 인간의 생각으로는 결코 야훼 하나님의 행위와 그분이 생각하시는 계획을 잴 수 없다는 것입니다. 그러므로 어떤 상황에서도 인간은 자신의 의로움에서 비롯된 하나님의 신뢰가 목적이 아니라, 하나님을 향한 신뢰는 무조건이어야 한다는 것을 제시합니다.

(3) 전도서

구약성경에서 가장 파격적인 책이라고 한다면 "전도서"라고 할 수 있습니다. 왜냐하면 전도서는 기존에 내려왔던 고대의 지혜 전승을 받아들이며, 그 전승을 회의적인 시각에서 바라보고 있기 때문입니다.[52]

전도서는 잠언에서 말하는 하나님에 의한 의인의 보상과 악인의 보응에 믿음을 상실한 자입니다. 사실 인간은 자신의 행위가 정당한 것인가 또는 불의한 것인가는 자신이 가진 이성과 하나님의 말씀을 통하여 결정됩니다. 그러나 전도자는 이 세상에서 그러한 정당성을 찾지 못했다고 말합니다. 전통적으로 잠언은 항상 우리에게 이런 말을 합니다.

"행악자에게는 장래가 없느니라."(잠 24:20)

---

52) 잠언 24장 20절과 전도서 8장 14절(참조 7:15; 9:2)절을 비교해보라.

그러나 전도자가 이 세상에서 일어나는 모든 일을 살피고 행한 후에 그가 내린 결론은 다음과 같은 것이었습니다.

> [14] "세상에 행하는 헛된 일이 있나니
> 곧 악인의 행위대로 받는 의인도 있고
> 의인의 행위대로 받는 악인도 있는 것이라
> 내가 이르노니 이것도 헛되도다."(전 8:14)

그럼에도 불구하고 전도자는 인간이 하나님과 다툴 수 없다는 인식을 욥과 공유하고 있습니다.[53] 그 때문에 전도자는 영적인 문제보다는 인간들의 생활에서 발생할 수 있는 많은 일들을 회의적인 시각에서 바라봅니다. 다음에 제시하는 것들은 전도서를 이해하는데 중요한 요소들입니다.

첫째, 의인도 죽을 수 있으며, 악한 자도 오래살 수 있다는 가능성을 전제로 합니다.

> [11] "악한 일에 징벌이 속히 실행되지 않으므로
> 인생들이 악을 행하기에 마음이 담대하도다."(전 8:11)

둘째, 인간은 자기 한계를 가진다고 전도서는 말합니다. 특히 인간에게 미래는 알 수 없는 것이라고 주장합니다.

> [12] "헛된 생명의 모든 날을 그림자같이 보내는 일평생에 사람에게
> 무엇이 낙인지 누가 알며 그 신후에 해 아래서 무슨 일이 있을 것을

---

53) 잠언 24장 20절과 전도서 8장 14절 참조 7 15 9 2 절을 비교해보라

누가 능히 그에게 고하리오."(전 6:12)

셋째, 인간과 모든 만물들 또한 의인과 악인, 지혜로운 자와 어리석은 자가 동일한 운명을 가지고 있다는 것을 전제로 합니다. 그것은 죽음입니다. 죽음은 모든 인간이 만든 사회적인 격차를 동일하게 만들어 버립니다.

> [19] "인생에게 임하는 일이 일반이라
>
> 다 동일한 호흡이 있어서 이의 죽음같이 저도 죽으니
>
> 사람이 짐승보다 뛰어남이 없음은 모든 것이 헛됨이로다.
>
> [20] 다 흙으로 말미암았으므로 다 흙으로 돌아가나니
>
> 다 한 곳으로 가거니와."(전 3:19~20)

그러나 전도자는 이 모든 회의주의에도 불구하고 "그의 마음에 이르기를 하나님이 없다 하는" 어리석은 자가 아닙니다.(시 14:1) 오히려 그는 세상의 흐름과 삶의 부침(浮沈)이 "하나님의 손에서 비롯된 것"(전 2:24~25)임을 받아들이도록 인도하려고 노력합니다. 그래서 전도자는 전도서를 읽는 독자로 하여금 현실에서 인간이 가지고 있는 것을 하나님의 선물이라고 고백하게 하며, 그 선물을 현재 자신의 시간에서 누리도록 권고합니다.(전 3:13;5:18~19; 9:9 등) 이러한 선물은 하나님을 경외하는 인식에서 시작한다고 합니다. 세상에서 일어나는 일을 하나님은 어느 하나의 행위에만 치우쳐서 만들지 않았다는 것입니다.

> [14] "형통한 날에는 기뻐하고 곤고한 날에는 생각하라
>
> 하나님이 이 두 가지를 병행하게 하사 사람으로
>
> 그 장래 일을 능히 헤아려 알지 못하게 하셨느니라."(전 7:14)

그 때문에 현재에 자신에게 주어진 자신의 시간을 즐기라는 것은 타락을 행하라는 것이 아니라, 어떤 상황이든지 자신에게 주어진 환경이 선물이며, 그 주어진 선물을 가지고 자신에게 주어진 삶의 허무를 극복하라고 말을 합니다.

3. 묵시문학

구약의 책 가운데 세상의 종말에 대하여 언급하며, 야훼 신앙을 강력하게 믿고 따르도록 권고하고 있는 책들이 있습니다. 특히 에스겔 38~39장, 요엘서, 스가랴 12~14장 그리고 다니엘서"입니다. 다니엘서가 기원전 3세기 고대 이웃나라의 묵시적 경향을 따르는가 하는 문제는 아직 정확하게 정립되지 않았습니다.

묵시문학은 예언서와 차이점이 명백하게 나타납니다. 예언서에서 역사는 항상 현재 우리가 살고 거주하며, 인간의 이야기가 있는 역사 안에서 계시된 미래의 비전이라면, 묵시문학은 역사를 넘어서 항상 세상의 종말이 펼쳐지는 인간 역사 이후의 미래 비전을 말합니다. 예언은 사람에게 반드시 전달되어야 하기에 항상 미래를 향하여 열려져 있는 것 또는 전달되어야만 하는 것입니다. 반면에 묵시는 아직 때가 이루어지지 않았기 때문에 봉인된 것 또는 닫혀져 있는 계시입니다.

묵시문학의 기능 중 가장 중요한 기능은 "희망"일 것입니다. 즉, 현재의 어둡고, 고난에 찬 암흑의 시기가 종결된다는 희망입니다. 악의 세력에 의하여 사로잡혀있는 어둠의 시기가 물러가고 새로 다가올 빛의 세상이 펼쳐진다는 희망을 전제로 하고 있습니다. 그래서 묵시문학의 책들은 항상 세상을 이원론적으로 생각합니다. 하나님의 능력과 인간의 능력, 미래와 현재,

선과 악의 대조를 합니다. 이러한 이원론적인 사상은 단지 현실도피로서 사용되는 것이 아닙니다. 현재는 악하니까 피하고, 숨어서 장차 다가올 미래의 새 하늘을 기대하는 것을 의미하지 않습니다. 그것은 억압의 시기에 억압당한 자들에게 위로를 주며, 고통 속에서 웃을 수 있는 인내와 용기를 주려는 목적에서 저술된 것입니다. 또한 신앙적으로 자신이 당한 고통을 감당할 수 있게 만드는 책이 바로 묵시 문학인 것입니다.

세상의 마지막은 정해진 것입니다. 하나님의 행위는 마지막으로 가고 있습니다. 그럼에도 불구하고 종말은 현재에서 시작되며, 자신이 처한 세상에서 하나님을 인정하며 하나님의 말씀이 자신을 지배하는 현재를 목표로 합니다. 그 때문에 묵시에서 구원과 하나님의 통치는 진노의 때가 지난 후에 이루어지는 것이 아니라 이미 현재에 그 영향력이 미치고 나타나는 것입니다.

"크도다 … 그 나라는 영원한 나라요
그 통치는 대대에 이르리로다."(단 4:3)

우리는 성문서 각 권을 여기에서 다 말할 수는 없습니다. 그러나 성문서가 갖는 큰 의의와 특징은 역시 "하나님의 말씀"이라는 것입니다. 오경과 예언서가 갖지 못한 하나님의 다른 모습을 잘 말해주는 것이 바로 성문서입니다. 하나님만을 바라보는 입장에서 벗어나서 아래로부터 위로 이르게 하는 시편에서 그리고 인간 세상에서 벌어지는 것을 이해하려고 하며, 그 현상 속에서 하나님의 존재를 인식하려고 노력하는 지혜문학 책들 곳곳에서 하나님의 행위를 우리는 발견하게 됩니다.

성서의 이해
신약
New Testament

김대식

1장

신약세계를 어떻게 '해석'할까요?

1. 그리스도교 정신세계의 시공간

1.1. 지중해 세계는 인간 사유의 태동지입니다!

잘 알다시피 지중해는 그리스 철학의 발상지입니다. 디오게네스 알렌(D. Allen)은 아예 "그리스도교 신학의 주요한 원천은 성서와 헬라적인 문화, 특히 그리스의 철학이다. (…) 고대 그리스의 철학자들과 비교할 때 고대 이스라엘인들이 아무리 자연의 원리들에 대한 호기심과 탐구욕이 부족했다고 하더라도 그리스도교 신학은 본유적으로 헬라적이다"[1]라고 말합니다. 이를 증명이라도 하듯이 왕국을 나타내는 바실레이아(basileia)는 그리스 문화권에서는 왕권의 의미하던 말로서, 의(dikaiosune)는 정의(dike)를 나타내는 말로서 그리스도교가 차용한 말입니다. 더 나아가서 로고스(logos)는 "합리성 그 자체이자 연역을 주재하는 질서"를 의미하던 말이었는데,[2] 요한계 문헌에서 이 용어를 대거 사용하고 있는 것을 볼 수 있습니다. 지금도 터키 성채가 여전히 남아 있고 교회의 건물 잔해가 널브러져 있는 에베소는 로고스를 생각해 낸 고대 그리스 철학자 헤라클레이토스(Heraclitus)의 출생지입니다. 그 에베소 근처 밧모섬에서 유배생활을 보내면서 말년의 요한이 그리스도교의 로고스 사유를 태동시킨 것을 우연이라고 할 수 없을 것입니다.[3]

우리가 많이 사용하는 진리(aletheia) 개념은 어떨까요? 알레테이아는 '은폐되지 않음', '감추어져 있지 않음', '그대로 들추어내는 일', '모든 은폐를 제거하는 일'을 뜻하는 말입니다. 요한복음 3,16절에 등장하는 "세상"(kosmos)이라는 말도 '장식', '치장', '조화로운 배열'이라는 의미를 갖고 있는 말입니다.[4]

김덕수는 "초기 그리스도인들 역시 지중해를 통해 로마로 입성을 했다"고 말하면서, 사도 바울은 터키, 마케도니아, 빌립보, 아테네(에피쿠로스와 스토아 철학자들과의 논쟁 지역: 오죽했으면 아테네의 아레오바고에는 사도 바울에 대한 숭배까지 있었을까요),[5] 고린도, 로마 등 지중해 세계를 활보했다고 봅니다. 그럼으

---

1) * 본서에서 해석학적 방법론, 예수이야기와 관련된 내용들 일부는 유복곤·김대식, 지중해석서해석방법이란 무엇인가, 프리칭아카데미, 2010. 4장, 5장, 9장, 11장을 참조하였습니다.
   D. Allen, 정재현 옮김, 신학을 이해하기 위한 철학, 대한기독교서회, 1996, 17~21.

2) Jean-Pierre Vernant, 박희영 옮김, 그리스인들의 신화와 사유, 아카넷, 2005, 466~471.

3) Klaus Held, 이강서 옮김, 지중해 철학기행, 효형출판, 2007, 46~49; Pierre Hadot, 이세진 옮김, 고대철학이란 무엇인가, 이레, 2008, 316~319.

4) Klaus Held, 위의 책, 31~37; 알레테이아라는 말은 기초존재론자인 마르틴 하이데거(M. Heidegger)에 의해서 '탈은폐'(Unverborgen) 혹은 '비은폐'로 번역되는 매우 중요한 존재론적 개념입니다.

5) F. Braudel, 위의 책, 55.

로써 서양의 고대 문명은 당시 지중해 뱃길이 가장 유용한 수단이었는데, 그
지중해 문명을 인간중심주의에서 신중심으로, 다신론 종교에서 유일신 종교
로, 현세주의에서 내세주의로 변화시켰던 순교자라는 것입니다.[6)]

슈테게만 쌍둥이 형제(W. Stegemann, E. W. Stegemann)는 고대 그리스도교
와 지중해 세계연관성과 그 해석학적 필연성에 대해 암시적으로 이렇게 말
합니다.

> "예수 따름(Jesusnachfolge)은 그 당시 팔레스타인에서 유대교 다수 사
> 회의 일부였다. 반면 그리스도교 신앙 공동체는 이스라엘이 아닌 다른
> 곳, 즉 이방인이 다수를 차지하는 사회의 콘텍스트에서 도시 거주민으
> 로 살고 있었다. 이것 외에도 우리는 이스라엘 내부에서 예수 따름에
> 뛰어든 집단과 이스라엘 외부의 그리스도 신앙 공동체 사이에 존재하
> 는 인종적, 종교적 구성의 차이점도 고려해야 한다. 특히 이스라엘 외
> 부의 그리스도 신앙 공동체의 경우 이방인 다수 사회의 구성원이 디아
> 스포라 유대인과 함께 종교적, 사회적 공동체를 구성했으며, 사실 비유
> 대인이었던 사람들이 점차적으로 큰 비중을 차지하게 되었다는 점이
> 핵심적인 특징이다."[7)]

키토(H. D. F. Kitto)에 의하면 그리스인들은 자신을 가리켜 '헬레네
스'(Hellnes)라고 하면서, 그리스어를 몰라서 '바르바로이'(복수는 barbaros)
라고 부르는 이들과 구분을 지었습니다. 그러나 이 말이 야만인을 뜻하는
babarian과는 전혀 다른 의미로서 단지 그리스어를 몰라서 '바르 바르'하고
말하는 사람들을 가리켰던 것에 지나지 않았습니다. 또한 그에 의하면 알렉

---

6) 김덕수, "지중해, 영원한 '우리'의 바다. 고대 로마의 지중해", 박상진 엮음, 위의 책, 54~59.

7) Wolfgang Stegemann und Ekkehard W. Stegemann, 손성현·김판임 옮김, 초기 그리스도교의 사회사, 동연, 2009, 27.

산더 대왕의 정복기에 그리스 사상이 히브리 사상에 상당한 영향을 미쳤다(예를 들면 전도서)고 주장합니다. 고대 지중해 전체의 역사를 놓고 보면 알렉산더 왕조, 셀레우크스 왕조, 프톨레마이오스 왕조, 로마 스토아 철학(pathos, apatheia) 등이 성서의 세계와 함께 전개되었다는 것입니다. 게다가 신약성서의 저자와 수신자 모두는 그 당시 로마제국에서 살고 있었다는 것을 감안할 때 성서와 지중해 세계와의 연관성은 떼려야 뗄 수 없는 것입니다. 사회 지리적으로 볼 때는 로마, 그리스, 소아시아의 해안지대, 시리아 지역과 이스라엘까지 포함이 되니 지중해 세계의 철학, 종교, 문화, 문학, 신화, 사회, 정치, 제도와 같이 광범위하게 성서에 많은 영향을 주었다고 볼 수 있습니다.[8]

1.2. 지중해 세계는 종교영성의 발현지입니다!

지중해 세계는 그리스도교를 비롯하여, 이슬람교를 발생시킨 영성적 · 정신적 세계의 바탕입니다. 그리스도교만 해도 예수의 묵시사상, 복음서의 견유학파적 사상, 바울의 로마종교와의 관계성에 의한 대항신학과 철학적 논쟁(에피쿠로스 학파와 스토아 학파 등), 플라톤의 이원론, 영지주의적 신비신학과 영성(요한계 문헌에 여러 차례 등장) 등은 모두가 지중해 세계라는 배경을 염두에 두고 해석해야 할 문제들입니다.

특히 이러한 철학의 영향을 받은 신플라톤주의자들, 교부철학자들, 중세 철학자들은 대부분 그리스 철학의 그늘 아래 있었을 뿐만 아니라 그 철학을 통해서 신학의 체계가 이루어졌습니다. 그래서 과정철학자 화이트헤드(A. N. Whitehead)는 '모든 철학은 플라톤의 주석사에 불과하다'는 말을 했던 것입니다. 실제로 우리가 영성적으로 '관상'(觀想)이라는 말을 사용하고 있지만, 그 개념과 고대 그리스 철학의 신적 직관을 일컫는 테오리아(theoria, 觀照)가

---

8) Klaus Held, 최상안 옮김, 그리스 · 로마 철학기행, 백의, 2000, 24~25.

중세의 라틴어 contemplatio라는 용어로 번역이 되면서 종교적 의미로 확장되었습니다. "관상은 인간 자아가 이성을 넘어 이성 위에 있는 진리를 향하여 나가는 수단이자 실재와 친교를 누리는 것, 관상의 대상은 신비로운 타자"[9]라는 말에서 알 수 있는 것처럼, 종교란 '궁극적 관심'(ultimate concern, Paul Tillich)을 향합니다.

궁극적 관심을 드러내는 원천적 자료(Quelle)를 설명한다는 것 혹은 해석한다는 것은 단순히 종교를 규명하기 전에, 신앙의 근본을 확정짓기 이전의 선판단적 요소, 즉 성서의 내용을 형성한 정치, 경제, 사회, 문화 등으로 상호 주관적 삶을 톺아보는 것을 의미합니다. 이와 같은 종교적인 것(the religious) 혹은 성(聖, sacred)을 구성하는 고대의 역사를 독해하고자 하는 것이 해석학적 관심사입니다. 그러므로 영성이란 축적된 삶을 관조하고 삶에서 나타난 이른바 신의 현존과 신적인 것을 직관(theoria)하는 것이라고 볼 수 있습니다. 그뿐만 아니라 영성은 해석학을 통해 텍스트와 콘텍스트의 의미연관을 파악하고, 초월적 실재에 대한 경험을 동일한 지평을 좇아 '지금 여기에서' 다시 사는 것을 말합니다. 다층위적 해석학을 통해 복원된 종교적 세계 내지는 종교영성은 그들의 고백을 거듭 고백하며 단절 없는 신에 대한 고백 이야기를 발생시키는 것입니다.

1.3. 지중해 세계는 삶의 세계를 해석하는 선험적 형식입니다!

그리스도교는 결국 삶의 세계의 근원성을 찾기 위해서 지중해 세계라는 문화적, 문명적 테두리를 본질적으로 추적하지 않으면 안 됩니다. 지중해 세계는 단순히 인간의 삶의 자리나 지중해 지역이라는 특수한 토포스(topos)만

---

9) E. Underhill, 안소근 옮김, 신비주의의 본질, 누멘, 2009, 125.

을 가리키지 않습니다. 지중해 세계를 이해한다는 것은 전 지구 역사의 이성과 종교로 형성된 삶을 이해한다는 것과 크게 다르지 않습니다. 따라서 지중해 세계는 인간의 근원적 삶의 자리, 그것을 통해서 삶을 재정립해야 하고 성찰해야 하는 태고의 고향과도 같은 자리입니다.

다시 말해서 지중해 세계라고 하는 특수한 삶의 세계를 해석한다는 것은 인간의 종교적 시원과 삶의 근원성을 해명하려는 시도라고 볼 수 있습니다. 지중해 세계는 단순히 서구 유럽사회의 종교적, 정신적 뿌리만을 일컫는 것은 아닙니다. 이미 한국교회 신자들의 삶의 세계와 정신세계가 그리스도교라고 하는 종교적 사유체계에 따라 형성되어졌다면, 지중해 세계가 우리와 그렇게 멀리 떨어진 곳이 아니라는 것입니다. 이것은 공간과 시간을 대상 인식(Erkentnis)을 위한 선험적 직관의 형식이라는 칸트(I. Kant)의 주장에 동조하지 않더라도, 지중해 세계라는 공간과 시간은 성서를 관찰하는 해석학적인 선험적 형식입니다. 역사학자 드로이젠(Johann Gustav Droysen)은 바로 이러한 관찰형식을 통해서 그것들이 '있다'라는 것과 그것들이 그곳에서는 '무엇이다'라는 것을 말해준다고 주장합니다.[10]

지중해 세계라는 공간과 시간은 성서의 관찰형식, 즉 해석학적 형식으로서 무엇이 있었다, 그것이 무엇이다(what, 의미와 이해)라는 것을 말해줍니다. 해석학은 그러한 삶의 지평을 열어 주고 그것이 지금 여기에서 새로운 의미를 던져주도록 해 줍니다. 특히 지중해 세계라는 좀 더 광범위한 범주는 그것을 전체 역사적 맥락 안에서 오늘의 삶의 역사와 삶의 형식을 새롭게 바라보도록 유도합니다. 이것은 독일의 역사학자 랑케(Leopold von Ranke)가 역사를 객관적으로 구성하여야 한다는 강박증에서 자유로운 방법론을 취하였으며, 그에 의하면 역사란 무엇이 있었으며, 어떻게 있었는가(how, 객관적 사실)를 보여주어야 한다는 것입니다.

---

10) Johann Gustav Droysen, 이상신 옮김, 역사학, 나남, 2010, 50~51.

그런데 지중해는 이 두 가지를 다 보려고 합니다. 즉, 이미 사건(Ereignis)이 있었다는 것(있음)을 전제하고, 그 객관적 사실을 추론하여 그것의 의미가 무엇인지를 지금 여기에서 확보하려고 하는 것입니다. 따라서 해석학, 곧 지중해 문명을 기반으로 하는 해석학은 단순한 독서나 읽기(reading)가 아니라 글자와 글자, 문장과 문장, 단락과 단락 사이를 풀어-읽음, 혹은 읽으면서 풀어가는 것(read-ing)입니다. 그 눈은 지중해 세계라는 또 다른 산을 넘어야 가능한 일이지만, 그 통합적 시각을 요구하는 현시대에서는 필수불가결한 방법론이라 아니할 수 없습니다. 고대든 현대든 불문하고 모든 삶의 층위는 중층적이고 다층적이기 때문에 성서를 읽어내는 것 역시 보이는 문자를 뛰어넘어야 삶을 재현(re-presentation)할 수 있고, 그리스도교의 정체적 삶도 가능할 수 있을 것입니다.

2. 성서에 대한 해석학적 능력이 필요합니다!

2.1. 비평학적 훈련은 기본입니다!

성서학계에서는 성서비평학이라고 한다면 당연히 역사비평학을 일컫는 것이었습니다. 그중에 불트만(R. Bultmann)에 의해서 개발된 '양식비평'(form criticism)은 본문의 유래한 공동체 관심을 갖습니다. 다시 말해서 그 문서가 탄생한 사회문화적 상황, 즉 '삶의 자리'(Sitz im Leben)를 찾아들어갑니다. '편집비평'(redaction criticism)은 저자가 문서를 수집하고 선택 배열하면서 전체를 틀작업을 한다는 것을 알고 있습니다. 게다가 저자는 그러한 문서를 가지고 자신의 공동체의 상황에 맞게 가감, 삭제, 수정작업을 하면서 어떻게 문서 작업에 손질을 했는가를 분석하는 방법론입니다. '종교사적 비평'은 이스라엘 혹은 그리스도교의 문서들 속에 고대 유대교나 로마-헬라계의 비기독교적인 주변 세계와 접촉한 흔적들이 있는지를 찾아내는 작업입니다. '사회학적 비평'은 원시 그리스도교 공동체의 그리스-로마 시대의 사회, 문화, 정치, 경제 등의 상황이 직간접적으로 성서에 영향을 미쳤을 거라고 보고, 그 관계들에 대해 관심을 갖습니다. '전승사 비평'은 말 그대로 본문이 발생한 가장 초기 단계를 찾아가는 해석 방법입니다. 이와 같은 모든 방법론들은 지난 200여 년간 독일을 중심으로 한 서구 유럽의 성서신학계에서 활용했던 해석학입니다.

그간에 이러한 역사비평의 역사는 곧 성서해석학의 역사와 다름이 없었습니다. 그러나 양식비평을 비롯하여 편집사적 해석의 한계는 결국 역사의 예수에 대한 불가지론적인 선언을 내놓은 꼴이 되어 버렸습니다.[11] 그 바통을 이제 예수 세미나(Jesus Seminar)에 넘기고 성서 해석학은 여전히 답보 상태에 있다고 해도 과언은 아닙니다. 그간의 성서해석학자들은 내러티브 비평(narrative criticism), 이야기 비평(storytelling criticism), 수사 비평(rhetoric criticism), 포스트 콜로니얼 비평(postcolonial criticism), 페미니스트 비평(feminist criticism), 퀴어 비평(Queer Criticism) 등 다양한 방법들을 통해 그 돌파구를 헤쳐 나가려고 했지만, 별다른 소득이 없었습니다. 좀 더 구체적으로 설명해보면, 구조주의의 '기호학적 성서해석 방법'은 이미 기호학이라는 문학적 양식을 충분히 숙고하지 않으면 방법론으로 사용하기가 참으로 어려운 것입니다. 그것은 성서를 완결된 형태 혹은 있는 그대로의 텍스트로 확정짓고 의

---

11) 박태식, 예수와 교회, 우리신학연구소, 2001, 2판, 38~40. 역사비평이란 역사의 한 시점을 객관화시키는 것인데, 그러기 위해서는 본문의 분석자는 자신의 판단을 중지하고 편견이 없이 분석할 수 있어야 합니다. 그러나 가다머 (H.-G. Gadamer)가 주장한 바와 같이, 애초에 해석학자는 그러한 분석은 불가능합니다. 인간이 지닌 해석학적 지평이 선이해로 작용하기 때문입니다. 따라서 성서 본문을 객관적인 눈으로 재구성한다는 것은 거의 불가능하다는 점에서 역사비평에 제동이 걸렸다고 볼 수 있습니다.

미의 조직과 구조에 초점을 맞추어 분석하면서 조직화된 전체성과 담론에 비중을 많이 두는 '본문중심해석법'이라 말할 수 있을 것입니다.

이야기 비평(storytelling criticism)은 최종 본문 자체가 내포하고 있는 의미를 파악하는 것이고, 독자반응 비평(reader-response criticism)은 독자가 본문을 어떻게 이해하는가를 발견하는 데에 중요한 도구로 활용됩니다. 그렇다고 이 비평학이 저자가 가정한 독자를 대상으로 한다고 해서 저자의 의도를 무시하거나 배제하지는 않습니다. 수사학적 비평은 사도 바울의 서신들(갈라디아서, 고린도서 등)을 분석하는 데 매우 유용한 해석학적 기술로서 1세기 지중해 연안의 국가와 도시들에서 편만했던 정치적, 철학적인 수사학적 구조를 살펴보는 것입니다. 사도 바울도 헬라화된 도시를 여행하면서 당시 유행하던 수사학적 기교, 즉 파토스(pathos), 에토스(ethos), 설득(persuasion)을 통하여 청중을 압도했을 것입니다. 내러티브 비평(narrative criticism) 비평은 그레꼬-로만 세계의 역사적, 문학적 관심을 가지고 읽는 해석학적 방법입니다.

2.2. 해석학은 의사소통입니다!

성서는 지금의 시대와 적어도 2천 년 이상의 시간적, 공간적 간격이 있습니다. 그러한 간극이 발생한다는 것은 과거의 성서의 문화와 성서에 영향을 주었던 주변 특정문화 사이에 다양한 문화적 틀이 존재한다고 말할 수 있습니다. 성서는 분명히 시대적인 산물입니다. 시대적인 산물이라 함은 성서가 가지고 있는 역사, 문화, 사회, 언어, 풍습, 종교, 철학 등의 영향을 받으며 기록되었다는 것을 배제할 수 없다는 말입니다. 성서와 독자 사이에는 많은 심연이 존재합니다. 성서가 독자에게 적어도 알기 쉽고 예측 가능하도록 다가오게 해야 합니다. 앞서 말한 것처럼, 그 심연을 어떻게 좁혀 주느냐 하는 것이 성서해석학의 관건입니다.

그러기 위해서는 성서가 탄생한 시대, 즉 지중해 세계를 이해할 필요가 있다고 생각합니다. 지중해의 토양을 흠뻑 먹고 자란 성서 안에, 당시의 역사, 사회, 문화, 풍습, 종교, 철학 등의 제반 요소들을 적절하게 골라 그려 내고 설명해준다면 성서가 살아 움직이는 모습으로 독자들에게 다가올 수 있지 않을까 하는 희망을 가져봅니다. 또한 교회가 그러한 해석학적 체계에 따라 모든 목회자들이 텍스트를 분석하는 데에 조금이라도 부담을 덜 수 있다면, 설교의 질이나 메시지의 깊이가 달라질 수 있을 것입니다.

에벨링(G. Ebeling)은 "하나님이 말씀하실 때 우리에게 관련된 모든 실체는 새롭게 언어 속으로 들어간다"고 말했듯이, 인간은 언어를 존재의 집으로 삼아야 합니다. 성서의 본문은 언어로 구성되어 있습니다. 다시 말해서 하나님의 뜻을 깨닫기 위해서는 언어적 현실 혹은 언어 그 자체와 대면해야 한다는 것입니다. 그것을 위해서는 성서의 문학적 탐구, 즉 키아즘(chiasm), 대구적 병행법(parallelism), 대조적 대구문절(antithetic parallelism), 수사학(rhetoric) 등의 구조적 분석을 해야만 합니다.

또한 푹스(E. Fuchs)는 "언어가 알리는 것은 이것이다. 새로운 무엇을 창조하지 않고 시간을 향하여 알리는 것이다"라고 말한 바 있습니다. 이것은 언어가 갖고 있는 특정한 '시간성'에 대해 말하고 있는 것입니다. 불트만(R. Bultmann)은 "하나님의 말씀은 오직 하나님의 말씀으로서 지금, 바로 여기에 나타난다"고 했습니다. 그러므로 2천 년 전, 성서의 세계가 지금 여기에서 실존적 만남이 되기 위해서는 공간과 시간을 거슬러 지중해 세계를 분석할 수 있도록 해야 합니다. 달리 표현하면 고대의 텍스트로 가기 위해서는 원저자가 독자에게 말했던 것과 해석자의 지평이 만나서 이른바 해석학의 '지평융합'이 일어나는 것입니다.

또한 가다머는 다음과 같이 말합니다. "이해는 어떤 다른 모험과 같이 하나의 모험이자 위험이다. 단순히 "거기에" 있는 것 또는 거기에 있는 것이라고 말해지지 않는 것에 저항하는 것으로 만족하지 않고 유도적 관심이나 질문에로 돌아가고자 하기 때문에. ...... 해석학은 해석의 실천, 즉 텍스트의 해석에 대한 하나의 이론적 태도로 진행되지만 그러나 그들 속에서 해석된 경험과의 관계 속에서 그리고 세계 내에서 의사소통적으로 공개된 방향 속에서도 진행되어야 한다. ...... 따라서 내게는 이해의 경험과 이해의 실천에 관한 고조된 이론적 지각이 철학적 해석학과 자기 자신의 자아 이해와 같이 서로 나누어질 수 없는 것으로 보인다."[12]

가다머의 논리가 뒷받침하고 있듯이, 해석학은 하나의 모험입니다. 다양한 사람들에게 하나의 성서 본문을 효과적으로 이해시키기 위해서는 보다 실질적인 해석학적 기교나 방법론이 필요하기 때문입니다. 성서 본문과 성서를 읽는 독자 혹은 설교자와 청중 사이에 의미 있는 의사소통이 발생하도록 만들어 주는 것은 '이해', 즉 텍스트의 이해와 자신의 이해에서 출발합니다.

우리는 지금까지 성서를 읽는 시각과 방법이 어떤 한 가지의 방법에 치중하여 좀 더 종합적이고 통전적인 관점을 개발하지 못했던 것이 사실입니다. 그러나 우리가 살고 있는 시대는 하나의 관점, 하나의 방법, 하나의 해석학 등 성서에 대한 획일적이거나 절대적인 방법론을 넘어서서 종합적으로 보아야 할 필연적인 요청에 직면하고 있는 것입니다.

---

12) H.-G. Gadamer, "실천철학으로서의 해석학", 최봉기 편저, 해석학과 실천, 침례신학대학교출판부, 1989, 103~105.

3. 신약성서 해석학적 조건으로서의 유대교에 대한 이해

유대교의 기원은 아브라함(유일신앙의 개념이 시작)에게로 거슬러 올라갑니다. 족장시대를 거쳐서 이집트 노예, 가나안 정착, 통일왕국과 분열 왕국, 바빌론 포로시대, 이스라엘 땅으로의 귀환, 하스모니안 왕가, 로마 속국과 제2성전(헤롯 성전) 파괴, 디아스포라 유대인 공동체 형성 등의 역사를 거쳐 1948년 국가를 재창건하였습니다. 현재 전 세계 유대인은 약 1,300만 명이다. 그 중 6백만 명이 미국에, 3백만 명이 이스라엘에, 나머지 4백만 명은 전세계 여러 곳에 흩어져 있습니다.

3.1. 율법

유대교에서는 공식적인 신조(creed)는 없습니다. 그러나 신앙의 핵심적

내용이 "쉐마"(shema: "들으라"라는 뜻)라고 하는 구약성경 세 구절에 있는데 유대인은 아침, 저녁으로 이것을 읽습니다. "들으라. 오 이스라엘아! 주 우리 하나님은 한 분이시니 너희는 마음을 다하고 뜻을 다하고 성품을 다하여 너희 하나님을 사랑하라. 내가 명한 이 말씀을 너희는 마음을 둘지니라." 이것이 쉐마의 내용입니다.

유대인은 자신의 존재 전체를 바쳐 하나님을 사랑합니다. 그리고 사랑은 날마다 삶에서 하나님의 법에 대한 순종의 표현에 있습니다. 율법은 구약성경의 처음 다섯 권(the Pentateuch: 모세오경)에 나타나 있습니다. 히브리어로 토라(Torah)라고 합니다. 오경은 지금부터 약 3천 년 전에 모세가 하나님으로부터 시내산(Mt. Sinai)에서 받은 것입니다. 그것은 십계명으로 요약되었고, 나중에 613가지로 세분화되면서 율법을 지키느라 힘들어 하는 상황이 초래되었습니다.[13]

3.2. 유월절(Passover: Pesach)

유대인의 모든 축제일과 절기 중에 최대 절기는 단연 유월절입니다. 이것은 그리스도교의 부활절과 거의 같은 의미의 날인데 이스라엘이 이집트에서 종살이하다가 해방된 사건을 기념하는 절기입니다. 이 날에는 집에서 무교병(matzah)을 먹습니다. 그리고 전통 음식을 먹으며 노래 부르고 출애굽 당시의 이야기를 듣습니다. 이 날 가족 중 최연소 어린이가 묻습니다. "왜 이 날 밤은 다른 날 밤과 다른가요?" 그러면 아버지가 성경에 나오는 모든 이야기들을 설명하면서 이야기를 합니다. 특히 출애굽 전체 이야기는 말과 행동 등의 모든 수단을 통해서 보여지는데, 이것을 히브리어로 "하가다"(Haggadah)라고 합니다. 이 때 식탁의 한 자리는 비워 두고 포도주 잔은

---

13) 최정만, 비교종교학개론, 이레서원, 2004, 171~172.

채우지 않고 한쪽으로 밀어 두는데, 이것은 메시아 시대의 사자로 기대되는 엘리야 선지자를 위한 배려라고 합니다. 이 날은 누룩을 넣지 않은 빵, 곧 무교병(無酵餅)을 먹는다고 해서 달리 무교절(the Feast of Unleavened Bread)이라고도 부릅니다.[14)]

3.3. 낙원과 부활

그리스도교 신학에서 이 세상과 저 세상의 의미를 구분하고 있습니다. 낙원은 죽음 이전의 이 땅에서의 삶이고, 부활은 죽음 이후의 또 다른 세상을 의미합니다. 유대교에서 사용하고 있는 "올람하제"와 "올람하바"라는 단어는 사실상 명백하게 구분되어 있습니다. 전자는 이 세상, 즉 현재의 통치 상태와 모든 사회적, 문화적 체제의 계속된 상태를 의미합니다. 후자는 오는 세상, 곧 이 땅이 계속되는 상태로서 전자와 동일합니다. 그러나 정치, 경제, 사회, 문화 전반에 걸쳐 메시아가 와서 통치하는 새로운 세상이라는 특별한 의미로 쓰입니다.

낙원이라는 용어는 느헤미야 2,8; 전도서 2,5 등에서 사용되고 있습니다. 영어의 paradise는 고대 페르시아어 "파이리다에자"(pairidaeza)에서 온 것으로 "담이 둘러쳐져 있는 동산"이라는 뜻을 품고 있습니다. 히브리 사상에서 낙원은 원래 태고의 행복을 의미하는데, 이 개념은 후에 미래의 메시아적 왕국에서 있을 영광에 적용되는 말로 바뀌었습니다. 기원전 200년경 유대교에는 죽은 자가 부활한다는 신앙이 나타났고, 의인들이 부활 후 낙원에서 살게 된다고 믿었습니다. 유대인들은 실제로 낙원이 이 세상과 함께 존재하고 있으나 사람의 눈에 안 보이게 숨겨져 있다고 주장하였습니다. 그들은 족장들과 의인들의 영혼이 그곳에 가 있으며, 그곳은 그들의 영원한 집이라고 생각

---

14) 최정만, 위의 책, 189~193.

하였습니다.

3.4. 음식

유대인들은 이방인들과는 언제, 어디서든지 함께 음식을 먹지 못하게 되어 있습니다. 그뿐만 아니라 유대인이라 할지라도 율법을 준수하지 않는 자와는 함께 식탁 교제를 나누지 않았습니다. 또한 유대인들은 돼지고기를 매우 금기시하여 돼지라는 말조차 입에 담기를 꺼려해서 '흰 고기'라고 돌려서 부릅니다.

3.5. 장례식

유대인의 상장(喪葬) 풍습은 죽음에 대한 슬픔을 최고로 표현하기로 되어 있지만, 장례식은 죽은 지 24시간 이내에 치르게 되어 있습니다. 죽음 후 망인의 아들이나 가족의 일원 중 하나가 공석에서 카디쉬 기도(거룩하신 자의 이름이 찬송되고 영화되고 존중되고 확대되고 찬양되소서)를 외웁니다. 유대인은 실제로 몸이 살아나는 부활을 믿지 않습니다. 유대인에게 있어 부활은 오직 유대인의 경건한 소망일뿐입니다. 장례식은 아주 단출하게 치르되 장례 후에 가족 친지들이 집에 모여서 약 일주일 정도 애도 기간을 갖습니다. 이 기간을 "쉬바"(shivah)라고 합니다.

3.6. 유대인이 된다는 것

유대인은 유대교의 풍속과 전통을 지키지 않고 하나님의 존재 자체를 부정하는 반(反)유대교 사람일지라도 자격을 취득합니다. 양친 가운데 모친만이 유대인일 때도 유대인이 될 수 있습니다. 하지만 모친이 유대인이 아닌 이방인일 때는 부친이 유대인이더라도 그의 자녀는 자동적인 유대인이 될 수 없습니다. 유대인 가정에 어린이가 태어나면 8일만에 남자아이는 반드시 할례를 받아야 합니다. 할례는 병원에서 의사에게 받든지 아니면 할례사로 훈련을 받고 등록한 "모헬"(Mohel)이라는 종교적 할례 전문인에게 받을 수 있습니다. 남자아이가 할례를 받을 때 히브리 이름을 받게 되는데, 그 이름은 후에 그가 13살 때 "계명의 아들"이 되면 불릴 이름입니다.

남자아이는 13살이 되면 "계명의 아들"(바르 미츠바)이 되는데, 생일 후 회당 안식일 예배 때에 두루마리 성경, 토라를 처음으로 공중 앞에서 낭독합니다. 예배 후에는 가족과 친구들이 축하 파티를 열어 준다. 이때 이후부터 그는 책임 있는 인격이 된다. 그는 유대인으로서의 모든 책무를 지며 공중 기도를 할 수 있는 정족수, 곧 성인 남자 10명 중의 하나가 될 수 있는 자격을 가집니다. 여자아이는 12세가 되면 "계명의 딸"(바트 미츠바)이 됩니다.

3.7. 안식일

한 주일의 일곱 번째 날의 성화를 나타내는 안식일은 히브리어로 '샤바트'(shabbat), 그리스어로 '사바톤'(sabbaton)이라 부릅니다. 신약시대에 이 개념은 일하지 않고 쉬는 날 혹은 또한 성전과 회당에서 예배드리는 날로 이해되었습니다. 바빌론 포로 이후 이 개념은 할례와 더불어 이스라엘을 특징 짓는 개념으로 통했습니다. 하나님과 이스라엘 자손 사이에 영원한 표징인 안식일은, 하나님이 엿새 동안에 천지를 창조하시고 일곱째 날에 일을 마치고 쉬셨다는 사실에 근거합니다.(창 2,2~3; 출 31,17)

이 날에는 모든 일을 멈추어야만 하고 하인이나 이방인은 말할 것도 없고 가축도 일하기를 멈추어야 합니다. 다메섹 문서에 안식일에 관해 다음과 같은 세부 규정이 나옵니다. "안식일에 어리석거나 하찮은 말을 하지 말라. 자기 이웃을 빚 문제로 궁지에 몰지 말며, 재산이나 이윤에 관해 평하지 말

라. 어느 누구도 안식일에 들에 나가서 멋대로 일을 하지 말라. 집안에서 돌맹이나 흙을 집어 들지 말라. 아무도 안식일에 가축의 출산 돕는 일을 하지 말라. 또한 우물이나 구덩이에 빠졌거든, 안식일을 범하지 말라. 물수조나 물탱크에 빠진 자가 누구일지라도, 사다리나 끈이나 기구를 사용하여 들어 올리지 말라 … ”

미쉬나의 한 본문에 따르면 안식일에 금지된 구체적인 행위는 다음과 같습니다. “씨뿌리기, 다발로 묶는 일, 반죽하기, 염색하기, 씻는 일, 두 바늘 코 꿰매기, 털을 문질러 뽑는 일, 두 통의 편지를 쓰는 일, 두 통의 편지를 쓰기 위해 지우는 일, 불 끄는 일, 불 지피는 일, 운반하는 일 등.”[15]

3.8. 회당의 기원

회당이라는 헬라어 synagoge(쉬나고게: 만남의 장소)는 유대 공동체를 뜻하는 히브리어 “카할”(qahal) 또는 “에다”(eda)를 번역한 것입니다. 회당은 기원전 6세기 바빌론 포로 시대의 산물로 보는 시각이 있습니다. 예루살렘 성전이 상실된 시대에 바빌론으로 끌려간 사람들이 유대인의 정체성을 지키기 위해 의식적으로 세웠을 것이라는 주장입니다.

또한 회당은 달리 “백성의 집”(베트 암)으로 불렸고, 그에 합당하게 공동체 모임이나 축제와 법정을 위한 장소로 사용되었습니다. 그뿐만 아니라 성인이나 아이들을 위한 교육 기관의 역할도 하였고, 도서관 혹은 자료실 등의 목적으로도 활용되었습니다. 회당 공동체가 설립되기 위해서는 최소한 13세 이상의 유대인 남자 10명의 종교적 성인이 필요한데, 이들을 가리켜 '민얀'(Minjan)이라고 부릅니다. 경우에 따라서는 기도를 위한 최소한의 수인 10명을 보장할 수 있도록 직업을 갖지 않고 경제적으로도 예속되지 않은 성

---

15) 김창선, 유대교와 헬레니즘, 한국성서학연구소, 2011, 138~143.

인 남자 10명을 요구합니다. 이들을 가리켜 '바트라님'(Batlanim)이라고 부릅니다.

회당에서 가장 중요한 직책은 회당장(archisynagogos)이고, 세 명으로 구성된 회장단이 회당 공동체의 외적 사무를 관할합니다. 회당장은 재정, 제의, 행정, 정치를 책임집니다. 그 외에도 회당은 봉사자가 있어서 예배 때 토라 두루마리를 낭독자에게 날랐습니다. 낭독이 끝나면 다시 원위치로 가져가는 일을 맡았고 율법을 범한 회원에게 태형을 집행하기도 했으며, 나팔소리로 안식일의 시작과 끝을 알리는 일과 회당 청소도 하였습니다.

회당은 율법을 가르치고 전하는 데 기여하고자 하였습니다. 그리하여 유대 공동체가 율법에 친숙하도록 하는 데 그 목적이 있었습니다. 곧 회당은 토라를 읽고 가르치며 듣고 배우는 토라 연구의 장이었습니다. 회당은 예루살렘 성전 멸망 후에는 성전을 대신하는 기능을 맡았습니다. 회당은 사람들이 선호하는 기도처요 교육기관이었습니다. 회당은 지역 모임을 위한 회합 장소의 역할과 다른 지역의 유대인들을 위한 숙소의 기능도 담당하였습니다.

성전과는 달리 회당은 연기나 불에 태우는 제물, 동물 제물 등을 바치는 제의는 전혀 없었습니다. 회당에는 그와 같은 기능을 행하는 제단이 없었습니다. 오히려 애초에 강론 예배, 즉 율법과 선지자(예언자)에 대한 봉독, 성서 해석(드라샤)과 기도가 회당의 목적이었습니다.[16)]

3.9. 유대교 4대 교파

첫째로 사두개파(The Sadducees)가 있습니다. 이들은 사제와 귀족들로 구성되어 있습니다. 그들의 전통적인 적수는 바리새파였습니다. 사두개파라

---

16) 김창선, 위의 책, 144~148; 모니카 그뤼벨, 강명구 옮김, 유대교, 예경, 2007, 47.

는 이름은 아마도 사독의 사제 부족에서 유래된 것 같습니다. 사두개파가 표방하는 핵심은, 세계는 우리의 오감이 인지하는 바로 그것일 뿐이라는 것입니다. 그러므로 그들은 천사와 귀신의 존재를 부정합니다. 그들은 영혼의 불멸이나 인간사에 신이 개입하는 것을 믿지 않습니다. 사두개파는 로마제국의 정치와 타협하고 교권 유지와 이권 등의 현실주의에 치우쳐서 종교적으로 세속적 태도를 취했습니다.

둘째로 바리새파(The Pharisees)가 있습니다. 바리새인은 히브리어로 파라쉬(떠나다, 물러나다, 분리하다)에서 파생된 단어로서 분리된 자, 분리자, 분파자라도 합니다. 마카베오 봉기 후에 탄생된 이들은 사두개파의 귀족 계급과 하스몬 왕가의 반대 세력이었습니다. 그들은 영혼의 불멸, 천사, 죽은 자의 부활, 사후의 상벌 문제, 신의 섭리에 따른 인간의 자유 의지를 믿었습니다. 성전이 파괴된 이후 바리새파의 중도적 입장으로 인해 초기 유대교의 유일한 정치적, 종교적 교파로서 살아남았습니다. 이들은 기원후 70년 이후에 유대인이 다시 뭉치는 과정에서 중요한 역할을 했습니다.

셋째로 에세네파(쿰란 공동체: The Essenes)가 있습니다. 히브리어로는 "침묵" 혹은 "경건"을 의미하는 이 공동체는 하나님이 자신들과 특별한 계약을 맺었다는 확신을 갖고 있었습니다. 그러므로 다른 유대인들과의 일체의 교류를 피했습니다. 그들은 공공장소(식당, 작업장, 제의용 욕탕)가 있는 본부가 있었지만 대개 근처 산비탈에 있는 동굴에서 살았습니다. 쿰란 공동체는 엄격한 조직을 이루고 있었고 사제처럼 금욕적으로 의식을 중시하는 생활을 했습니다. 그들은 스스로 메시아가 도래하기 전 혹은 모든 어둠의 아들들(배반한 유대인들과 이교도들)을 파멸시킬 세계종말 전의 마지막 세대로 간주했습니다.

마지막으로 젤롯파(열심당원: The Zealots)가 있습니다. 이들은 1세기가 시작된 이후에 로마 지배에 맞서 과격하게 저항한 투쟁자들을 일컫습니다. 마사다 요새에서 로마와의 최후의 항쟁을 하면서 싸웠지만 마지막 집단 자살은 그들의 종말을 의미하였습니다.

3.10. 유대교 학파

유대교에는 크게 두 개의 학파가 존속했던 것으로 알려져 있습니다. 먼저 힐렐 학파(Hillel)는 생활 속에서 율법을 가르쳤습니다. 토라는 사사로운 목적이 아니라 토라 자체의 목적을 위해 공부해야 한다고 생각했습니다. 힐렐의 교수 방법은 헬레니즘의 영향을 받아 소크라테스적이고 소요학파적이었습니다. 학생들의 반응을 유도하고 머리를 쓰도록 질문과 대답, 불가해한 화두 던지기 등의 방법을 사용하였습니다. 그들은 표지적인 성경문자보다 성경구절 아래에 깔린 목적에 더 많은 주의를 기울였습니다. 이와는 달리 샴마이 학파(Shammai)는 힐렐보다 더 엄격한 노선을 택했으며 비유대인의 접촉을 금했습니다. 율법과 유전(전통)을 그대로 지켜야 한다고 했을 뿐만 아니라 성경구절을 문자적으로 해석하였습니다.[17]

3.11. 랍비 문헌들

기원후 70년부터 팔레스틴이 아라비아를 정복하는 7세기까지의 기간은 랍비 시대 혹은 탈무드 시대로 일컫습니다. 이 시기의 특징이 바로 랍비의 가르침이기 때문입니다. 이 시기에 이루어진 '미슈나'와 '탈무드'의 문헌을 랍비 문헌이라고 부릅니다.

미슈나는 '암송', '연구'라는 의미를 지닙니다. 유대인의 전례에 따르면 모세는 시내산에서 '글로 쓴 가르침'(토라)뿐만 아니라 '말을 통한 가르침'도 행했다고 전해집니다. 이것은 세대에서 세대로 전해졌습니다. '말을 통한 가

---

17) 모니카 그뤼벨, 위의 책, 40~41.

르침'은 두 부분으로 되어 있는데, '할라카'와 '하가다'가 그것입니다. 할라카('가다'라는 뜻)는 종교 법전으로 유대인이 '걸어가야' 할 유대인의 삶의 법적, 윤리적, 종교적 규정을 정해놓은 것입니다. '하가다'('말하다', '이야기하다'라는 뜻)는 규정으로서의 권위는 없습니다. 다만 그 이야기와 전설, 비유에 유대인의 윤리학이 반영되어 있습니다. 따라서 하가다에 나타난 과장, 환상, 풍자, 그리고 교육적 의도는 간과될 수 없습니다. 유대인 전통에 따라 할라카는 200년경 족장인 랍비 예후다 하 나시가 정리하고 기록했다고 알려져 있습니다. 그렇게 해서 미슈나가 탄생한 것입니다. 미슈나는 종교와 법을 실행할 때 따라야 하는 구속력 있는 기준에 대한 명백하고 확실한 최초의 기록입니다. 미슈나는 크게 6개의 규정으로 구분됩니다. 1. 농업에 대한 '제라임'(씨앗이라는 뜻), 2. 결혼과 가족법에 대한 '나심'(여자들이라는 뜻), 3. 축제에 대한 '모에드'(축제일이라는 뜻), 4. 민법과 형법에 대한 '네지킨'(손상이라는 뜻), 5. 성전 제물에 대한 '코다심'(신성함의 뜻), 6. 제식의 정결함에 관한 규정인 '토호롯'(정결의 뜻).

우리가 잘 알고 있는 '탈무드'는 할라카와 하가다로 구성되어 있었는데, '미드라쉬'는 할라카와 하가다를 만들어 낸 자료들과 연관된 중요한 개념입니다. 미드라쉬는 '찾다', '연구하다'는 뜻의 동사 '다라쉬'에서 나온 명사형으로 '해석' 혹은 '설명'이라는 뜻을 갖고 있습니다. 성서 본문 자체가 분명하게 법적인 규율 내지 의미를 제시해 주지 않을 때 본문을 해석하게 되는데, 이를 히브리어로 미드라쉬라고 부릅니다. 미슈나는 그 후 몇 세기 동안 팔레스틴과 바빌론의 율법학교에서 연구되고 주해가 붙여졌습니다. 이 토론 내용에 대해 쓴 글을 모아서 '게마라'('완성'이라는 뜻)가 탄생했습니다.

미슈나와 게마라를 한데 모아 '탈무드'('학습', '연구'의 뜻)가 완성되었습니다. 여기서 두 가지의 서로 다른 탈무드, 곧 팔레스틴 또는 예루살렘 탈무드(5세기경)와 본질적으로 더욱 포괄적인 바빌론 탈무드(6세기경)가 탄생했습니다. 두 탈무드가 다루는 소재는 매우 다양한데 유대 문헌의 거의 모든 영역에서 그렇듯이 바빌론 탈무드가 성서학적으로 타당성을 인정받으며 더 오래된 팔레스틴 탈무드를 완전히 밀어냈습니다.

지금까지 유대교의 여러 특징들을 살펴보았습니다. 그리스도교와 유대교는 조금 다를 수는 있습니다. 하지만 구약성서를 공동의 유산으로 물려받았을 뿐 아니라 유일신 야훼 하나님을 믿고 따랐던 공동의 신앙 선조를 가지고 있습니다. 하지만 예수를 메시아로 인정하느냐 하지 않느냐는 문제에 있어서는 여전히 첨예하게 대립하고 있습니다.[18]

---

18) 모니카 그뤼벨, 위의 책, 44~46.

mIThw MARK LUKE JOHN

4. 복음서 이해를 위한 몇 가지 물음

4.1. 복음서는 어떻게 형성되었을까요?

팔레스틴에서 기원후 30년경에 나사렛 예수라는 인물이 '하나님 나라'에 관한 복음을 선포하고 '사랑의 이중계명'(하나님 사랑과 이웃사랑)을 가르치다 가 반대자들의 손에 처형되었습니다. 대부분의 학자들은 예수의 출생연대 를 약 기원전 6~7년으로 잡고, 그가 기원후 30년 4월 7일 금요일에 돌아가 셨다면 약 36세에서 37세의 나이로 죽었을 것이라고 추정합니다. 그 후 예수의 인격과 가르침을 가까이서 지켜보고 체험한 제자들이 그분의 삶(행업과 말씀, 죽음과 부활)을 짧은 설교의 형태로 사람들에게 전하기 시작하였습니다.

그리하여 예수를 하나님의 아들, 구세주, 메시아, 주님 등으로 고백하며 그분의 가르침대로 살고자 하는 이른바 '그리스도인들'의 공동체들이 생겨나게 되었습니다.

그리스도교 공동체들 안에서 몇몇 사람들이 사도들의 설교와 가르침을 비롯하여 예수 그리스도에 관하여 증언하는 말과 그들을 모아 책으로 엮었습니다. 그런데 현존하는 복음서는 예수의 사후 25년에서 70년까지의 기간 동안 예수를 전혀 보지 못하였던 저자들에 의한 기록들입니다. 예수를 따르던 제자들 중에는 글을 아는 이들이 거의 없었으니 그들에 의한 직접적인 기록은 담겨 있지 않다고 봐야 합니다.

20세기 전반 동안에 신약학자들은 복음서의 대부분 내용들이 부활 이후의 원시 그리스도교에서 생겨난 것이라고 생각하였습니다. 그리하여 마침내 복음서들을 통해서 역사적 예수를 알 수 없다고 선언하기에 이르렀습니다. 복음서의 내용들은 소수의 말씀 전승들을 제외하고는 대부분 초대교회의 필요에 의해서 후에 만들어진 것들이라고 확신하기에 이르렀습니다. 이로 인해 신약학자들은 복음서를 자료로 하여 예수에 대한 역사적 탐구를 시도한다는 것은 거의 불가능한 것으로 단정지었습니다.

부활 이후의 그리스도교 공동체의 선포 주제는 예수의 죽음과 부활이었습니다. 바울의 편지들과 사도행전의 설교문에서도 잘 드러나듯이, 예수의 말씀과 행적은 선교 초기에는 별로 큰 중요성을 가지지 못했습니다. 네 복음서가 각각의 교회에서 회람되기까지 예수를 따르던 증인들이 하나둘 죽음으로써 실제의 전승에 대한 오염과 망실을 막고자 기록에 대한 필요성을 절감했을 것이라는 생각을 해볼 수 있습니다. 물론 마태복음의 경우 바울주의에 대한 경고, 마가복음은 박해를 받고 있었던 교회에 대한 격려, 누가복음은 로마 정부에 대한 교회 변호를 위한 목적들을 가지고 기록했다는 학자들의 주장도 설득력이 있습니다.

그럼에도 매우 중요하게 다루어야 할 사안은 각 복음서의 서두에 붙여져 있는 "-에 의한(kata) 복음서"라는 타이틀입니다. 그리스어 전치사인 kata의 의미상 "마태에 의한 복음서"라는 말은 "마태가 쓴"이라는 의미로 알려져 있습니다. 하지만 "동일한 복음에 대한 마태의 해석"이라는 뜻도 있습니다. 다시 말해서 복음은 하나인데 그 하나의 복음이 네 명의 다른 사람들에 의해서 서로 다른 각도에서 묘사되었다는 뜻입니다.

4.2. 공관복음서들이 서로 비슷한 이유는 무엇일까요?

누가복음사가는 서문에서 자기보다 앞서 "우리들 사이에서 일어난 그 일들을 글로 엮는 데 손을 댄" 선배 작가들이 있었다고 밝혔습니다.(눅 1,1~4) 공관복음서들의 특징 대목을 서로 비교해보면 비슷한 점이 뚜렷하게 드러납니다. 안식일에 예수의 제자들이 밀이삭을 잘라먹는 내용을 예로 들면, 막 2,22~28과 눅 6,1~5, 그리고 마 12,1~8이 내용뿐 아니라 말마디까지 거의 같습니다. 다른 한편 예수의 행복선언은 마가복음에는 없고 마태복음(5,3~12)과 누가복음(6,20~23)에만 나옵니다. 마태와 누가에게 공통된 사료는 어디에서 왔을까요? 오늘날 일반적으로 가장 신빙성 있는 가설은 홀츠만의 가설을 좀 더 단순화시킨 이출전설(二出典說; 二資料說; 출전비평)입니다. 이 가설에 따르면 마태와 누가는 그 전체적인 구조와 내용을 마가에서 많이 가져왔습니다. 특히 예수의 수난이야기는 대부분 마가의 수난이야기에 의존하였습니다.

그런데 마태와 누가에 공통된 부분이 다 마가에 나오는 것이 아닙니다. 두 복음서에 나오면서 마가에 나오지 않는 내용들은 순수하게 '예수의 말씀'을 많이 담고 있습니다. 사료비평가들은 이에 착안하여 초대교회에서 '예수의 어록집'을 작성해놓았을 것이라고 추정했습니다. 그리고 이 어록집을 독일어로 Quelle(원천; 자료) 또는 약칭 'Q'라 이름지어 마태와 누가의 또 다른 사료로 내세웠습니다. 물론 마태는 마태대로, 누가는 누가대로 다른 공관복음서에는 나오지 않는 특수한 독립된 자료 M, L을 각각 갖고 있었을 것입니다.

4.3. 복음서는 어떤 상황에서 씌어졌을까요?

앞에서 언급한 것처럼, 성서의 메시지는 보편적이지만 그 모든 기록은 집단이건 개인이건 인간의 삶 한복판에서 씌어졌습니다. 복음서도 그 안에 예수께서 선포하신 구원의 보편적인 가르침과 진리를 담고 있지만, 그 가르침과 진리는 일정한 때와 장소, 사회적 배경 안에서 주어졌다는 얘기입니다. 우리는 여기서 초대교회의 삶과 상황이 복음서 형성에 커다란 영향을 미쳤으리라 확신할 수밖에 없습니다. 그리고 복음서에 나오는 예수의 말씀과 행적은 일정한 문학양식 안에서 초대교회로부터 복음서 저자들에게 전달되었을 것으로 충분히 가정할 수 있습니다. 이와 같은 확신이나 가정을 바탕으로 우리는 복음서의 내용과 초대교회의 삶을 두고 두 가지 질문을 던질 수 있다. 첫째, 복음서를 탄생시킨 1세기 후반 지중해 연안의 사회, 정치, 경제, 종교, 문화적 배경은 무엇인가? 둘째, 복음서에 나오는 다양한 문학양식은 어떻게 생겨난 것이며 또 어떻게 정의할 수 있나? 이에 대한 해답을 구하는 방법론이 바로 '양식비평'입니다.

양식비평에서 가장 중요한 개념은 '삶의 자리'(Sitz im Leben)입니다. 복음서를 태동시킨 주체와 배경은 초대교회 자체이고 복음서의 문학양식들은 초대교회의 삶과 불가분의 관계에 놓여 있습니다. 원시 그리스도교 공동체의 삶은 예수에 관한 사도들의 설교(kerygma)와 가르침(didache)을 중심으로 전개되었습니다. 그들은 부활하신 예수의 재림을 기다리며, 유대인들의 종교적 축출과 로마인들의 정치적 박해 아래서 자신들의 삶을 유지하고 키워나가는 데 심혈을 기울였습니다. 이때 그들에게 가장 절실했던 것은 예수의 권위 있는 가르침이었습니다. 예수에 관한 사도들의 단순한 설교와 가르침은 이제 점차 시대적 요구에 부응하여 설화, 담화, 기적사화, 묵시록, 비유, 예화, "들을 귀가 있는 사람은 알아들어라."(막 4,9·23; 마 11,15; 13,9) "첫째가 꼴찌가 되고 꼴찌가 첫째가 될 것이다"(마 19,30; 20,16)와 같은 토막말씀 등 다양한 문학양식으로 발전하였습니다.

4.4. 같은 내용인데도 조금씩 다른 이유는 무엇일까요?

언뜻 보기에 공관복음서는 서로 같거나 비슷한 점이 많지만, 서로 다른 점들을 나열하기로 말하면 그보다 더 많습니다. 그리고 이 다른 점들은 예수와 그분이 계시하신 하나님 그리고 그분이 선포하신 하나님 나라에 관한 의미가 매우 깊어서 저자마다 또는 그가 속한 공동체마다 필요에 따라 다르게 이해되고 해석되었기 때문입니다. 양식비평은 복음서 작가들 개인의 사상과 삶의 자리에 충분한 주의를 기울이지 않은 취약점이 있습니다. 이를 보완해 주는 방법론이 '편집비평'입니다. 주지하다시피 복음서는 그 저자가 말이나 글로 된 전승을 단순히 모아놓기만 한 문헌자료집이 아닙니다. 그것은 저자가 자신의 신학사상과 문학기법을 토대로 자신에게 전수된 구전과 사료들을 재정리하고 가필, 수정한 고유한 창의적인 작품입니다.

이를 옷감 짜는 일에 비교하면 옷감의 바탕이 되는 실 자체는 구전이나 사료요, 베틀은 초세기 후반 지중해 연안지방의 상황입니다. 복음사가는 자신의 인생관과 세계관, 예수 그리스도와 그분이 전하신 하나님에 관한 그 자신의 믿음, 그리고 그가 속한 그리스도교 공동체의 특수한 상황을 씨줄로, 그의 문학적 소양과 역량을 날줄로 서로 엮어 복음서라는 옷감을 짜낸 것입니다. 편집비평은 복음서의 구조, 문체, 어휘와 표현, 저작 동기와 목적, 기록 뒤에 숨겨진 사회, 정치, 문학적 배경 등 최종 작품과 관련하여 매우 폭넓게 다룹니다. 복음서를 기록한 이들은 무엇보다 자신의 책을 '복음'이라는 일정한 문학양식 안에서 기록하였음을 알 수 있습니다. 이 '복음'은 예수의 사생활이나 전기에는 별 관심이 없고 예수의 인격과 공생활과 가르침에 초점을 맞추었습니다. 그들은 속기사나 녹음기가 아닙니다. 부활하신 예수께 대한 믿음 안에서 예수의 인격과 가르침을 재조명하고 해석하였습니다. 따라서 자신들이 얻은 이해와 해답이 다르기 때문에 동일한 사건과 인물을 두고도 다른 기록이 나올 수밖에 없는 것입니다.

예수 연구의 탁월한 권위자 중의 한 사람인 마커스 보그(M. Borg)는 복음서들을 신의 산물이 아니라 인간의 산물로 이해해야 한다고 주장합니다. 모든 복음서들은 원시 그리스도교 공동체의 산물로서 자신의 공동체 혹은 어떤 공동체를 위해서 기록한 것입니다. 저자들은 주어진 자료들을 가지고 좋은 소식을 선포하기 위한 목적을 띠고 있었습니다. 그 목적에 부합하기 위해서 그 당시 전승을 잘 활용하면서 예수 사후 약 40~70년경의 전승들과 더불어 예수는 어떤 존재였는가, 그리고 어떤 의미였는가를 당신의 신화나 은유를 사용하여 백분 실력을 발휘했다고 볼 수 있습니다. 거기에는 묵시적 종말론도 포함되어 있는데, 그에 대한 해석은 사뭇 신중해야 할 필요가 있습니다. 그것이 원래 말씀인지(ipsissima verba Jesu), 아니면 사후 재림에 대한 기대를 가진 말씀인지 잘 갈라야 합니다.

2장

예수를 어떻게 '이해'할까요?

2-1. 예수이야기: "제9시, 예수 죽음의 신비"

결코 가볍지 않은 형벌, 고대 지중해의 십자가

예수 당시의 기록을 간직하고 있는 탈무드는 그의 죽음에 대해 다음과 같이 전합니다. "유월절 전날 밤에 예수가 매달렸다. 40일 동안 가두 광고인이 앞서 가면서 외쳤다. '나사렛 예수는 투석형(投石刑)을 받아야 한다. 그는 이스라엘을 그릇된 길로 유혹하여 배반하게 하였기 때문이다. 그의 무죄를 알고 있는 사람은 와서 그의 면소(免訴)를 제시하라.' 그러나 사람이 그의 면소를 찾지 못하여 유월절 전날 밤에 그를 매달았다." 여기에서 "유혹하여"와 "배반하게 하였다"는 두 가지 고발은 신명기 13장 1~11절에서 말하고 있는 유대인의 신성모독 개념과 연관이 있습니다. 이와 같은 죄목은 유대인의 법에 의하면 투석형의 판결이 합법적인 것이었습니다.

그러나 문제는 예수가 투석형이 아니라 십자가형을 당하였다는 데 있습니다. 예수의 죽음을 두고 종교적인 죽음(인류의 구원을 위한 대속적인 죽음)이냐 아니면 정치적인 죽음(로마제국뿐만 아니라 유대사회에 대한 반란자로서의 죽음)이냐 하는 것에 대해 논쟁이 많이 있어 왔습니다. 미국의 유명한 신약학자 샌더즈(E. P. Sanders)는 예수가 유대교의 성전에 대항했던 시위야말로 종교적, 정치적 실체를 건드린 사건이라고 주장합니다. 그에 의하면 율법을 뒤흔들고, 죄인들과 함께 식탁교제를 나누고, 안식일에 기적을 베풀고 하는 것은 모두 죽음의 전초전에 불과했고, 사실은 성전시위가 장전된 총의 방아쇠를 당기게 했다는 것입니다. 이 해석에 독일의 걸출한 신약학자 그닐카(J. Gnilka)가 힘을 더해줍니다. "종교와 국가권력은 분리될 수 없다. 빌라도 앞에 끌려가게 된 예수는 한갓 국가적 이유의 측면 아래에서만 압송될 수밖에 없었다." 따라서 그의 죽음은 종교적인 죽음인 동시에 정치적 죽음이라고 봐야 할 것입니다.

원래 십자가형은 고대 근동의 형벌 중 하나였습니다. 아마도 그리스인은 그 형벌을 페르시아인이나 페니키아인에게서 배웠을 것이고, 로마인은 카르

타고인에게서 배웠을 것입니다. 그렇다고 해서 십자가 처형제도가 로마에만 있었던 것은 아닙니다. 유대교에도 사람을 나무에 매다는 형벌이 있었습니다. 기원전 87년 대제사장 알렉산더 얀네우스는 예루살렘에서 플라비우스 요세푸스의 복권을 주장하는 800명의 바리새인을 십자가에 처형하도록 명령했던 적이 있습니다. 신명기 21장 22~23절에 근거한다면 이미 그 죄인들을 죽여서 시체들을 나무에 매달았을 것입니다.(수 10,26~27; 삼상 31,9~13; 에 2,21~23; 7,9~10 등 참조)

그러므로 고대 역사가 요세푸스는 십자가 처형을 "모든 사형 방식들 가운데 가장 비참한 것"이라고 말했고, 로마 수사학의 대가인 키케로 역시 "가장 잔인하고 지독스러운 사형"이라고 했습니다. 고대 로마사회에서 십자가형은 중죄인과 노예, 그리고 사회적으로 하류층에 속하는 사람들에게만 실행되었던 중형이었기 때문에 그 형벌을 당한다는 것은 분명히 모욕적인 일이라고 생각했을 것입니다. 더 나아가서 십자가형은 정치범이나 공공법 위범자, 도둑과 강도, 로마제국의 지방 토착민 등에게 적용이 되었습니다. 그러므로 십자가형은 "사회적으로나 도덕적으로 명예훼손"이나 다름없었습니다. 다만 당시 로마 시민권자들에게는 십자가형이 선고되지 않았기 때문에 로마의 시민권자였던 사도바울은 참수형을 당했습니다.

일반적으로 십자가형에 처해지기 전에 죄수들은 가혹한 매질, 즉 태형을 당했습니다. 이때 군인들이 사용한 편태는 흔히 매듭이 있거나, 납덩이가 박혔거나, 가시가 돋친 무시무시한 가죽끈이었습니다. 군인들은 마음 내키는 대로 때렸습니다. 2세기 말『폴리카르푸스 순교록』의 저자는 그리스도인이 죽음 직전까지 "갈라터진 상처 사이로 정맥과 동맥이 다 드러나 보이도록 채찍질을 당했다"고 말했습니다. 다음은 그 태형의 사실적 묘사입니다. "명망 있는 한 로마인이 자기 노예 중의 한 명을 사형 집행하도록 그의 동료 노예들에게 넘겨주었다. 이 형벌이 일반적으로 알려졌던 대로, 주인은 그들을 명하여 유죄선고 받은 자를 법정과 공공연한 장소로 끌고 다니며 채찍질하도록 하였다. … 처형을 위임 맡은 자들은 그 노예의 양팔을 내벌려서 흉부와 어깨 너머로 팔 관절에까지 미치는 하나의 목재에 양팔을 고정시켰다. 그들은 그의 뒤쪽으로 달려가서 채찍으로 그의 벗은 몸을 갈기갈기 찢어댔다. 그런 잔인한 행동에 압도되어서 그 죄수는 가엾은 비명을 지르다 못해 고통 중에 구타를 당하면서 마구 몸부림을 쳤다.”

결코 넘기지 못한 제9시, 그 죽음의 수사학

예수가 지쳐 거의 죽은 상태로 지고 간 십자가는 대부분의 학자들이 말하는 것처럼 횡목(수평목)만을 지고 갔습니다. 그러나 얼마 못가 시골에서 올라와 우연히 그곳을 지나가는 한 사람을 징발하여 대신 지게 하였습니다.(막 15,21) 22절이 그 이유를 알게 해줍니다. 군인들은 예수를 형 집행 장소까지 끌고 간 것으로 보이지만, 실상 헬라어 원어의 본래적인 의미는 군인들이 예수를 ‘지고 갔다’(pherousin, 페루신: 나르다, 운반하다)는 뜻이니, 그의 고통과 고난이 실로 감당하기 어려웠음을 말해주는 표현입니다.

처형장에는 대개 횡목이 없는 상태로 십자가형을 위해 사용할 수직목(支柱)이 이미 서 있었습니다. 사형수는 땅바닥에 누워있는 상태로 양팔이나 팔 관절을 잡아 묶이거나 못 박힌 다음에 횡목과 함께 끌어 올려서 지주의 끝에 얹히도록 하든지(T자형), 아니면 지주의 상반부에서 걸쳐지도록 하였습니다.(†자형) 만일 선고 받은 자가 더 멀리까지 구경거리가 되도록 할 경우에는 높은 십자가에 매달았습니다. 그러나 대개는 지주 높이가 2m 이상은 되지 않았습니다. 그래서 종종 들짐승들이 못 박힌 자들을 물어 찢는 사태가 발생하기도 하였습니다. 당시 빈번하게 십자가형을 당하는 유대인들을 위해 탈무드에서 유래된 관습과 입법이 도입되었는데, 사형판결을 받은 자에게는 운명 전에 고통을 감하기 위해 마취용 음료(향료를 탄 포도주)가 주어졌습니다. 탈무드에 의하면, “사랑이 많은 예루살렘의 부인들이” 이 사랑의 봉사를 했다고 전해집니다.

군인들은 십자가에 매달기 전에 먼저 죄인의 손목에 못을 박았습니다. 손바닥에 못을 박을 경우 몸무게를 지탱하지 못하고 찢겨져 나가기 때문입니다. 발에 못을 박는 것은 이차적인 고정에 불과했지만, 몸은 점점 버티기가 어려웠을 것입니다. "육체는 어깨 근육뿐 아니라 흉근, 등근육, 늑골갑근에 의해 매달린다. 몇 분이 지나면 근육들이 피곤해지고, 좀 더 편하게 숨을 쉬기 위해 죄인은 못 박힌 팔에 자신의 몸을 지탱하게 된다. 그것은 새로운 고통을 유발시키기는 하나 적어도 나무둥치의 윗부분은 고통을 경감할 수 있다. 그러나 불편한 자세에서 반쯤 뻗은 종아리와 허벅지 근육들은 차례로 피로해지고, 발의 고통은 극도로 심해져 손과 흉곽이 당겨지며 몸은 더욱 아래로 처진다. 호흡은 들숨의 정지와 일시적 이완이 서로 교차하며 짧게 끊어진다. 점점 길고 빈번하게 경련을 일으키는 근육들이 위축되고, 얼굴이 보랏빛으로 변한 불쌍한 죄인은 질식 상태에 놓이게 된다. 그는 호흡 강축증으로 결국 죽게 된다." 예수는 다리를 꺾어서 죽음을 앞당길 필요도 없이 고통스러운 질식사로 죽게 된 것입니다.

마태복음 27장 45절에 보면, 예수가 못 박힌 시간은 제6시였고, 숨을 거둔 시간은 제9시(오후 3시)였습니다. 여기에는 고대 그리스와 지중해 문화권의 숫자에 대한 상징이 숨어 있는데, 다름 아닌 6이라는 숫자는 지중해 세계에서 불길한 징조를, 9(3X3)라는 숫자는 "거룩한 시간과 장소"를 나타냅니다. 그래서 헬레니즘 전설에 따르면 고대 그리스 철학자 플라톤은 81세(9x9)에 죽었다고 하고, 그리스 태양신 아폴론의 어머니 레토가 그를 낳을 때 9일 밤낮으로 진통을 겪었다고 합니다. 또한 아폴론은 9명의 뮤즈(음악의 여신)와 항상 수금을 타며 지냈다고 합니다. 유대 랍비들의 흥미로운 해석에 의하면, 지중해 세계의 아홉 번째 왕은 그들이 대망하던 메시아왕입니다. 그들을 열거하면 다음과 같습니다. 1) 거룩하신 분(단 2,21), 2) 니므롯(창 10,9), 3) 요셉(창 41,57; 출 1,8), 4) 솔로몬(왕상 5,1; 10,23), 5) 아합(왕상 16,29) 6) 느부갓네살(단 2,37~38), 7) 페르시아왕 고레스(역대하 36,23), 8) 마케도니아왕 알렉산더(단 8,5; 11,4), 9) 대망의 메시아왕.(사 44,6; 52,7~8; 슥 14,9) 이로써 그들은 예수를 구원의 성취자, 그리고 부활과 재림의 구세주라고 생각했다는 것을 상징적으로 보여주는 것입니다.

결코 사그라지지 않을 그 십자가의 신비, "너는 이 표로 승리하리라"
(In Hoc Signo Vinceris)

이제 인간의 고통은 그리스도의 고통이 되었습니다. 하지만 그는 고통받는 본보기가 되시고자 고난을 당하신 것이 아니라 화해와 생명을 낳기 위해 죽음으로 삶을 사신 것입니다. 그러므로 밀비오 다리(Ponte Milvio)에서 콘스탄틴 대제의 승리를 도왔다는 그 십자가, 온 우주를 구원하신 생명의 십자가를 노래합시다. "십자가, 오 복된 나무여, 너 위에 하나님께서 누우셨도다." 십자가를 상징하는 타우(T)는 히브리어 자모 가운데 맨 마지막에 해당하는 글자로 '최후'라는 뜻이 들어 있으며, 토라(Torah)의 첫 글자이기 때문에 '율법의 완성'을 상징하기도 합니다. 예수는 십자가를 지심으로 율법의 본래정신을 알게 하시고, 십자가 위에서 우리에게 참삶을 보여주셨으니 온 인류는 십자가의 신비를 통해서 우리를 참아들로 기억하신 하나님의 흔적을 깨달아야 할 것입니다. 하나님은 예수의 십자가를 통해서 우리에게 영원한 사랑의 참맛을 느끼게 하셨기 때문입니다.

그 한낮 지중해의 불볕나는 태양빛 아래에서 예수는 니산월 14일, 즉 지금의 달력으로 30년 4월 7일에 숨을 거둡니다. 실존주의 철학자 시몬느 드 보부아르(Simone de Beauvoir)가 말한 것처럼 "사람은 누구나 죽기 마련입니다. 하지만 누구에게나 자신의 죽음은 하나의 사건"이라는 말을 했습니다. 전승의 기억은 희미하고 그 신앙을 여투어 둘 만한 여유가 없지만 고통의 낯선 십자가는 늘 거기에 있었습니다. 우리를 상생케 하는 위대한 사건으로 말입니다. 이번 사순절과 수난절에는 자동차나 목걸이의 장식물에 불과했던 가치작거리는 십자가가 우리 마음으로 성큼 들어오기를 바랍니다. 십자가의 신앙이 겉치레에서 속치레의 신앙으로 전환되고 예수의 고난의 신비를 곱새기는 십자가로 말입니다. 그래서 인류의 영혼을 살리신 그분의 십자가를 바라보며 그 영원 안으로 깊이 들어가야 할 것입니다. 그것이야말로 참 생명을 잉태하는 예수의 거룩한 죽음을 두고두고 감치는 십자가의 영성이라 할 것입니다.

※ 마가의 촌철살인(寸鐵殺人) '유앙겔리온', 예수를 단박에 설명하다!

☞ 마가복음사가는 전승에 의하면 마가 요한(W. Marxsen)입니다. 요한 혹

은 요하난은 이스라엘식 이름이고, 마가(마르쿠스)는 로마-그리스식 이름입니다. 콘첼만(H. Conzelmann)과 린데만(A. Lindemann)은 '무명의 이방 그리스도인'이 저자라고 하고, 그룬트만(W. Grundmann)과 슈니빈트(J. Schniewind)는 '발가벗고 도망간 청년'이 마가복음서의 저자라고 주장합니다. 하지만 여기서는 파피아스(Papias of Hierapolis, c.60-163AD)나 안병무에 의해 밝혀진 대로 마가복음서의 저자가 마가 요한이라는 가능성을 반대할 충분한 증거는 없음으로 마가 요한을 저자로 봐야 할 것입니다.

마가복음사가는 명백히 이방계 그리스도인들을 상대로 복음서를 집필했습니다. 그러기에 그가 히브리어나 아람어를 수록한 경우에는 대부분 그리스어로 번역해 놓았습니다.(3,17; 5,41; 7,11·34; 14,36; 15,34) 또한 이방인들에게 생소할 법한 유대인들의 관습은 세심하게 풀어주었습니다.(7,3~4; 14,12; 15,42) 그뿐만이 아닙니다. 마가복음사가는 이방인들의 생활상을 잘 알았던 것 같습니다. 그래서 로마인들의 관습을 따라 밤을 사등분하고(6,48; 13,35), 그리스 동전을 로마 동전으로 환산하는(12,42) 것은 물론, 아내에게도 이혼할 권리를 인정한 로마-그리스 법률을 거론했습니다.(10,12) 복음사가는 또한 수로보니게 부인(7,28)과 로마 백부장(15,39)을 이방계 그리스인들의 귀감으로 내세우기도 했습니다.

마가복음서는 그 집필 장소와 연대가 분명하지 않습니다. 하지만 파피아스에 의해 로마에서 집필되었을 것이라는 게 일반적인 견해입니다. 집필 연대는 약 70년경으로 보고 있습니다. 마가복음서를 살펴보면 그 언어나 문장력이 투박하기 이를 데가 없습니다. 게다가 끝맺음도 어색합니다. 학자들은 마가복음서가 본디 16,8절로 끝맺을 것이라고 주장합니다. 그런 후 약 2세기의 독자들이 긴 결문(16,9~20) 또는 짧은 결문을 만들어 덧붙였을 것입니다.

마가의 집필 의도는 무엇이었을까요? 마가가 의도했던 것은 절대로 예수의 일생이나 전기가 아니었습니다. 왜냐하면 마가복음서에는 예수의 탄생, 유년 시절, 청년 시절의 기사가 몽땅 빠져 있기 때문입니다. 셸클레(K. H. Schelkle)의 의하면, '예수 그리스도의 복음(1,1)이라는 말에서 알 수 있듯이 마가의 집필 의도는 예수 안에 실현되고 거기에 근거를 두고 있는 인류의 구원이었습니다.

마가복음서에서 '기쁜 소식'(유앙겔리온, euangelion)이라는 개념이 매우 중요했습니다. 마가의 교회는 핍박과 고난을 당하고 있던 교회였습니다. 따라서 예수께서 고난을 당하셨듯이, 그의 교회도 고난을 당해야 한다고 믿었습니다. 이른바 예수를 '수난의 그리스도'로 보고, 자신의 교회도 '수난의 공동체'가 되어야 한다고 생각했습니다. 십자가의 신학은 제자들에 대한 지침이기 전에 예수 자신이 몸소 실천한 행동 원리였습니다. 그러나 예수께서 고난 가운데서도 승리하셨듯이, 그의 교회도 고난을 통해 승리를 얻어야 합니다. 바로 이런 점에서, 마가의 교회에게 예수의 승리에 대한 메시지, 즉 예수를 승리자로 전하는 복음은 특별한 의미를 갖고 있었습니다. 복음은 마가 당대에 고난의 교회에 보내진 "좋은 소식" 혹은 "기쁜 소식"이었습니다. 그리스 세계에서 "유앙겔리온"(왕과 관련된 모든 것은 기쁜 소식이었다. 왕자의 탄생 등)은 본래 "승리의 소식"과 관련되어 가장 널리 사용되던 용어였습니다. 이에 고난의 교회에 필요했던 것은 승리의 기쁜 소식이었습니다. 사탄적인 로마 제국의 세력에 붙잡혀 있던 고난의 교회에는 더 강한 분의 승리의 복음이 필요했었다.

마가복음서를 읽다 보면, 예수의 침묵명령이 여러 차례 등장합니다. 마가복음서는 예수가 자신의 적대자들에게 절대로 자신의 메시아 되심을 알리지 말라는 침묵명령을 내리시는 장면이 나옵니다. 이를 '메시아 비밀'이라고 합니다. 이것은 브레데(W. Wrede)나 불트만(R. Bultmann)이 주장하는 것처럼 초대교회나 마가복음사가의 인위적인 창작이 아니라, 실제 역사적 예수의 의도와 독특한 처신에서 기인합니다.(성종현) 역사적 예수는 다만 당시 유대인들의 민족주의적이고 정치적인 메시아관에 대한 오해를 불식시키기 위해서 부인했을 것입니다.(1,25 · 34 · 44; 3,12; 5,43; 7,36; 8,26 · 30; 9,9) 이 침묵명령은 예수의 십자가와 부활 사건 후에 마침내 해제됩니다.(9,9)

2-2. 세례 요한: "잠시면 되네. 바람소리를 듣도록 해줄 수 있겠나?"

#1. 광야에서

고통이 일생동안 나를 감시하는 것 같다. '이놈의 역마살이란 나를 괴롭

히는 운명일까? 아니면 야훼께서 내게 주신 길인가? 도대체 광야에서 쓰디쓴 고생을 해야 하는 것은 어떤 힘에 의해서 이끌려지는 것일까?' 들꿀을 먹으면서 끝없이 드리워진 지평선을 뚫어지게 바라보고 있었다. 부모님이 돌아가신 후 줄곧 쿰란의 에세네파 근처에서 맴돌고 그들의 언저리에서 야훼의 뜻이라고 생각하고 회개의 세례를 부르짖었지만 가슴을 후벼 파는 궤망(詭妄)함은 대관절 무엇이란 말인가? 오늘따라 들꿀도 맛이 없구나.

때마침 정결한 흰옷을 입은 한 무리의 에세네파 사람들이 다가오고 있었다. "요한, 형제의 소문이 별로 좋지 않게 들리는 것 같습니다. 오늘 갈릴리에 갔다가 들은 이야기인데, 당신이 사람들을 선동한다고 하더군요. 아무래도 요단강에서 세례를 베푸는 일은 그만두는 게 낫지 않을까요? 그러다가 무슨 변이라도 당한다면 어찌 하겠소?" 그들이 나를 염려해서 한 소리라는 것을 알았지만 개의치 않았다. 어차피 사람들의 마음을 바꾸기 위해서는 나를 바꿔야 하는 일인데, 그것이 야훼가 원하는 일이라는 것을 누구보다 잘 안다고 확신했기에 설령 내게 무슨 일이 닥친다 해도 후회하지 않을 것이라 다짐했다. 그럼에도 마음 한 켠에서는 순수한 무(無)와 일치하겠다던 각오가 쓸데없는 호기가 아닐까 하는 의구심도 들었던 것은 사실이다.

그러던 어느 오후 무렵, 나는 한 사내를 만났다. 이웃 목수라고 하면서 자신을 소개하는 그의 눈빛은 고아하고 단정했다. 그가 나의 사촌이었다는 사실은 나중에서야 알게 되었다. 그 역시도 민족의 현실에 일찍감치 눈을 뜨고 이래서는 안 되겠다는 생각에 나의 운동에 동참하고 싶다고 자신의 가입 의지를 밝혔다. 그가 말했다. "길을 내고 싶습니다." 뜬금없이 대체 무슨 길을 낸단 말인가? "보다시피 광야에는 길이 많네." "제가 내고자 하는 길은 광야의 길이 아닙니다. 백성들이 살 길입니다." 입을 떼는 말 한마디 한마디가 단호해보였다. "나는 대단히 금욕적인 사람이오. 은둔자나 다름이 없지. 나는 이곳 광야에서 사람들에게 회개의 세례를 베풀고 있소. 당신도 우리의 일원이 되고자 한다면 먼저 세례를 받아야 할 것이오. 괜찮겠소?" "그것이 야훼의 뜻이라면 당연히 그래야지요. 그럼으로써 새로운 길을 열 수 있다면 물속을 수천 번도 더 들어갈 수 있습니다. 내가 세례를 받는 것은 이 백성들을 위한 길을 내기 전에 그들과 함께한다는 의미입니다."

사람들이 붐비는 요단강 강둑에 선 그의 눈은 더욱 반짝였고, 이마는 광채가 나고 있었다. 세례를 주는 순간 비둘기와 같은 성령이 내려앉았다. 불현듯 내가 세례를 줄 수 있는 존재가 아니라는 생각이 들었다. 이미 그 안에서 새로운 길, 하늘나라가 시작되고 있었다. 그에게서 강한 아우라가 느껴지는 것은 무엇일까? 이제 내가 해야 할 일을 정말 할 수 있는 사람이 나타난 것은 아닐까? 더 깊은 광야로 들어가는 그의 뒷모습을 망연자실 바라보고 있었다. "명심하시오. 당신이 말한 것처럼 백성을 위한 길을 가고자 한다면 그곳은 광야에 있지 않소. 백성들 가운데로 들어가시오. 백성들이야말로 새로운 길이요. 그들은 새로운 길을 기다리고 있소. 그러니 부디 그들과 함께하면서 새로운 길을 내주시오." 이렇게 부르짖는 말이 헛일이 아니기를 바랐다.

#2. 감옥에서

"스승님. 이렇게 허망하게 무너질 수는 없습니다." 한 제자가 찾아왔다. 나를 걱정하기보다는 자신들의 처지를 생각해서 하는 말이라는 것을 모르는 바 아니었다. 그동안 헤롯 안티파스는 나를 늘 예의 주시해왔다. 나의 인기와 명성을 익히 들었던 그가 나를 불렀지만 그의 역겨움을 그냥 지나칠 수가 없어서 불륜에 대해서 신랄하게 비난을 하고 말았다. 그게 화근이었다. 내 성정상 불의와 타협을 할 수가 없었다. 이를 얼넘기지 않을 헤로디아가 발빠르게 일을 처리하여 날 체포하더니 이리로 데리고 온 것이다. "그래, 그 사람은 요즈음 무슨 일을 하고 계시는가?" '그 사람'의 일이 궁금해졌다. "어제는 안식일이었는데 글쎄 병자를 고치고, 오늘은 매춘녀와 세리, 그리고 어린이 할 것 없이 가리지 않고 함께 식사를 한다네요. 먹성도 그렇게 좋다고 합니다." 내가 생각하는 메시아가 맞는 것일까? 의심이 들었다. 아니, 백성을 위해서 새로운 길을 낸다는 사람이 고작 하는 일이라고는 병고치고 그들과 같이 밥이나 먹는 일이란 말인가? 내가 생각하는 메시아는 그런 분이 아닌 데 … "스승님. 우리의 율법을 뒤흔드는 파격이 과연 용납될 수 있는 것입니까? 오히려 저는 그분의 그런 행동이 스승님께 더 해가 될 거라고 봅니다." "그런 소리 말게. 좀 더 지켜보면 그분의 진의가 드러나지 않겠나. 그러니 조급해 하지 말게." "아이구. 스승님. 그렇지 않다니까요? 그분의 그런 기이한 행동으로 인해서 스승님을 따르던 다른 제자들이 그쪽으로 하나둘씩 가고 있습니다요." "사실 말이지. 나는 그 사람의 신발 끈을 풀어주는 것조차 할 수도 없을 것 같구나." "그게 무슨 말입니까? 스승님. 노예나 종이 신발 끈을 푸는 법인데, 스승님이 그런 말씀을 다 하시는 게 납득이 가지 않습니다." "내가 물러나야 그 사람이 일을 할 수 있는 거야." 그는 고개를 갸우뚱거리며 도통 이해를 할 수 없다는 표정을 지었다.

제자가 돌아간 후 마음은 이상하리만치 더 차분해졌다. 그 사람의 소식을 들어서였을까? 아까 간수가 이 감옥이 마케루스 요새의 지하 감방이라고 알려주었지. 이 요새가 폭군 헤롯의 것이라고? 백성들의 고혈을 짜내며 로마에 온갖 아양을 다 떨며 충성하는 그의 눈에는 내가 정치적 폭동을 일으킬 위험이 있다고 생각해, 내가 눈엣 가시였을 게 뻔했을 것이다. 궁전들, 요새들, 그리고 새로운 성읍들을 짓기 위해서 많은 비용이 들어가는 것을 백성들의 세금으로 충당한다는 것이 말이 되는 일인가? 나는 불어나는 세금으로 힘겨운 백성들을 위해 막중한 책임감을 느꼈다. 내게 들리는 소리, "주의 길을 예비하라. 그의 길을 평탄케 하라." 나는 그 소리가 무슨 말인지 잘 몰랐다. 하지만 이제야 새로운 길을 내겠다던 그 호방한 분과 함께 야훼의 목소리, 광야의 소리를 내야 한다는 것을 알 것도 같았다.

아, 이 와중에 왜 그렇게 부모님이 생각나는 것일까? 아론의 후손이자 나의 부모님이신 사가랴(야훼의 기억)와 엘리사벳(야훼의 서약), 그분들은 이름만큼이나 의롭고 신실한 분들이었어. 아버지는 제사장이었고, 아비야 반열에 속한 분이었지. 야훼께서 약속해주신 것들을 계속 기억나게 해주는 분들, 야훼께서 언제까지나 항상 함께 하시겠다는 약속을 간직하신 분들. 그래서 아버지는 일 년에 두 차례씩 그 직무를 수행하기 위해서 예루살렘으로 여행을 하셨고, 그 당시 2만 명의 제사장 그룹에 속해서 일을 하곤 하셨어. 그분들에게는 수태가 어려웠던 거 같아. 심지어 어머니는 돌계집(石女)이라고까지 불렸지. 그런데 야훼께서 가브리엘 천사를 통해서 어머니가 잉태할 것이니까 '요한'이라고 이름을 지으라고 하셨다지. '주님은 자비로우시다'는 뜻인데, 이름값을 했을까. 나는 날 때부터 포도주나 독주를 마셔서는 안 되며 성령의 충만을 받으리라고 예언이 되었어.

그래서였을까? 나는 강력한 힘에 이끌려서 자유로운 영혼을 가지고 살아가야 할 운명이었나 보다. 혈혈단신의 고아인 내가 찾은 곳은 광야였다. 그 당시 쿰란의 에세네파가 나를 양육하고 그 안에서 성장을 했다. 헤브론에서부터 사해의 서부 연안에 이르는 황량한 광야의 석회암 동굴에서 생활을 하고, 세찬 바람을 맞으면서 메뚜기와 바위 틈바구니에 고여 있는 들꿀을 먹으며 낙타털가죽옷을 걸치는 것으로 만족을 했다. 에세네파는 도덕적이며 의식적인(ceremonial) 정결을 얻은 것을 목표로 했는데, 극기, 금욕, 금식, 기도 생활을 실천하고 약간의 노동도 했지. 정결을 나타내는 흰색의 예복을 입고 다녔고, 빵에 우슬초를 찍어 먹기도 했어. 그때 나는 오로지 백성들이 회개를 하고 진정으로 야훼와 이웃을 위한 삶을 살기를 원했다. 그래서 광야에서 세례를 베풀며 "회개하라 천국이 가까웠느니라"고 외치면서, 태도의 변화, 마음의 변화가 일어나기를 간절히 바랐지.

과거를 회상하기에는 사막의 밤바람은 그리 낭만적이지 않았다. 한낮에 바람에 실려 온 한 무더기의 모래가 왜 그렇게 죽음의 냄새를 맡게 하는지, 게다가 홑겹의 옷 속으로 파고 냉기는 죽음을 앞둔 마음을 더 잔혹하게 하는 것 같다. 6개월이나 되었을까? 그래, 적어도 내가 사람들에게 그렇게 살면 안 된다고, 비록 로마의 압제에 시달리고는 있지만 마음을 고쳐먹고 야훼를 향한 새로운 삶을 살아야 한다고 외치며 광야를 누볐던 것이 얼마 되지 않았던 것 같아. 감옥 창가로 평화롭게 스며들어 오는 달빛을 쳐다보니 삶이 주마등처럼 스쳐지나갔다. 나를 예언자라고 생각하고 많은 사람들이 뒤따르려고 했고, 뭔가 세력을 형성해서 로마에 저항도 해보려고 하는 움직임도 있었지만 다 쓸데없는 짓이었지. 날 잘못 본 거야. 그렇다고 내가 산헤드린을 겁내 하거나, 로마를 무서워한 것은 아니었어. 팔팔한 나이에 나도 새로운 세계가 도래할 것이라고 사람들에게 알려주고 희망을 주고 싶었는데 … 회한이 밀려오는구나.

그러나 실패는 아니었지. 암. 나와 비슷한 시기에 태어난 예수, 그가 이제 내가 하던 일을 할 수 있는 위대한 인물임에 틀림이 없다고 생각해. 그의 맑고 깊은 눈을 보노라면 분명히 새로운 일을 해나갈 수 있는 제자가 아니던가. 사실 나와 함께 세례 운동을 시작했고 지금도 그 마음은 변함이 없지만, 그가 가진 그릇은 내 옆에 두기에는 너무 큰 것 같아. 나는 메시아가 올 것이라는 강한 신념이 있었어. 그런데 그분이 결국 지척에 있을 줄은 생각지도 못했다. 더 이상 날이 어둡기 전에 그를 통해서 야훼의 이상이 실현되었으면 좋겠다.

#3. 형장에서

아침부터 못질을 하는 요란한 소리에 잠을 설치고 말았다. 사방이 고자누룩해졌다. 어두컴컴한 지하에서 바깥의 상황을 알 수 있다는 것은 불가능한 일이었다. 하지만 왠지 불길한 예감이 들었다. "무슨 일이 있는 게요?" "당신의 운명을 못질하는 소리라오." 경계병이 짧게 대답해주었다. 거친 피부와 길어버린 수염을 단정히 하고 싶어졌다. 죽음을 위해서 나의 몸과 마음의 감각을 더없이 깨끗하게 해야만 할 것 같았다. 나는 비로소 죽음을 앞두고 예언자가 된 것인가? 그전까지는 유기 어린 소리로 회개를 외쳤지만, 그것이 경솔한 목소리가 아니었음을 마지막까지 온몸으로 확인받고 싶었다. 오, 인생은 슬퍼라. 그러나 인생의 그림자는 태양이 떠야 그 존재를 알 수 있나니.

하늘은 구름 한 점 없이 맑아서 경외스럽기까지 하였다. 죽기에는 죄책감마저 사라질 것 같은 좋은 날이다. 지하 감옥에 얼마나 갇혀 있었는지 알고 싶지 않았지만, 빛을 본다는 것만으로도 죽음보다 삶이 더 소중하다는 것을 그저 힘없는 미소로 긍정할 뿐이었다. 조용히 무릎을 꿇었다. 거룩한 운명의 몸짓이었다. 칼을 들고 있는 관병에게 마지막 말을 건넸다. "잠시면 되네. 바람소리를 듣도록 해줄 수 있겠나?" 나는 눈을 감았다. 광야에서 불어오는 소리가 내 귓가를 스쳐지나갔다.

※ 마태의 문학적 유려함은 '임마누엘'에 있다

☞마태복음서는 열두 제자 가운데 한 사람인 마태가 썼다는 설(Eduard Lohse도 긍정)을 처음으로 내세운 이는 60~130년경에 생존했던 히에라폴리스의 파피아스(Papias of Hierapolis)입니다. 여기서 조금 더 진전된 학설은 마태복음서 저자는 그리스어를 자유롭게 구사하는 그리스도인이었을 뿐만 아니라 히브리어 및 아람어에 익숙하였고 유대인의 계율과 관습을 잘 아는 그리스도인이었다는 것입니다. 따라서 그는 유대계 그리스도인이거나 유대계 그리스도교 율법학자였을 것입니다.

마태복음서 저자는 세 차례에 걸쳐 히브리어 혹은 아람어를 번역해줍니다.(임마누엘, 골고다, 엘리 엘리 라마 사박다니) 그 밖의 경우에는 독자들이 히브리어 혹은 아람어 낱말이나 표현을 이해한다고 전제하고 그대로 사용합니다.(라가-바보; 게엔나-지옥; 멍에를 메다, 살과 피, 매고 풀다 등) 이뿐만 아니라 마태복음서 저자는 독자들이 유대교의 계율이나 풍습을 이해하는 것으로 전제하고 아무런 설명 없이 말을 풀어가는 경우가 많습니다.(5,23; 6,1~4; 7,6; 12,5; 23,24·27) 따라서 독자들은 그리스어를 사용하는 유대계 그리스도인들이었다고 보아야 합니다. 그들은 유대교의 테두리를 벗어나 독립된 종단이 되어 유대교와 맞서고 있었습니다.(5,17~48; 23) 이 종단은 점차 이스라엘의 민족적 배타성의 테두리를 벗어나 유대인들과 이방인들이 공존하는 혼성교회로 성장했습니다.

마태복음서의 집필 장소 및 연대는 정양모와 로제에 의하면 이스라엘에 인접한 시리아 지방에서 80년경에 씌어졌습니다. 마태복음서의 신학적 특징을 보자면, 크게 예수의 5대 설교로 구성되어 있습니다[산상설교(5~7장), 제자파송설교(10장), 천국비유설교(13장), 제자(공동체)설교(18장), 종말설교(24~25장)]. 또한 10개의 (구약)성취인용문이 들어 있습니다[동정녀 잉태(1,22~23), 아기 예수의 에집트 체류(2,15), 헤롯의 어린이 학살(2,17~18), 나사렛 사람이 되심 (2,23), 가버나움으로 가심(4,14~16), 예수의 치유행위(8,17), 상한 갈대도 꺾지 않으시는 예수(12,17~21), 비유로 가르치심(13,35), 마귀타고 예루살렘에 입성하심(21,4~5), 피 값으로 밭을 삼(27,9~10)].

마태복음은 회당과는 달리 이스라엘의 메시아인 예수 안에서 성서의 약속이 성취되었기 때문에 그리스도교 공동체는 약속의 산물이라는 점을 강변하고 있습니다. 그럼에도 불구하고 마태복음은 유대적인 유산 속에 깊이 뿌리박고 있습니다. 그래서 율법은 일점일획도 없애서는 안 되며(5,18~19) 의로운 행실 또한 중요하다는 데 동의합니다. 율법을 수행하고 안식일을 중요시해야만 한다고 생각합니다. 구제, 기도, 금식, 성전, 제사를 존중해야 한다는 것도 유대교적입니다. 마태복음의 교회는 그 당시의 회당에 반대하는 첨예한 논쟁에도 불구하고 유대인들과의 대화를 계속 시도하려고 노력하였다는 흔적을 보게 됩니다. 그러나 교회는-교회(에클레시아)라는 개념은 복음서들 가운데 단지 마태복음에서만 나타납니다.(16,18; 18,17) 교회의 복음서(18장)을 통해서 교회의 구조를 알 수 있습니다-공동체의 지침을 위해 성서를 통한 가르침과 예수의 말씀을 통한 가르침을 필요로 합니다. 마태복음에서 예수는 유대교의 가장 높은 선지자 모세를 능가하는 스승으로 등장합니다.(에두아르트 로제)

마태의 교회 공동체는 유대교 공동체에 대하여 매우 안 좋은 감정을 가지고 있었습니다. 게다가 안으로는 극단적인 카리스마 경향, 즉 은사주의가 흐르고 있었습니다. 마태는 윤리적 행위나 삶의 실천에는 무관심하고 이러한 극단적인 은사주의에 경도되는 공동체(7,21-23)가 문제라고 인식했습니다. 마태복음 공동체 내에서 극단적인 열광주의는 내부적 결속력과 대외적 신뢰성에 흠집이 생기는 일이었기 때문입니다. 따라서 예수가 하나님의 아들이라는 고백에 대하여, 인간과 신(神), 유대인과 이방인이 모두 참여하고 있는 것을 볼 수 있습니다. 마태는 이 고백이야말로 교회의 기초가 되어야 한다는 확신을 가지고 있었습니다. 예수는 분열과 갈등 속에서도 임마누엘(Emmanuel, "우리와 함께 하시는 하나님")이시다라는 고백과 문학적 장치는 그런 마태의 교회 정황을 나타내는 말이라 할 것입니다.

2-3. 예수 이야기: 예수 시대의 이혼장을 공개하다!

예수 시대의 이혼장은 어떻게 생겼을까?

요즈음 한국사회에 유독 눈에 띄는 현상은 이혼율이 높아졌다는 것입니다. 이런저런 원인을 다 접어두고서라도 그것은 여성의 경제력이 강해졌다는 방증입니다. 그런데 이와는 달리 예전 지중해 고대사회에서도 이혼이 다반사로 이루어졌음을 알게 해주는 몇 가지 문서들이 최근 발견되었습니다. 1세기말 로마의 한 상류층 인사가 아내의 장례식에서 읽었던 추도문을 보면 그 당시 심각했던 이혼의 단면을 떠올리게 됩니다.

> "우리처럼 오랫동안 결혼생활을 하다가 이혼이 아니라 죽음 때문에 헤어지는 경우는 드무오. 우리는 40년 동안 싸움 한 번 하지 않았고 함께 살았으니 정말 운이 좋았소."

이러한 세태는 비단 로마사회에만 국한되었던 것은 아닙니다. 유대 광야 쿰란 지역의 무라바앗 동굴에서 발굴된 2000년 전 한 유대인의 소박장을 보더라도 여성들의 지위에 대한 시대적 아픔이 간파됩니다.

6년 8월 1일 마사다에서.

마사다에 거주하는, ㅇㅇㅇ 출신의 낙산의 아들 나 요셉은 내맘대로 오늘, 하나 블라타 출신 요나탄의 딸이요 마사다에 거주하며 종전에 내 아내였던 미리암 당신을 소박하고 이혼한다. 그러므로 당신은 마음대로 가서 당신이 원하는 유다인들 중 어느 남자의 아내가 되어도 무방하다. 이에 내 편에서 당신을 상대로 이혼 서류와 소박장을 작성하였다. 이에 지참금을 돌려준다. 파괴된 것들과 손상된 것들과 ㅇㅇㅇ들은 이로써 약속하거니와, 모두 (변상하고) 네 곱으로 갚겠다. 그리고 내가 살아 있는 한 당신이 내게 말하면 이 서류를 다시 쓰겠다.

낙산의 아들 요셉 본인 (서명), 그 외의 증인 서명.

남편의 맵짠 표정을 연상케 하는 이 소박장에서 고개를 갸웃거리게 하는 것은, '지참금을 돌려준다'는 내용입니다. 신약학자인 예레미야스(J. Jeremias)에 의하면 이 지참금은 결혼계약서에 명시되어 있는데 그 골자는 다음과 같습니다. 첫째, 신부의 아버지가 지불해야 할 혼수금(소유권은 부인에게 있으나 남편이 이용할 수 있는 재화)과 지참금(남편의 소유로 넘어가나 이 결혼관계가 깨질 때에는 거기에 상당하는 맷가가 부인에게 되돌아가야 하는 정해진 재화)이 기입되고, 둘째, 남편과 이혼하거나 사별할 경우 부인에게 돌아가는 금액이 적혀 있는데, 나중에 여성이 이혼을 당할 경우에 생존을 위한 유일한 비상금이기도 했던 것입니다. 만약 그런 지참금조차도 수중에 없다면 과부가 되어 남의 밭에 떨어진 이삭이나 주워 먹고 사는 신세가 되었던 것입니다.(룻 2,2~7) 한편 신랑의 지참금은 신부를 데려올 때 그녀의 가족에게 보상했던 값으로서 낙타나 보석, 의복류 등(창 24,10·52~53 참조)이었습니다.

누가복음 15장에는 이와 같은 여성의 처지를 알려 주는 잃어버린 동전 (드라크마)을 찾는 한 여인의 이야기가 나옵니다. 당시 풍습에서 결혼식을 치를 때 신랑이 신부에게 건넨 동전 가운데 10개의 드라크마로 엮은 목걸이를 만들어 신부에게 선물을 하였는데 이것을 함부로 취급하면 남편에 대한 애정과 존경을 상실한 것으로 간주하였습니다. 심지어 그 중에 한 개라도 잃어버리게 되면 아내가 그 돈으로 정부(情夫)를 산 것으로 단정 짓고 이혼으로 몰고 갔습니다. 그래서 채권자라 할지라도 그 목걸이만큼은 요구하지 않았습니다.

고대 근동 지방은 약혼(예수 당시 약혼적령기는 12.5세)을 하더라도 혼인과 거의 같은 정도의 구속력을 띠고 있었습니다. 그래서 약혼만 했더라도 '아내'와 '남편'이라고 불렀습니다.(마 1,19~20 참조) 이미 부부인 셈입니다. 일반적으로 약혼절차는 신랑의 부모가 아내를 선택한 후, 예물을 교환하거나 계약서를 쓰는 형식으로 이루어집니다. 약혼 후에는 일 년 동안 떨어져서 결혼 준비를 하게 되는데, 이때 남자는 여자의 의식주를 책임져야 했습니다. 대부분 유대사회에서 남자의 결혼적령기는 16세~24세, 여자는 12살~14살 사이에 결혼을 하였습니다. 따라서 이를 토대로 생각해보면 마리아가 예수님을 잉태한 연령대를 짐작할 수 있습니다. 흥미로운 점은 미쉬나에 따르면 결혼식은 수요일에 치르는 게 좋다고 했습니다. 만일 신부가 처녀가 아닐 경우에는 재판을 받아야 하는데, 그 법정이 목요일마다 열리기 때문이라는 겁니다. 여성의 아픈 현실이 중첩되어 있음을 보게 됩니다.

당시 로마와 유대 사회는 이혼을 어떻게 생각했을까?

고대 지중해 문화권에서 결혼이란 남성들이 결혼을 통해 여성의 가문과 계약을 맺어 무엇인가를 얻게 되는 정략결혼이 태반이었습니다. 이 경우 결혼은 동거 이상의 별의미가 없었기 때문에 쉽게 행해졌습니다. 이런 사회에서는 자녀를 생산하는 데 있어서 위협적인 요소(유산이나 조산)라고 생각했던

술을 마시는 것과 간통이 주된 이혼 사유가 되었습니다. 로마의 가족(familie)이라는 개념은 가부장의 권위 아래에 있거나 그의 집안에 딸려 있는 모든 사람이 포함되는데, 여기서 가장(paterfamilias)은 가족의 일원이 아니라 가족을 다스리는 자라는 점에서 보면 그 당시의 가부장적 사회의 모습을 잘 알 수가 있습니다. 당연히 이런 로마사회에서는 남자에게만 이혼할 권리가 있었습니다. 이혼 사유를 제공한 아내가 성적인 부정을 저질렀다면, 남편은 자녀양육비 명목으로 그녀의 지참금 일부를 가질 수 있었습니다.

그러나 로마제국을 세운 아우구스투스 황제의 재위기간(기원전 27~기원후 14)에는 결혼한 부부 중에 한쪽의 일방적인 이혼을 막기 위해서 일곱 명의 증인이 있어야 이혼이 성립된다고 하였습니다만, 그럼에도 아내가 구타를 이유로 남편과 이혼하는 것이 정당하다고 손을 들어 준 것을 보면 이혼조정이란 그리 쉬운 문제는 아니었던 모양입니다. 게다가 아우구스투스 통치기에는 간통을 저지른 아내와 이혼을 구두로만 통보하고 60일 이내에 고발하지 않으면 다른 사람이 고발할 수 있었습니다. 그렇게 되면 이혼하지 않은 남편은 포주 노릇을 했다는 죄를 피할 수가 없게 됩니다. 결국 간통으로 유죄선고를 받은 여성은 지참금의 절반과 다른 재산의 1/3을 몰수당하고 섬으로 추방되어 재혼하는 것이 금지되었습니다.

유대사회의 경우에는, 신명기 24장 1절에 보면 결혼한 아내에게 "수치되는 일"이 발견되면 이혼장을 써줌으로서 자기 집에서 내쫓을 수 있다고 되어 있습니다. 이 수치스러운 일이란 바로 간음 혹은 간통에 해당된다고 볼 수 있습니다. 이는 십계명의 제7계명을 어기는 셈이 됩니다. 여하튼 남자에 의해 구두로 이혼을 통보 받게 된 여인은 아직 완전하게 이혼을 한 상태가 아니며 이혼장을 받아야만 비로소 이혼녀가 되어 재혼이라도 할 수 있는 것입니다. 이것은 로마의 이혼법과도 매우 흡사한 측면이 있습니다.

그런데 문제는 여기서 "수치스러운 일"이 무엇을 뜻하느냐에 대해 율법학파들에 따라 그 해석이 구구했다는 데 있습니다. 율법에 대한 규정준수가 엄격하기로 유명했던 샴마이 학파는 아내가 간음을 했을 경우에만 단지 이혼사유가 된다고 보았습니다. 그러나 자유로운 율법 해석으로 유명했던 힐렐 학파는 음식을 태웠거나 요리 솜씨가 없는 경우에도(좋은 아내의 기준에 의하면 요리와 바느질을 잘 하는 여자를 꼽고 있으니 그럴 밖에) 이혼 사유가 된다고 해석하였습니다. 특히 이 학파에 속하는 아키바 율법학자는 자기보다 아름다운 아내를 발견해도 소박의 사유가 될 수 있다고 보았으니 이 이혼법이란 남성위주의 편의법이 아니라 할 수 없습니다. 십계명의 원래 의미가 수치스러운 일로 확대 해석되어 여성을 옥죄는 문자적 율법주의로 전락하고 만 것입니다.

오늘날 그리스도인은 이혼에 대한 예수님의 말씀을 어떻게 이해해야 할까?

고대 지중해 세계에서 로마뿐만 아니라 유대사회에서는 여성이라는 존재는 인간으로서 대우를 전혀 받지 못했습니다. 아버지의 딸이었을 때에는 아버지가 그녀의 대리자이기 때문에 모든 소유는 아버지의 것이었고, 결혼을 해서는 남편의 지배를 받는 사회였습니다. 예레미야스의 방대한 연구에는 "율법학자의 문하생들은 길거리에서 여인과 이야기하는 것을 수치로 알았다", "결혼하지 않은 처녀들에게 가장 바람직한 일은 밖에 나가지 않는 것이었다", "처녀들은 후원의 규방에 틀어 박혀 있으면서 '사랑방'으로 통하는 문까지만, 결혼한 여인은 '정원의 문'까지 나올 수 있다" 등 유대인들의 여성폄하정서가 잘 드러납니다.

이처럼 여성에 대한 편견은 비단 유대사회만 그런 것은 아니었습니다. 그리스의 웅변가 데모스테네스(Demosthenes)도 남자는 "즐기기 위해 정부를, 우리의 신체(성기)를 섬기게 하기 위해 첩을, 합법적인 자녀를 낳기 위해 아내를" 가져야 한다고 말한 바 있습니다. 또한 스토아 철학에서도, "어떤 의미에서 여자들은 본질상 공동의 재산이다. 하지만, 여자들이 법에 의해

분배되고 난 후에는 다른 사람과 마찬가지로 당신은 당신 몫에 만족하고 다른 사람 소유를 훔치거나 맛보아서는 안 되는 것"이라고 가르쳤습니다.

이러한 시대적, 문화적 배경에서 볼 때 예수님의 말씀은 그 시대를 향한 가히 혁명적인 선언이었을 것입니다. "하나님이 맺어 준 짝을 업신여기지 말거라. 아니 치사한 꼬투리를 잡아서 아내와 헤어질 생각은 추호도 하지 말라."(마 19,4~6) 그럼에도 왜 "음행한 연고 이외에"(마 5,31~32; 19,7~9)라는 단서를 다셨을까 하는 것입니다. 그 시대 로마의 이혼법을 염두에 두고 말씀을 하셨을 법합니다. 로마는 여자도 이혼소송을 제기할 수 있었으니까 말입니다. 또한 마태의 교회 공동체는 간음한 경우에 남편이 아내를 내보내고 다른 여자와 재혼을 할 수 있었던 것이 아닌가 추측을 해볼 수 있습니다. 예수의 이혼절대불가설이 완화된 것입니다. 틸리히(Paul Tillich)가 말했듯이, "예수가 우리들로부터 떼어내려고 하는 무거운 짐이란 바로 종교의 짐입니다. 그것은 당시의 종교적 교사들이 백성에게 씌운 율법의 멍에입니다. … 예수가 주시는 멍에는 종교를 뛰어넘는 새로운 존재입니다."

따라서 예수님의 가르침은 여성을 단지 소유물로만 여기던 유대사회에서 이혼절대불가설보다 더 강력하고 포괄적인 여성의 '인권보호설'에 강조점을 두었던 것은 아니었을까요? 넛보들이 판을 치는 세계에서 지금보다 더 나은 세상을 만들기 위한 이른바 '이혼개혁법' 같은 셈입니다. 그러므로 오늘을 살아가는 그리스도인은 듬쑥한 우리의 예수님이 가르쳤던 율법의 본래(근본)정신을 망각하지 말아야 할 일입니다.

※ 누가는 할 얘기도 많다네! "한 책의 두 권"

☞1세기 후반에 어느 그리스도인이 누가복음서와 사도행전을 집필했습니다. 그러나 그는 자기 이름을 밝히지 않았기 때문에 저자가 누구인지 전혀 알 수 없습니다. 바울계 문헌을 보면 사도 바울의 협조자 가운데 누가라는 사람이 있었는데(빌 1,24; 골 4,14; 딤후 4,11) 그는 의사였다고 합니다. 하지만 에두아르트 로제는 당시 헬라 문헌에 나타난 병에 대한 묘사가 등장하지 않고 있고, 그 당시 통용되던 의학용어도 누가문헌에서 나타나지 않는 점을 미루어 의사 신분에 대해서 회의적인 입장이었습니다. 그럼에도 의사 누

가가 누가복음서와 사도행전을 썼다는 설이 무라또리 경전목록(180년경 로마에서 작성)과 프랑스 리옹의 이레네우스(130~200년경 생존)의 반이단론에 처음으로 나옵니다. 분명한 것은 누가복음서의 저자는 이스라엘의 지리를 잘못 전하고(4,29), 유대인들의 관습과 풍물을 착각한 점으로 미루어볼 때(1,59: 2,22~24; 5,19; 6,48; 14,5) 헬라 출신의 이방계 그리스도인이었을 가능성이 많습니다.

누가복음서 저자는 독자들을 위해서 유대교 관습을 설명하는가 하면(1,9; 2,22~24 · 41~42:22,1 · 7) 유대인들의 정결례를 다루는 단락(막 7,1~23)은 아예 삭제해 버렸습니다. 그리고 히브리어 또는 아람어 "랍부니"를 그리스어인 "스승님"으로(막 9,5 비교. 눅 9,33) 바꾸기도 했습니다. 그런가 하면 그는 과거 하나님이 이방인들에게 베푸신 은혜를 상기키기도 하고(4,25~27) 초대교회의 이방인 전도활동을 상세히 기록하기도 했습니다.(행 10 · 13~28장) 이러한 근거로 볼 때 누가는 이방계 그리스도인들(또는 데오빌로)을 위해서 전편 누가복음서와 후편 사도행전을 집필했다고 봐도 무난할 것입니다.

이미 이야기를 했지만, 누가는 이스라엘의 지리와 관습에 서투른 사람입니다. 그래서 집필을 어디서 했는가에 대해서 로마설과 가이사랴설이 제기됩니다만, 그가 이방인 전도에 관심을 많이 가졌다는 것을 감안할 때 '이스라엘 밖'에서 약 90년경에 씌어졌을 것이라고 추정합니다. 누가복음서의 집필하게 된 동기에 대해서는 다른 복음서와 달리 머리말에 잘 나타나 있습니다.(1,1~4) 후편에도 이어서 예수의 생을 이끌었던 하나님의 영을 교회가 동일하게 받음으로써 "예루살렘과 온 유대와 사마리아와 땅 끝까지" 확대되는(행 1,8) 구속사를 쓰려고 한 것입니다.(눅 24,47) 이에 안병무는 누가복음은 사도행전을 전제로 한 저작이라고 봅니다. 실제로 문학적인 장치로 볼 때 누가복음은 예루살렘을 지향하는 여행이야기라고 할 수 있고, 사도행전은 로마 지향의 여행이야기라고 해도 전혀 손색이 없습니다. 다음과 같은 누가행전의 문학적 구조를 비교해 보면 전편과 후편의 짝임을 알 수가 있습니다.

　　누가복음서는 소외된 자, 약자에 대한 관심이 많아서인지는 몰라도 마태 복음의 산상설교의 행복선언(8복설과 9복설이 있음)과는 좀 다릅니다. 누가복 음(6,20~25)은 사복(四福)의 대상(가난한 자, 주린 자, 우는 자, 미움받고 버림받은 자) 과 사화(四禍)의 대상(부유한 자, 배부른 자, 웃는 자, 칭찬 받는 자)으로 나누어진 설 교로 이루어져 있습니다. 이것은 당시의 사회, 정치, 문화, 종교적 상황 등 모 든 분야에서 소외되어 있는 사람들은 스스로 죄인으로 비하시키고 강제하 고 있었던 것에 대한 반작용적 해석입니다. 누가복음은 예수의 말씀을 선포 함으로써 사회적으로 중심권에 가까이 서 있다는 것만으로 스스로를 의인 으로 착각하게 만드는 체제를 폭로한 것이었습니다.

　　누가는 신약성서 저자들 가운데서 구원의 역사를 가장 분명히 구분한 사 람입니다. 그는 구원사를 이스라엘의 시대와 구원의 시대로 나눕니다. 그 리고 구원의 시대를 다시 예수 시대와 교회 시대로 세분합니다. 이스라엘 의 시대는 율법과 예언자들의 시대요 구원을 예고하는 시대로서, 세례 요한은 이 시대의 마지막 예언자입니다.(3,20: 16,16) 예수 시대는 구원이 이룩되는 새 시대로서 예수의 나사렛 설교로 시작하여(눅 4,21) 예수 승천으로 끝납니다.(눅 24,50~51) 교회 시대는 예수께서 예루살렘에서 이룩하신 구원이 온 세상으로 확산되는 시대입니다. 이 시대는 열두 사도들에게 성령이 내릴 오순절부터(눅 24,49) 예수께서 종말에 재림하실 때까지(1,11) 계속될 것입니다.

교회의 시대는 그 자체로 특수성을 띱니다. 그것은 누가가 계속 임박한 종말에 대한 기대를 후퇴시키고, 그러한 대망을 경고하고 있기 때문입니다. "사람들이 하나님 나라가 당장에 나타날 줄 생각했기 때문이다"(19,11)라는 편집구절을 위시해서 제자들의 박해와 예루살렘의 파괴(21,12 이하) 등 역사 안의 사건들을 파루시아와 결부시키지 않습니다. 그는 이러한 사건들이 발생하더라도 "곧 마지막이 오는 것은 아니다"(29,9)고 합니다. 또 하나님 나라 도래의 시기에 대한 질문을 거부하고, "그 나라는 너희들 가운데 있다"(17,20~21)는 누가 특유의 명료한 말씀은 현재의 의미를 강조한 것입니다. 그래서 누가복음서에서 파루시아의 임박에 대한 희망이 후퇴된 것은 이른바 "파루시아의 지연"에서 온 결과라고 보고 누가에 있어 짧은 시한에 대해서 긴 교회의 때가 등장됐다고 합니다. 이에 한스 콘첼만도 파루시아의 지연에 대한 의식에서 '종말론' 대신에 '구속사론'이 성립됐다고 말하는 것입니다.

2-4. 예수의 이야기: 너희는 발에 묻은 흙먼지를 털어버려라!

열두 제자를 부르사 둘씩 둘씩 보내시며 더러운 귀신을 제어하는 권세를 주시고 명하시되 … 어디서든지 너희를 영접지 아니하고 너희 말을 듣지도 아니하거든 거기서 나갈 때에 발아래 먼지를 떨어버려 저희에게 증거를 삼으라 하시니(막 6,7~13=마 10,5~15=눅 9,1~6)

한 유대인의 집밖에서 두 명의 제자들이 기분이 언짢은 듯이 연실 무언가를 중얼거리면서 태연자약 흙먼지를 털고 있었습니다. 그날따라 웬 바람이 그렇게 불어대는지 흙먼지는 멀리 지중해의 텁텁한 소금기와 함께 실려 날아와 제자들을 더욱 짜증나게 만들었습니다. 예수님은 자신의 제자들을 둘씩 짝을 지어주시고는 복음을 선포하고 돌아오라는 명령을 내리셨으니 그 뙤약볕에 가가호호 방문하였습니다. 게다가 온 정성을 다해 하나님 나라가 가까왔음을 외치고 또 외치건만, 도무지 유대인들은 들을 생각조차도 안

하고 문전박대를 하니 이럴 수 있습니까?

"샬롬. 이 댁에 평화를 빕니다! 하나님 나라가 가까왔으니 회개하고 복음을 믿으십 … ""아니 이게 무슨 소리야? 어디서 굴러 먹다온 녀석들이기에 감히 내 집에 들어와 종말이 어떠하다니 하며 겁박을 하는 게야? 내 집에서 당장 나가." 아, 도대체 몇 번째인가. 작열하는 이 사막의 햇볕 아래 쉴만한 곳은 고사하고 물 한 모금 건네주는 이도 없으니, 그렇다고 어디 그들을 환대해주는 집에 들어가 잠시라도 앉아 예수님이 말씀하신 하나님 나라에 대해 차근히 이야기도 하면서 그 책임 분량이라도 좀 채우고 돌아간다면 이 고생스러움도 낙이련만. 제자들은 맥이 빠지기 시작했습니다. "에이, 이 집에서도 발에 묻은 흙먼지나 털고 가자구." 제자들은 집에서 나올 때마다 흙먼지를 털어내기에 바빴습니다.

고대 근동지방에서 발에 묻은 먼지를 털어내는 것은 일종의 '절교' 혹은 '결별'의 상징적 행위였습니다.(행 13,51) 이제 그 집과 나와는 전혀 상관이 없다는 유대인들 특유의 제스처(몸짓)인 것입니다. 현대 과학의 발견에 의하면 일반적인 컵 하나에는 우리의 육안으로는 보이지 않지만 적어도 약 2만 5천 개의 미세한 먼지 알갱이가 있다고 합니다. 그 미세 먼지 중에는 저 고비사막의 낙타털에서 혹은 모래 알갱이에서 부서져 나온 작은 티끌들이 혹은 무심코 뱉은 침이 말라서 먼지가 되어 버린 것도 있을 수도 있습니다. 아마도 독자들이 이 도서 한 장 넘기고 있는 사이에도 약 15만 개의 먼지 입자를 마셨을지도 모릅니다.

과학이 발달하지 않았던 구약시대에도 흙먼지는 인간의 삶에 있어서 매우 밀접한 것이어서 마치 사람의 죄나 허물이 발이나 신발에 붙어 있는 것으로 생각을 했습니다.(왕상 2,5) 뿐만 아니라 유대인들은 이방인 지역을 여행하고 돌아올 때, 즉 팔레스틴 국경을 넘어 자신들의 땅에 들어설 때면 어김없이 그 경계선에서 발에 묻은 흙먼지를 털어버리곤 했습니다. 더 이상 이방인과는 아무런 상관이 없다는 표시입니다. 그러다 보니 심지어 이방인의 땅에서 자라난 식물들을 함부로 가져오지 못하도록 했는데 그 이유는 그 식물들을 옮길 때 이방인 지역(땅)의 흙(먼지)도 함께 묻어오기 때문에 성소가 더럽혀지고 이스라엘이 부정(不淨)해진다고 보았습니다. 그러므로 복음을 듣지 않는 유대인들의 집이나 성을 나와서 발에 묻은 먼지를 털어버렸다는 것은 이제부터 그들을 이방인으로 여긴다는 의미가 되는 동시에, 하나님의 심판을 상징하는 것이기도 합니다.

더 나아가서 하나님 나라의 복음을 받아들이기에 합당치 않은 고을에서는 아무것도 가져가지 않았다는 뜻이며, 평화의 복음을 거부한 집이나 성은 이제 하나님의 평화와는 무관한 영역에 내버려진 것으로 간주하였습니다. 또한 발에 묻은 먼지를 털어버렸다는 것은 제자들이 선포한 하나님 나라의 복음을 귀담아 듣지 않은 유대인들에게 내려질 비난이 자신들과는 무관하다는 것을 의미합니다. 다시 말해 제자들은 자신들의 의무를 다했기에 더 이상 책임이 없다는 것으로 해석할 수 있습니다. 자신들은 하나님의 명령에 충실하게 따랐고 평화의 기원과 더불어 하나님의 나라 복음을 전했지만 그들이 거절한다면 그것은 제자들의 책임이 아니라 이제는 하나님이 판단하실 일이 된다는 것입니다. 그러므로 최선을 다해서 전파하라는 것입니다. 그래도 안 된다면 그 뒷감당은 하나님이 하신다는 것이 아닐까요? 우리의 뒷배이신 하나님께서 말입니다.

평화의 인사는 왕권의 특사가 건네는 말입니다. 그것은 하나님의 왕권으로부터 오는 치유 능력과 기적을 행하는 힘과 매우 밀접한 연관을 지니고 있습니다. 그러니까 제자들이 찾아가는 곳마다 평화의 인사를 나누고 또 그 집의 평화를 기원한다는 것은 예수 그리스도의 특사로서 파견되는 것입니다. 그러므로 사람들이 평화의 사도, 평화의 왕권을 가지고 오는 특사의 말을 듣지 않고 거부한다면 평화의 제안을 거부하는 것과 다르지 않습니다. 그 뿐만 아니라 평화의 제안을 받았지만 그 때를 식별하지 못했다면 결국 그 때는 지나가고 말기 때문에 다시는 기회가 돌아오지 않는다는 것입니다.

그래서 사도들은 그 집에서 묻은 흙먼지를 툴툴 털고 떠나게 되는 것입니다.

"그나저나 베드로 형님네는 잘하고 계실까요? 아무래도 우리보다는 낫겠지만 워낙에 그분의 불같고 저돌적인 성격 때문에 … "세베대의 아들 요한이 그의 형 야고보에게 염려가 된다는 듯이 말을 붙였습니다. '요한아, 우리도 마찬가지야. 예수님께서 철석같이 당부하시면서 하나님 나라를 온 성에 널리 전파하고 오라 하셨는데, 백성들이 우리의 말에 귀담아 들을 생각조차도 안 하니 큰일이다. 얼른 가자. 해 넘어가기 전에 엠마오 마을로 가야겠구나.' 야고보 형제들은 서둘러 길을 나섰습니다. 하나님의 나라를 전파하면서 끼니를 때우지 못하면 못하는 대로 물을 마시면서 허기를 달랬고, 하늘을 이불 삼고 땅을 자리 삼아 선잠 청하기를 여러 날이 되었습니다.

게다가 온갖 먼지란 먼지는 다 뒤집어 쓴 채 이제는 끈도 다 떨어져서 너덜너덜해진 샌들은 벗겨질 듯하면서도 발바닥에 달라붙어 있었고, 그나마 뜨거운 사막의 기운을 막아주는 정겨운 친구가 되었습니다. 그럴 때마다 하릴없는 이 고생을 그만 접고 싶은 생각이 한없이 들었습니다. 그러나 유대 마을들이 마냥 제자들을 박대하기만 했던 것은 아니었습니다. 제자들의 진심과 하나님 나라의 능력에 대해서 알아차린 사람들은 마음을 돌이켜 하나님께로 향하려고 하였습니다. 사람들의 진리에 대한 깨달음과 하나님 나라에 대한 희망은 그들을 치유할 뿐만 아니라 마음의 악한 생각들을 비우고 새로운 하나님 나라의 백성이 되기로 마음먹은 사람들이 하나둘 생겨나기 시작했으니 말입니다. 샌들에 묻은 먼지를 털어낸 지 얼마만의 기쁜 결실이었을까요?

사람은 일생 동안 지구 둘레의 2와 2분의 1에 달하는 약 10만5천km를 걷는다고 합니다. 그런데 그 정도로 많은 거리를 걸으면서도 우리의 발은 온전할 수 있을까요? 1세기 예수님을 비롯하여 제자들은 길거리 전도나 축호전도를 위해서 이곳저곳을 많이 걸어 다녔을 것입니다. 먼지가 날리고 맨발로는 도저히 걸을 수 없는 사막의 뜨거운 거리를 말입니다. 그래서 사람들은 신발(샌들)을 만들어 신기 시작했을 것입니다. 인류고고학적 문헌에 보면, 가장 초기의 샌들은 야자, 파피루스 혹은 풀을 엮어 만든 것들이었습니다. 그 샌들은 발가락 주위에 식물의 섬유질 부분을 구부려 이은 고리가 달려 있었습니다. 그것보다는 좀 더 세련된 형태의 샌들은 가죽을 잘라 가장 자리에 구멍을 내고, 이를 가죽끈으로 연결한 것이었습니다. 물론 가죽끈은 샌들이 벗겨지지 않도록 졸라매는 역할을 했겠지요. 이러한 샌들은 분명히 뜨거운 모래사막을 다니기에는 아주 용이했을 것입니다. 예수님 당시에도 이러한 샌들을 신고 다녔으리라 충분히 짐작하고도 남음이 있습니다.

이렇게 고대 지중해 문화권의 사람들이 샌들을 신고 다녔을 것이리라는 최초의 실마리는 고대 이집트의 문명에 등장하는데, '매의 도시'라고 불리는 히에라콘폴리스 사원에 있는 벽화에서 발견되었습니다. 그 그림에는 왕이 가는 곳마다 샌들을 떠받들고 다니는 노예의 모습을 볼 수가 있습니다. 그러니까 이미 수천 년 전부터 사람들은 샌들을 신고 다녔다는 것을 알 수 있습니다. 그러나 그렇다고 해서 모든 사람이 다 샌들을 신고 다녔다는 말은 아닙니다. 고대 그리스문화에서는 신발을 통해 그 사람이 자유민인지 아니면 노예인지를 구별할 수 있었습니다. 그리스 철학자 플루타르코스(Plutarchos, 46~100)는 "맨발은 노예의 비천함의 표시"라고 했는데, 이에 근거한다면 그 당시 노예들은 샌들조차도 신고 다닐 수 없었다는 말이 됩니다. 심지어 신발이라는 것이 신분의 구별뿐만 아니라 정치적 권력의 상징이기도 했던 때도 있었습니다. 로마 황제 아우렐리아누스(Aurelianus, 212~75)는 자신과 자신의 후계자를 제외하고는 어느 누구도 붉은색 신발을 신을 수 없도록 했습니다. 또한 우리에게 미치광이 폭군으로 알려진 황제 네로(Nero, 37~68)는 두 번째 부인 포페아 사비나(Poppaea Sabina)가 순금으로 구두를 만들어 신었다는 이유로, 은으로 만든 자신의 구둣발로 그녀를 차서 죽였다는 전설이 전해질 정도입니다.

유대인들이 샌들을 신고 지중해 사막을 누비고 다녔을 것이라고 추정한다면, 그들의 발은 하루라도 흙먼지를 묻히지 않은 날이 없었을 것입니다. 이방인 지역의 흙먼지이든 아니면 허물과 죄의 상징으로서의 흙먼지이든 그들은 흙먼지에 대한 정결 콤플렉스를 해소하기 위한 정결례(ritual)가 필요했을 것입니다. 그래서 이방인의 지역에서 팔레스틴을 넘어올 때는 경계선에서 항상 먼지를 털어내는 정결례가 생겨난 것입니다. 그러므로 복음서에 나오는 제자들의 선교 파송 이야기에서 먼지를 털어버린다는 의미는 하나님 나라를 받아들이지 않고 평화의 기원마저도 거부하는 이들은 모두 이방인 취급을 하라는 말씀으로 해석해야 할 것입니다.

마가복음 6,8절~11절(=마 10,5~8a)을 보면 마치 군대의 지휘관이 출전을 앞둔 병사들에게 지휘명령을 내리는 장면을 연상케 합니다. 헬라어 파렝게일렌(pareggeilen)이라는 말은 '제자나 학생을 위해 스승이 교훈을 말하거나 명령을 할 때', '황제가 명령을 내릴 때' 사용하는 용법입니다. 따라서 복음서들의 이 파송명령은 황제의 명령처럼 예수님께서 제자들에게 하나님 나라의 선교를 친히 '하명'하시는 것으로 볼 수 있습니다. 그렇다면 이제 우리가 해야 할 일은 온 땅의 사람들에게 사람의 지배, 악의 치세, 제도의 통치가 아니라 하나님의 지배(basileia tou Theou) 안에 있으라, 즉 하나님 살이를 하라고 외쳐야 할 것입니다. 그리고 나서 그들의 한각(閑却)되는 여부는 하나님의 손에 맡겨야 할 것이라고 봅니다.

이 각색된 이야기를 토대로 우리는 다음과 같은 사실을 알 수 있습니다. 누가는 자신의 공동체를 선교 공동체이자 증언 공동체로 생각했습니다. 누가는 태생이 희랍 사람이었습니다. 예수의 복음이 그리스도교의 본고장인 유대를 떠나 전세계로 퍼져 나간다는 사실에 그가 특별히 민감한 것은 이 때문이기도 합니다. 예수의 탄생을 기별(奇別)하는 천사의 전언에도 예수는 온 세상의 평화요 구원으로 소개되어 있습니다.(2,10~14) 마태복음 10,5 이하에 의하면 12제자들은 이방인의 땅과 사마리아 지방을 밟지 못하도록 되어 있습니다. 하지만 누가복음에서는 예수가 행한 구원의 역사가 이러한 사마리아 지방에도 유효한 것이었습니다. 심지어 이스라엘 사람들한테 그토록 멸시 당하던 사마리아인이 누가복음서에는 선행의 모범으로 등장하고 있습니다.

예수가 이스라엘 12지파의 사자였던 12사도뿐만 아니라 70명이나 되는 대규모의 제자단을 파견하여 이스라엘을 넘어 온 세상에 복음을 전하게 하였다는 것도 누가만이 전하고 있습니다. 창세기 10장에 의하면 이 세상에는 모두 70종의 민족이 있다고 전하고 있습니다. 이것으로 보아 우리는 누가가 70제자 파견설교로 의도했던 것이 무엇인가를 잘 알 수가 있습니다.

누가가 예수의 족보에서 아담에게까지 소급하고 있는 사실은 결코 우연이 아닙니다. 마태는 예수가 아브라함과 다윗의 자손이라는 것을 실증하는 것으로 만족할 수 있었습니다. 그 이유는 이스라엘은 메시아를 아브라함과 다윗의 후예로 믿어 왔기 때문입니다. 누가는 거기에 만족할 수 없었습니다. 그는 예수가 새로운 인류의 시조로서 새 아담이라고 믿었기 때문입니다.

2-5. 예수와 마르다: "신앙의 뒷면을 잊지 마세요!"

날이 희붐(날이 새려고 빛이 희미하게 감돌아 밝은 듯하다)해진 지 이미 오래. 시장에서 오고가는 행인들과 물건을 사고파는 상인들이 뒤엉켜 시끌벅적한 소리가 들린다. 한낮의 해는 뜨거워 가림막으로는 그 열기를 감당해내지 못한다. 연실 부채질을 하고 파리를 쫓느라 장사를 하는 사람들조차도 짜증을 내고 오후 나절 찬거리를 사러 나온 여인들은 흥정을 하기에 바쁘다. 멀리서 예수의 일행이 지친 표정을 지으며 마을 어귀로 들어선다. 오늘도 어김없이 배를 곯았기 때문에 식사를 하면서 하룻밤 기거할 곳을 찾아야 할 판이다. 샌들에 흙먼지를 묻히고 시큼한 땀내가 나는 사내들을 맞이해 줄 집이 그리 흔하지 않은 것은 당연한 일이다. 허기가 진 예수 일행은 시장 여기저기를 기웃거리며 쉴 곳을 찾아본다. 그들에게 물 한 모금이라도 마실 수 있도록 배려하는 이를 만나기란 쉬운 일이 아니다. 어디 분명히 예수 일행을 알아보는 사람이 있을 텐데 … 일말의 희망을 안고 두리번댄다.

베드로 : (손으로 언덕을 가리킨다) 예수님. 저쪽 어딘가에 마르다와 마리아라는 자매가 살고 있는 집이 있다는 얘기를 들은 적이 있습니다. 그쪽으로 길을 잡아 보시는 게 어떨까요?

예수 : (햇볕에 눈을 뜨지 못하며 난감한 듯) 우리가 스스로 해결을 할 수 있으면 좋은데, 또 누군가의 신세를 져야하는가? 가롯 유다야, 오늘 숙박과 식사를 할 수 있는 돈은 전혀 없는 게냐?

가롯 유다 : 오늘 어린이들과 부랑자를 만나시면서 그들에게 빵을 사서 나누어주셨잖습니까? (짜증나는 듯이) 매번 그렇게 하시면 여행을 다 마치시기 전에 많은 어려움을 겪게 될 텐데, 우리를 생각해서라도 조금은 이기적이실 필요가 있습니다.

일행의 예산을 담당하는 가롯 유다로서는 그럴 말을 할 자격은 충분했다. 하지만 그는 늘 그런 식이었다. 자신을 비롯하여 적어도 제자들의 몫부터 먼저 생각하는 것이 몸에 배었다.

요한 : (그늘에 앉아 있다 참다못해 벌떡 일어난다.) 유다, 그걸 지금 말이라고 하고 있는 거야? 우리가 예수님을 따라 다닐 때부터 각오한 일이었어. 그것도 우리는 아무것도 없는 상태에서 하나님의 도우심으로 여기까지 왔잖아. 매번 기적 같은 순간들을 경험한 우리들이야. 그런데 너는 늘 우리들, 우리들하고 입버릇처럼 말하지. 아니 기실 너는 너만 생각하는 것 같아. 안 그래?

예수 : 자, 자, 그만들 하거라. 유다의 책임의식에 대해서도 우리가 이해를

해야지. 침묵을 대신해서 너희들이 떠드는구나.

다른 제자들은 말할 기운도 없는 듯이 물끄러미 그들의 대화를 아무 말 없이 지켜보고 있었다. 그때 저쪽 언덕에서 두 여인이 두건을 두르고 예수의 일행 쪽으로 걸어오고 있었다.

마르다 : (반가운 기색을 띠며) 혹시 예수님의 일행들이 아니세요? 예수님의 소식은 이미 이 마을에 파다하게 퍼졌답니다. 실례가 되지 않는다면, 오늘 저희 집에서 식사를 대접할 수 있도록 허락해주시면 영광이겠습니다. '나 마르다는 적어도 음식솜씨 하나는 끝내주지 않던가!'

마리아 : (마르다의 말을 거들며) 네. 예수님. 그렇게 하도록 해주세요. 제 언니 마르다는 음식을 대접하는 일을 무척 즐거워한답니다. 그러니 부담을 가지지 마시고 저희들의 초대에 응해주시면 감사하겠습니다.

예수 : 생명과 건강을 유지하는 것은 하나님의 은총이기도 하니 그렇게 하도록 합시다. 너희들의 몸과 영혼도 하나님을 위해 존재하는 것이니 오늘의 환대 또한 하나님의 뜻으로 받아들이도록 하자. 자 그럼 함께 가자꾸나.

제자들 : (모두들 기뻐하는 표정과 설렘으로) 이거 오랜만에 집밥을 먹게 생겼습니다. 고맙습니다.

(예수와 제자들은 두 자매의 안내로 집 안으로 들어선다)

나는 부엌에서 분주하게 음식을 준비하기 시작했다. 장정들 열댓 명을 먹여야 하는 일이니만큼 만만치 않은 부엌의 손길이 필요했다. 하지만 나는 즐거운 마음으로 음식을 장만하리라 마음을 먹었다. 불을 지피느라 매캐한 연기가 집안에 가득했고 이마에는 송골송골 땀방울이 맺혔다. 이렇게 고생을 하는데 동생 마리아는 이 사실을 모를 리가 없었다. 하지만 동생은 처음부터 부엌에는 얼씬도 하지 않았다. 동생은 늘 활동적인 것보다 기도하고 묵상하고 관상을 하는 것을 더 좋아했다. 그런 동생보다 나는 활동적이고 봉사를 하는 관상에 더 맞다고 생각했다. 그래서 이런 일도 내가 자처해서 하는 것이고 … 하지만 오늘은 좀 달랐다. 한낮의 더위가 고스란히 집안을 감싸고 있는 이른 저녁에 예수님의 일행을 위해서 식사를 준비해야 하는 일은 적어도 마리아가 같이 할 줄 알았다. 서운한 마음에 꺼지지도 않은 애꿎은 불씨만 힘껏 불어댔다. 연기는 더 자욱해져서 눈은 매웠으므로 눈물만 더 날뿐이었다. 그때 묵직한 예수님의 음성이 들려오고 있었다.

예수: (은근히 마르다가 걱정되는 듯 시선을 부엌에도 두면서) 음식은 늘 우리를 즐거움으로 인도하지. 음식은 몸으로 먹는 것이 아니라 마음으로 먹는다네. 우리가 유월절 축제 때 나누는 음식도 몸으로 먹지만 하나님께서 우리를 구원하신 것에 대한 기억을 되새기면서 영혼이 더 강하게 각인하는 것이지. 또한 음식은 말씀과 함께 먹는 거룩한 행위야. 그러니 먹는다는 것은 단순히 허기를 달래는 것이 아님을 명심할 필요가 있단다.

마리아: (온 얼굴에 기쁜 표정을 머금고) 예수님. 맞는 말씀이세요. 모든 나라의 음식에도 사연이 있듯이 우리 유대인들에게는 유달리 음식과 관련된 축제들이 많지요. 그러니 음식은 기억인 것 같아요. 특별한 날에 대한 기억이지요. 예수님께서 말씀하셨듯이, 음식은 영혼이 기억을 하는 것이지요. 말씀도 기억하고 온 몸으로 되새기잖아요? 음식도 몸으로 먹지만 실제로는 영혼이 먹는다고 생각해요.

모두들 시장기가 돌아서인지 음식에 대한 이야기들은 계속 이어졌다. 나는 음식을 만들고 있는데, 과연 음식 솜씨를 발휘하고 있는 것인지 아니면 음식을 만드는 것 또한 하나님을 섬기듯이 하는 것인지 분간이 가질 않았다. 분심이 들었다. 칼질과 나물을 다듬는 손은 정성이 담기지 않았다. 그것은 분명히 부엌과 응접실을 가로막고 들리는 동생 마리아의 목소리가 계속 나를 괴롭혔기 때문이다. 아무리 내가 음식 만드는 일을 즐겨하고 남들에게 봉사하는 활동적인 사람이라고는 하나, 오늘은 좀 다르잖아? 도대체 사람이 몇 명이야? 그런데 마리아는 나를 도와줄 생각은 눈곱만큼도 안 하는 것 같아. 물론 손님들과 대화를 하며 식사 전에 그들의 마음을 즐겁게 해주는 것도 중요한 일이기도 하지. 그렇지만 마리아를 이해하고 싶으면 할수록 야속하고 서운한 마음이 더 강해지고 있었다. 그렇지 않아도 조붓한(조금 좁은 듯한) 부엌이 더 답답하게 느껴졌다. 나는 더 이상 참을 수가 없어서 응접실로 나왔다.

마르다: (애써 서운한 표정을 감추며) 예수님. 말씀 중에 죄송합니다. 지금 부엌 일손이 턱없이 부족해서요. 잠깐 마리아에게 제 일손을 돕도록 해주시면 좋을 거 같아요. 괜찮겠죠? 사실 저도 예수님의 말씀을 듣고 대화를 나누고 싶은데, 제가 이 일을 하지 않으면 식사 대접이 소홀해질 것 같아서 서두르고 있어요. 하지만 이 순간에 마리아가 제 일을 돕는다면 더 수월할 것 같습니다.

요한: 예수님. 듣고 보니 마르다만 너무 고생을 하는 것 같습니다. 저희끼리 식사를 기다리면서 이야기를 나눌 수 있으니 마리아로 하여금 마르다를 돕도록 하는 것이 마땅한 것 같습니다.

예수님: 마르다야! 우리 모두가 배가 고픈 것은 사실이다. 하지만 식사를 하는 일보다 더 중요한 것은 우리가 마음을 나누는 일이야. 너는 우리를 위해서 정말 자원하는 마음으로 식사를 준비하겠다고 하지 않았니? 네가 식사를 준비하는 그 순간부터가 이미 하나님과 우리 모두와 마음을 함께 하는 것이란다. 그런데 너는 식사 준비를 하면서 분심이 들어서 그 순간조차도 하나님과 함께 한다는 생각을 저버리고 말았구나. 또한 너는 영적 위로와 기쁨에 집착을 할 단계는 아니야. 마리아를 탓하거

나 불평하지 말거라. 마리아는 나름대로 우리와 함께 말씀을 듣고 나누면서 하나님과 함께 하는 관상적 태도를 취하고 있는 것이란다.

마리아: (미안한 마음을 감추지 못하고) 언니, 미안해. 내가 언니의 바쁜 상황을 잘 이해하지 못했나봐. 이곳에서 언니의 빈자리를 대신하면서 손님들과 함께 하는 것이 나의 일이라고 판단했을 뿐인데, 언니가 많이 서운했나 보다. 밤하늘에 개똥별도 어둠이 없으면 자신의 존재감을 잃게 되잖아. 게다가 빛과 어둠을 어떻게 가를 수 있겠어. 그 둘은 동전의 양면과도 같다고 생각해. 언니로 인해서 내가, 또 나로 인해서 언니가 그런 존재들이 되는 것 같아. 언니를 부엌데기로만 취급한 것은 아니었어. 그게 내 진심이야. 게다가 나는 이제 막 예수님으로 인해서 영성적인 기쁨을 알기 시작했는걸. 언니는 그것을 넘어서 이미 사랑으로 신앙을 보여주고 있잖아. 그러니 언니가 이해 좀 해줘. 응?

마태: (무람해진[부끄러워하여 삼가고 조심하는 데가 있다] 상황을 수습하려는 듯이) 이거 미안하게 되었습니다. 저희들 식사 때문에 바쁘신데 이곳 분위기에만 몰두하다 보니 미처 마르다 님의 마음을 헤아리지 못했나 봅니다. 저희가 도와야 할 일이 있으면 언제든지 말씀을 해주십시오.

예수: 제자는 모름지기 섬김에서 그 도가 나타나는 법이다. 여성이라고 해서 제자가 아니라고 할 수도 없다. 마르다도 부엌에서 우리를 섬기기 위해서 애를 썼으며, 마리아 역시 동일하게 우리를 섬겼느니라. 침묵과 말씀으로 섬기든, 아니면 활동과 봉사로 섬기든 섬긴다는 신앙 행위에서는 조금도 다를 바가 없다는 것을 너희들은 반드시 기억을 해야 한다. 더 나아가서 하나님을 깊이 관상하는 사람은 기도와 침묵에만 머무는 것이 아니라 자신의 깨달음을 통하여 활동과 봉사로 이어지는 완성에 다다르게 된다. 그것이 진정한 의미에서 경건이요 영성이라고 말할 수 있다. 마르다가 마리아의 신앙 태도를 나무라거나 잘못되었다고 말할 수 없다. 그것은 마리아가 가진 신앙의 성격이고, 그녀의 역할

이기 때문이다. 마찬가지로 마리아는 마르다의 활동과 봉사를 낮보거나 폄하할 수 없는 것이다. 그 둘 모두가 하나님을 섬기는 앞면과 뒷면이다. 둘 모두가 결합이 되어야 진정한 관상이요, 제자 된 모습이라는 것을 한시도 잊어서는 안 된다.

제자들: 랍비여! 명심하겠나이다.

이번 일로 나는 내가 하는 일이 얼마나 고상한 신앙 행위인가를 다시 한 번 깨달았다. 나는 예수님을 섬기는 제자이다. 부엌에서 찬 물에 손 담그고 고추를 다듬고 매운 연기를 뒤집어쓰며 밥을 짓는 일이 결국 관상이요 제자의 모습이라는 것을 깨닫게 해준 중요한 계기가 되었다. 마리아는 사랑하는 나의 동생으로서 그녀가 가진 신앙의 성격은 정적이고 기도하는 관상적 삶(vita contemplativa)이요, 나는 동적이고 활동적인 봉사를 하는 일이 적격인 활동적 삶(vita activa)인 것이다. 그녀는 신앙의 앞면이요, 나는 신앙의 뒷면이다. 이것이 통합될 때 완전한 신앙이 아니겠는가.

※ 갈등이 많은 곳에는 사랑도 크도다!

☞요한의 공동체는 바로 얼마 전에 오랫동안 몸담고 있던 유대교 회당 공동체로부터 분리되어 나왔습니다. 그것은 분리이기보다는 축출이었습니다. 예수를 메시아라고 고백한다는 하나의 이유 때문에 이 공동체는 추방을 당하였던 것입니다. 회당 공동체로부터 추방을 당한다는 자체만으로도 충분히 박해를 받은 것이요, 순교를 당한 것이나 마찬가지였습니다. 이러한 상황 속에서 새로운 개종자가 생기기는커녕, 이미 믿음을 가지고 있던 사람들도 동요할 위험에 빠지게 되었다.

이러한 상황에서 요한 공동체를 통하여 예수는 "하나님의 파견자"로 그려지고 있습니다. 이 사상은 그 유명한 로고스 찬가(1,1~18)에서부터 잘 표현되고 있습니다. 예수께서는 하나님과 태초부터 함께 있었던 분인데, 육신을 입고 이 세상에 왔습니다. 그의 원래 거처는 하나님 곁입니다. 그가 이 세상을 구원하기 위해서 내려왔는데 세상은 그를 알아보지 못했습니다. 그는 하나님으로부터 "파견된 자"이나, 이 세상에서는 "낯선 이방인"과 같은 존재였습니다.

이어 더불어 요한복음(2,1~12,50) 전반부의 초점은 예수를 통한 하나님의 계시입니다. 예수께서 행한 이적들을 요한은 표징(semeion)이라 부릅니다. 그 이유는 이적과 기사들이 하나님의 영광을 드러내는 통로라는 인식 때문입니다. 나아가 요한 공동체는 파송 공동체입니다. 그들은 세상과 구별되는 존재입니다. 세상 안에 있으나 세상에 속해 있지 않은 존재입니다(17,14~16). 다른 삶의 방식과 사고를 가지고 사는 공동체입니다.

그래서 예수의 파송공동체는 세 가지의 중요한 삶의 질을 가지고 있어야 합니다.(고별설교 13~17장; 사랑, 거룩함, 하나 됨) 이러한 삶의 질들은 세상으로 하여금 파송공동체의 기원과 신뢰성에 대하여 확신을 가지게 합니다. 이 공동체의 일차적인 책임이 증언에 있기는 하지만, 그 증언은 그 공동체의 삶의 질로 뒷받침되지 않으면 안 됩니다. 이런 의미에서 요한은 탁월한 선교론을 피력하고 있는 셈입니다.

요한복음서는 약 100년경에 알렉산드리아 또는 시리아(비중이 큼)에서 집필되었을 것입니다. 요한복음서의 저자는 사도 요한이라는 설과 애제자 요한(21,24)이라는 설이 맞섭니다. 그러나 탁월한 요한복음 연구의 대가인 레이몬드 브라운(R. Brown)은 저자가 익명의 그리스도인이거나 혹은 요한복음이 한 개인의 작품이 아니라 어떤 그룹이나 어떤 학파(school)의 작품으로 볼 수 있고 또 여러 발전 과정을 겪은 마지막 단계의 작품이라고 봅니다.

요한복음서를 읽다보면, 베드로와 애제자 요한의 갈등이 증폭되어 나타납니다. 기록에서는 베드로가 애제자에 비해 열등한 위치를 차지하고 있는 듯한 인상을 주고 있습니다. 그런데 21,15~19를 통해 초대교회 안에서 중요한 기둥으로 인정되던 베드로의 권위를 다른 복음서에 맞추어 회복시키려는 의도가 있었던 것으로 보입니다. 또 한 가지 요한복음서의 특징은 반세

례요한적인 복음이라는 사실입니다. 요한복음 1,1~18.20~21; 3,30에서 세례 요한으로부터 세례 받았다는 기록이 전혀 없습니다. 이는 세례 요한의 종파가 초대 그리스도교 운동과 경쟁적으로 발전하고 있었기 때문입니다. 또한 많은 일반 대중이 세례 요한을 메시아로 생각하고 따랐기 때문에 요한복음사가는 세례 요한을 격하시키면서 예수를 세례 요한보다 더 위대한 참 메시아로 강조하려고 했던 것입니다.

2-6. 예수와 애제자 요한: "질투의 유혹"

질투와의 긴장, 행동의 질투

방 안에는 어두운 침묵이 흐르고 있었다. 게다가 우리는 패잔병들처럼 반쯤은 넋이 나가 있었다. 몇 남지도 않은 야코죽은(기죽은) 제자들은 좀체 말들이 없었고 어떤 이는 그저 땅바닥을 내려다보며 또 어떤 이는 하늘을 쳐다보며 한숨만 내쉴 뿐이었다. 그 순간 말을 꺼내는 것조차 사치인 듯이 여겨졌다. 누구 하나라도 나서서 마음을 추스르자고 말하려는 의지도 없어 보였다. 망연자실 고개를 떨구고 눈물만 흘리는 제자도 있었다. 나 또한 그분이 돌아가신 것이 도저히 믿어지지 않았다. 그분이 항상 우리와 함께 하실 것만 같았는데, 이렇게 허망하게 돌아가시다니…

그때 누군가 헐레벌떡 뛰어 오고 있었다. 막달라 여자 마리아였다. 그녀가 이 새벽 댓바람부터 웬일일까? 불길한 생각이 들었다. 얼마나 숨 가쁘게 달려왔으면 그녀는 첫 마디조차 꺼내기를 힘겨워했다. 게다가 그녀의 얼굴은 우리보다 더 사색이 되어 있었다. "요한, 큰일이 났어요." "아, 무슨 일인데 이렇게 새벽부터 난리법석을 떠시는 겁니까? 이 사람들을 보세요. 선생님이 돌아가신 후에는 아예 살려는 의지조차도 상실한 채 이렇게 힘없이 앉아 있잖아요. 마리아의 얘기를 들어 줄 기운조차도 없다고요." 나는 마리아까지도 선생님의 죽음타령을 할까 봐 지레 겁먹었던 것이다. 아니 그녀의 얘기를 듣는 것도 다 귀찮았다. 그럴 여력도 남아 있지 않았기 때문이다. 솔직한 심정으로는 애도하는 우리를 그냥 내버려두었으면 하는 바람이었다.

"아니, 내 말을 들어보세요." 숨을 헐떡거리며 그녀는 황급한 상황을 설명하려고 애를 썼다. "누군가가 예수님의 시신을 꺼내갔어요. 없어졌다고요." "예? 그게 무슨 말도 안 되는 소리입니까? 그럴 리가요? 어두운 새벽이라 잘못 보신 게지요." 어느새 베드로가 달려 나와 마리아의 얘기를 듣고 화들짝 놀라며 응대했다. "그게 아니에요. 내가 잠도 안 오고해서 뒤척이다가 예수님의 무덤을 찾아갔었어요. 그런데 무덤의 바위가 열려져 있더라고요. 그래서 살며시 들여다봤더니 예수님의 몸에 감았던 베만 그 자리에 남아있고 정작 몸은 없었다니까요. 로마 병사들이 그분의 무덤을 지키고 있었는데, 어떻게 그런 일이 일어날 수 있었을까요?" 나는 막달라 여자 마리아의 말을 믿을 수가 없었다. 그녀가 선생님을 사모한 나머지 환상을 보았을 거라고 생각했다. 아니 사람들은 간혹 자신이 보고 싶은 것만을 보려고 하는 경향이 있지 않은가. 마리아도 그랬을 것이다. 선생님의 죽음에 대한 충격을 견디지 못하고 헛것을 본 게 분명하다.

"어디 가봅시다. 베드로 형제, 같이 가보시지요. 마리아의 말이 사실인지 아닌지 직접 확인을 해봐야겠어요." 우리는 단숨에 무덤을 향해 내달렸다. 베드로는 나이가 있어서인지 동작이 민첩하지 못했다. 나온 배를 움켜잡고 숨을 헐떡이며 뛰는 모습이라니, 베드로도 어쩔 수 없는 모양이다. 이럴 때는 베드로가 굼뜨다고 탓하지도 못하겠다. 하지만 선생님이 살아계실 때는 자신이 수제자라고 그렇게 물불 안 가리며 행동하더니 이럴 때는 왜 이렇게 느린 거야. 애라, 우선 나부터라도 얼른 가봐야겠다. 나는 있는 힘을 다해 무덤을 향해 달렸다. 머릿속에는 온갖 생각이 떠올랐다. '예수님의 시신이 없어졌으면 어떻게 하지. 누가 선생님의 시신을 훔쳐간 것은 아니겠지? 그렇다면 이제는 우리가 의지할 무덤까지도 사라지는 것인가? 그렇잖아도 예수님이 관군에게 붙잡히신 후에 제자들은 뿔뿔이 흩어져서 남은 제자라고는 몇 되지도 않는데, 구심점이 될 수 있는 무덤조차도 없다면 선생님의 평상시 유지를 누가 받들 수 있단 말인가.'

숨이 턱까지 차오르는 것을 억누르며 무덤가에 다다랐다. 몸을 굽혀 안을 들여다보니 정말 수의와 수건만 덩그러니 남아 있는 것이 아닌가. 깜짝 놀라서 발을 헛디딜 뻔했다. 하지만 나는 들어갈 수가 없었다. 그분이 난도질을 당해 피 흘리는 시신은 아직도 생생해서 잊히지 않았다. 나는 극심한 트라우마에 시달리고 있었다. 그래서 그분의 시신을 확인하는 것이 급선무인 것은 맞지만, 그 우선권은 베드로에게 양도를 하는 것이 낫겠다고 생각했다. 설령 내가 그분의 사랑을 받은 제자라고는 하나 제자들 중에 수위권은 베드로에게 있는 것이다. 그것을 인정해야만 한다. 더욱이 그는 제자들 중에서 가장 대담한 사람이지 않는가. 뒤따라오던 베드로가 무덤에 들어갔다. 아무리 무덤 안을 두리번거리며 시신을 찾아봐도 그 흔적을 발견할 수 없었다. 대체 예수님의 시신은 어디로 간 것일까? 도난을 당한 것은 아닐까? 하지만 로마 관군이 지키고 있는데 어떻게 그런 일이 벌어질 수 있단 말인가? 정말 선생님이 말씀하신 것처럼 다시 살아나셨단 말인가?

인식의 질투

그 일이 발생한 이후에 우리들은 예수님의 시신을 찾는 것을 포기하고 말았다. 선생님의 시신이 사라졌다고 동네방네 떠들어대며 소문을 낼 일도 아니었다. 오히려 나쁜 소문만 더 퍼지게 마련이다. 결국 마리아의 추론대로 예수님의 시신은 누군가 훔쳐갔거나 감췄을 것이라고 단정 지을 수밖에 없었다. 그로부터 며칠 후 베드로는 자신의 생업인 어부로 돌아갔다. 다른 제자들도 마찬가지였다. 선생님이 돌아가신 후에 모든 일상이 제자리걸음이 되고 말았다. 예수님의 빈 무덤을 직접 목격한 나 자신조차도 생전의 선생님께서 하신 부활의 말씀을 깨닫지 못했었는데, 다른 제자들은 오죽했을까. 그러던 얼마 후에 예수님께서 부활하셔서 제자들에게 나타나셨다는 소식을 접해들었다.

어느 날 어부로 잔뼈가 굵은 베드로는 티베리아 호숫가에서 단 한 마리의 고기도 잡지 못하고 있었다. 선생님이 없는 삶은 밤이나 다름이 없었다. "이런, 오늘 재수가 없나 보다. 어떻게 한 마리도 잡지 못할 수 있단 말이지. 이제 내 실력도 낡았나보네." 때마침 신비스러운 낯선 이가 물가에 나타나셨지만 아무도 그분이 예수님인 줄 미처 몰랐다. "무얼 좀 잡았수?" "아니요. 오늘따라 한 마리도 걸려지질 않습니다요." "그럼, 내가 시키는 대로 한 번 해보시오." "무슨 소리입니까? 고기잡이에 대해서 뭘 좀 아십니까? 저는 이래봬도 어부로 산 세월이 십수 년입니다. 그런데 행색을 보아하니 어부 같지 않으신 분이 무얼 안다고 이래라저래라 하십니까?" "밑져야 본전이니 배 오른쪽으로, 당신의 믿음과 의식의 올바른 쪽으로 그물을 던지시오." "어디 그럼 오늘 공쳤다고 생각하고 당신의 말을 따라 그물을 던져보지요."

베드로는 선생님의 말씀에 따라 그물을 던졌다. 그러자 거짓말처럼 그물에 고기가 엄청 걸려든 것이다. 나는 순간 그분이 예수님이라는 것을 알아보았다. 그분은 참으로 부활하신 것이다. 나는 베드로에게 말했다. "저분은 주님이십니다." 그 한마디에 베드로는 허둥지둥 어쩔 줄을 몰라 하면서 옷을 갖춰 입고 물로 뛰어들었다. 물가에 도착해서 선생님을 만나려고 한 것을 보아, 이제야 예수님을 알아차린 모양이다. 나는 그래도 예수님이라는 것을 한눈에 알아차렸는데 왜 베드로는 그것을 몰랐을까? 아이고, 정말 누가 베드로(돌)가 아니랄까 봐. 제자들이 합심하여 잡은 물고기는 153마리였다. 이른 아침, 숯불 위에 고기가 익어가고 있었다. 숯불은 베드로의 배반이요, 용서가 아니던가. 조반을 들지 못한 제자들은 선생님과 함께 빵과 고기를 모처럼 맛나게 먹었다. 자상함의 식탁이었다.

아침 식사를 마친 후에 예수님은 베드로에게 무슨 사랑타령을 하셨다. 그것도 한 번만 말씀하시는 것도 아니고 세 번씩이나 확답을 요구하시는 것이었다. 그런데 얘기가 자꾸 겉도는 듯한 느낌을 받았다. 예수께서 "나를 사랑하느냐?" 하고 물으시면, 베드로가 "예, 주님. 제가 주님을 사랑합니다" 하고 답변을 하였지만 예수님께서 물으시는 것을 베드로가 잘못 알아듣는 눈치였다. '참 무식하고 무딘 베드로, 왜 예수님의 의중을 그렇게도 파악하지 못하지? 예수님을 사랑한다면 일로써, 베드로 자신으로서 살아가라는 것이 아닌가? 그 주제에 수제자라고.' 내가 막말을 한다고 생각할 수 있지만 실상 베드로는 글도 깨우치지 못했지, 다혈질이지, 성격이 급하지, 별로 맘에 들지 않아. 아! 그래도 듬직한 건 하나 있구나. 예수님은 베드로에게 마침내 막중한 사명을 주셨다. "내 양을 잘 먹이고 돌보아라." 나는 왜 예수님께서는 그에게 그토록 엄청난 일을 맡기시는지 알 것도 같았다. 그간에 실수도 많았고 덤벙대기도 했지만 그나마 자신의 책임에 대해서는 망설이지 않는 저돌적인 힘을 가지고 있기 때문이다. 또한 베드로는 어느 제자들보다도 가장 신뢰감이 가는 사람이다. 선생님은 그런 베드로의 운명에 대해서도 말씀하신 것 같았다. "너는 나를 위해서, 하나님의 나라를 위해서 목숨을 바쳐야 할 것이다." 예수님께서는 그에게 처음에 하신 말씀을 다시 반복하셨다. "나를 따르라." 베드로는 초심을 되새기는 듯했다. 다시는 예수님을 배반하는 일 따위는 하지 않겠노라 하는 각오가 굳은 표정에 나타났다.

사랑의 질투

하지만 베드로는 자신의 운명에 대해서 별로 기분이 내키지 않았을 것이다. 설령 부활하신 예수님을 다시 만나기는 하였다고는 하나, 죽음이라는 유한성을 극복할 수 있는 인간이 어디 그리 흔한가. 그 말이 좋게 들릴 리는 만무하였을 것이다. 줄곧 예수님의 주위를 맴돌면서 그분의 사랑을 독차지하고 있었던 나에 대해서 궁금해졌을까? 베드로는 난데없이 나의 운명에 대해서 예수님께 물어보는 것이었다. "주님, 애제자는 어떻게 될까요?" "그건 네 소관이 아니다. 애제자가 죽든 말든 또 언제 죽든 그것은 네가 상관할 바가 아니다. 너는 네가 갈 길을 가는 것이고 요한은 요한의 길을 갈 뿐이니라." 베드로는 왜 쓸데없는 말을 해서 핀잔을 받는 거지? 그리고 왜 남의 운명을 알고 싶어 하는 거고. 자기 할 바만 잘 하면 되지. 아까 선생님이 하시는 말씀을 뭘로 알아들은 거야. 예수님께서 맡겨준 양을 잘 돌보라고 했잖아. 그러면 그 책무만 잘 하면 되는 거지. 왜 나하고 비교를 해. 나를 질투하는 거 아니야? 혹시.

베드로는 자신이 늘 예수님의 수제자로 인식하고 있었으니까 그럴 만도 하지. 내가 예수님과의 만찬에서 바로 옆자리에 앉은 것도 투기를 했을지도 몰라. 하지만 질투를 해야 할 것을 해야지. 아무리 내가 예수님의 귀염둥이 노릇을 했다고는 하나, 나의 그릇과 베드로의 그릇은 다른 것처럼, 내가 가야 할 길과 베드로가 가야 할 길은 다른 거야. 예수님의 공생활 내내 베드로는 내가 예수님으로부터 사랑받는 제자라서 기분이 유쾌하지 않았을지 모르지만 그것은 그의 길과 나의 길이 다르기 때문에 그런 것이라고 생각한다. 동문수학을 하는 제자라 하더라도 각기 자기가 걸어가야 하는 길은 다르다. 단언컨대 내가 보기에는 베드로는 욕심이 많았던 것 같다. 그는 수제자이면서 동시에 예수가 가장 좋아하는 제자, 곧 애제자가 되기를 바랐던 것이다. 물론 나는 예수님과 각별한 사이였던 것은 사실이다. 자칫 누가 보면 친구나 동료, 제자를 넘어서 연인처럼 비춰질 수도 있었을 것이다. 그런 오해를 안 받았던 것은 아니다. 잘 알다시피 예수님은 돌아가시는 순간에 나를 가족으로 받아들이시듯 자신의 어머니를 나에게 맡기시지 않았는가 말이다. 나에게 예수님의 어머니의 자식이 될 책임을 준 것이다.

예수님께서 나에게 주신 길은 자신이 돌아올 때까지 기다려야만 한다는 것이었다. 여하튼 베드로는 예수님의 말씀에 적이 놀란 표정으로 쳐다보는 것만 같았다. 나름의 우월감을 가지고 있었던 그에게는 당연한 일이었다. 인정하고 싶지 않지만 자신의 역할과 운명을 받아들여야 하는 것도 마뜩치 않은데다, 나의 역할과 운명에 무심해야 한다는 선생님의 말씀을 들었을 때 그 당혹감은 이루 말할 수가 없었을 것이다. 그러나 그게 무슨 상관이람. 아무리 자기가 수제자였다고는 하나, 정말로 예수님이 사랑한 제자는 나 요한이라고. 하지만 베드로는 알았을까? 예수님의 발현을 체험한 제자들이라면 수제자도, 애제자도 다 구원에 이르는 길, 구원의 질투로 향해야 하는 것을.

3장

사도 바울의 해석학적 복음의 '적용' 능력

그리스도인의 박해자였던 사도 바울이 회심을 하면서 그리스도교는 예루살렘 혹은 이스라엘에 국한된 종교가 아니라 당시의 로마가 지배하고 있던 주요 국가들과 도시로 전파되기에 이릅니다. 거기에는 사도 바울이 갖고 있었던 그러면서도 주변 환경의 중요한 요인들이 작용하였습니다. 먼저 사도 바울은 로마 시민권을 가지고 있었습니다. 로마인으로 대접을 받으면서 그 당시 세계의 중심지 로마로 갈 수 있는 특권을 이미 가지고 있었던 것입니다. 학자들(이를테면 F. F. Bruce)의 경우에는 그의 선조 때에 조부나 아버지가 로마의 군인이 되어 공을 세우지 않았는가 하는 추측도 합니다. 그래서 로마의 시민권이 부여되었다고 주장하는 것입니다.

두 번째는 그가 유대인이지만 로마, 그리스의 철학이나 수사학에도 능통했을 것이라는 것을 짐작할 수 있습니다. 그의 서신들 곳곳에서는 철학적 언어나 개념들이 등장하고 게다가 그의 변론이나 웅변들은 수사학적 기교를 동원한 흔적을 발견되기 때문입니다.

세 번째는 그는 시골 선교가 아니라 도시 선교를 겨냥했습니다. 그리고 각 지역마다 도시 교회를 세우면서 세력을 확장시켜 나갔습니다. 웨인 믹스(W. Meeks)와 같은 학자는 바로 이러한 사도 바울의 도시 사목에 관심을 갖게 되는데 도시를 거점 삼아, 특히 세계 5대 도시인 아테네, 고린도, 로마 등지에서 그리스도교의 선교 센터를 확장한 장본인 것입니다.

네 번째는 로마의 (군사)도로망, 행정망의 덕을 보았습니다. 말하자면 모든 길은 로마로 통하도록 되어 있었는데, 선교 도로가 사통팔달이었다는 셈입니다. 누가복음(예루살렘지향)과 사도행전(로마를 지향)을 보더라도 사도 바울은 로마를 향해 나아가고 있다는 것을 알 수가 있습니다. 그 당시 세계의 끝(사도행전 1,8, 땅 끝까지 이르러)은 로마였다고 볼 수 있기 때문입니다.

그러나 무엇보다도 그가 그리스도교를 홀로 서도록 만든 것은 교회를 위한 상황적 신학입니다. 각 교회에 문제가 발생하거나 또 교회를 방문하지 못하는 경우는 친히 그 교회에 적합한 신학을 통해 교회를 곤고히 하고 문제를 해결하는 것을 볼 수 있습니다. 그의 신학적 체계들이 칭의론(로마서), 교회론, 그리스도론(예수 그리스도의 죽음과 부활) 그리고 종말론(재림), 인간론(영육혼 삼분설), 성사 제정과 전례(고린도서신) 등을 마련하는 데 중요한 역할을 한 사람입니다.

물론 그의 신학이 예수 그리스도의 죽음과 부활에 치중된 나머지 예수의 본래적의 사상, 즉 하나님 나라 사상이 사라지거나 취약해졌다는 비판을 받는 것은 사실입니다. 그러나 그가 tent maker를 하면서까지 그리스도교 확장에 큰 기여를 했다는 것은 인정을 해야만 할 것입니다. 그럼에도 그의 신학으로 복음서를 해석하거나 예수를 보는 렌즈가 되어서는 안 된다는 것 또한 명심해야 할 일입니다.

3-1 사도 바울과 바나바 이야기: "잊힐 뻔한 한 장의 바나바 리포트"

바울과의 만남

나의 지나온 이야기를 하려고 한다. 여러분의 시간을 많이 빼앗지는 않을 것이다. 나는 레위 사람으로 키프로스 섬에서 태어났다. 나의 본명은 요셉이었지만 격려(위로)의 아들이라는 뜻을 가진 바나바라는 별명으로 더 많이 불렸다. 대대로 레위지파에 속했던 내가 유대교로부터 천시 받는 그리스도인이 된다는 것은 실로 대단한 모험이었다. 하지만 나는 예수의 행업에 매료되었고 급기야 새로운 그리스도교 공동체를 꿈꾸고 있는 사도들의 뜻에 동조하는 마음으로 그간에 내가 가지고 있었던 밭을 팔아 예루살렘에 있는 사도들에게 가져도 주었다. 나의 열정적인 신심과 행동에 사도들도 적잖이 놀라는 표정이었다. 어디 그뿐인가. 나는 처음에는 예루살렘을 중심으로 열심히 전도도 하였다. 사도들 못지않은 신앙을 가지고 예수를 알리고 전파했던 것이다.

그러던 어느 날 사울이라는 극단적인 그리스도인 박해자가 다메섹에서 회심을 하였다는 소식을 듣게 되었다. 사울의 말은 이랬다. "박해자였던 내가 다메섹 근처에서 갑작스런 성령 강림으로 인해서 하늘로부터 쏟아지는 빛에 휩싸여 나를 부르시는 소리와 꾸짖는 소리, 그리고 그분이 명령하는 소리를 듣게 되었습니다." 내가 생각할 때도 그리스도인의 박해자로 선봉에 섰던 그가 그렇게 회심을 했다는 것은 성령의 일하심이 아니고서는 도저히 설명할 길이 없다. 분명히 그는 예수를 만난 것이다. 사울은 당장 다메섹에서부터 전도활동을 펴기 시작했다. 하지만 얼마전까지만 해도 그리스도인을 핍박했던 그가 예수를 전한다고 하니 사람들이 믿으려 하지 않았다. 가는 회당마다 쫓겨나기 일쑤였다. "안 되겠소. 사울을 없애버려야 하겠소." 당황한 유대인들이 오히려 그를 죽이려고 공모를 하고 있었다. 하는 수 없이 사울을 동조하는 제자들의 도움으로 그를 몰래 다메섹에서 극적으로 탈출시킬 수 있었다.

사울은 예루살렘으로 갔다. 그곳에서 사도들과 함께 그리스도를 전하는 한 무리로 활동하기를 원했다. 하지만 예수의 제자들조차도 그를 무서워했고 그를 제자로 받아들이기를 어려워하였다. 복음을 전하는 선교 대열에 합류하겠다는 사울을 어찌 그냥 두고 볼 수 있었겠는가. 내가 나설 수밖에 없었다. "사도 여러분, 사울은 성령을 통하여 회심을 하였습니다. 그는 더 이상 그리스도인을 핍박하던 예전에 그 사람이 아닙니다. 제가 그것을 보증하겠습니다. 그는 다메섹 근처에서 예수의 음성을 들었고 마침내 그분의 행업을 물불 가리지 않고 전하겠다는 각오를 하였습니다. 때마침 다메섹에서부터 선교를 시작했습니다만, 그곳에서 살해의 위협을 느끼고 겨우 탈출을 하게 되었습니다. 다시 한 번 말씀을 드리거니와 사울은 우리와 같은 예수의 형제요 제자입니다. 그를 우리와 같은 선교 대열에 함께하도록 허락해주셨으면 좋겠습니다." 예루살렘의 형제들은 나의 천거를 듣고 사울을 다소로 보내기로 결정했다. 야고보가 앞에 서서 말하였다. "이제 바나바와 사울은 서로 동역을 하면서 안디옥을 거점 삼아 이방인 선교에 매진해주기를 바라오." 그리고 그들은 나와 사울을 평판이 그리 좋지 못한 대도시 안디옥으로 파송하면서 이방인 선교에 박차를 가해줄 것을 당부하였다. 예루살렘의 형제들도 유대인뿐만 아니라 이방인 선교의 중요성을 인식하였던 것 같았다.

바울과의 협력

나는 그 계기로 동역자이자 사울을 협력하는 사람으로서 이방인 선교를 위해서 그와 함께 뜻을 모으게 되었다. 사울이 다소에 가 있는 동안 내가 먼저 안디옥으로 가게 되었다. 나는 설레는 마음을 품고 안디옥으로 향했다. 안디옥교회는 예루살렘 모교회와 특별한 결연 관계를 맺었다. 안디옥은 하나둘씩 이방인들이 개종을 하면서 유대인들과 뒤섞인 혼성교회로 부흥을 하고 있었다. 결국 나 혼자만으로는 그 일을 감당할 수 없다는 생각에 다소에 있는 사울을 찾아갔다. 그리고 그를 데리고 안디옥으로 돌아와서 1년 반 동안 그와 함께 신생교회인 안디옥교회를 지도하였다. 그와 뜻은 잘 맞았다.

나는 그를 조력하는 사람에 지나지 않는다는 생각으로 일관했고 가능한 한 그의 선교 의지에 맞추려고 노력을 하였다. 그런 노력의 결실이었는지는 몰라도 안디옥의 신자들이 얼마나 독실하였던지 주변 사람들로부터 '그리스도의 추종자 또는 신봉자'를 뜻하는 '그리스도인'이라는 호칭을 얻었다. 우리 스스로 붙인 이름은 아니었다. 적대적인 외부인들이 안디옥교회를 더 이상 유대교의 한 분파가 아닌 그리스도를 붙좇는(존경하거나 섬겨 따르다) 새로운 종교 집단으로 여기고 '메시아 열광주의자'라는 의미로 불린 것이나 기분이 과히 나쁘지는 않았다. 이런 안디옥교회의 성장과 발전을 보면서 우리는 물욕과 소유욕이 없으셨던 예수처럼 파격적으로 무보수로 일하자고 합의를 하였다.

그러던 중 예루살렘 모교회에서 온 예언자들로부터 불행한 소식을 들었다. 기근이 심하게 들어 굶주리는 교우들이 많아서 교회의 상황이 매우 어렵다는 것이었다. 사울과 나는 가만히 두고 볼 수 없다고 판단했다. 안디옥교회의 신자들에게 이 상황을 잘 설명하고 구호 헌금을 하자고 납득을 시켜야했다. 다행히도 안디옥교회 신자들은 각자 힘닿는 대로 헌금을 하여 제법 모교회를 도울 수 있는 금액이 되었다. 사울과 나는 그 헌금을 가지고 예루살렘 모교회를 방문하는 계획을 세웠다. 마침내 우리는 기쁜 마음으로 예루살렘 모교회의 장로들에게 원조 기금을 전달할 수 있었다. 헌금 봉사를 마치고 돌아오는 중에 우리와 함께 이방인 선교에 협력을 하겠다고 나선 나의 사촌인 마가 요한을 데리고 돌아오는 행운을 가졌다. 이것이 나와 사울이 갈라서게 되는 결정적인 사건이 될 줄은 미처 생각을 못했다. 여하튼 우리 안디옥교회는 아프리카 태생의 니게르(라틴어로 검다라는 뜻)라는 시므온, 구레네(키레네) 사람 루기오와 헤로데의 영주의 어린 시절 친구 마나엔까지 동역자로 포함되어 있으니 그야말로 다국적 사역자들이 포용적으로 분포되어 있다는 데에 자부심을 느꼈다.

아마도 45~49년경이었을 것이다. 나는 바울과 마가 요한과 함께 첫 번째 전도여행을 떠났다. 나의 고향 키프로스(구브로)와 터키 남부지역에서 주로 전도활동을 펼쳤다. 여기에서 바울은 먼저 유대인들의 회당에 들러 율법과 예언서를 낭독하고 하나님의 말씀을 전파했다. 그러던 중에 밤빌리아에 있는 버가에 갔을 때 그만 마가 요한이 바울을 떠나서 예루살렘으로 돌아가버리고 말았다. 선교 방법에 대해 바울과 갈등을 빚은 듯했다. 나는 마가 요한을 두둔하고 그를 필요로 한다고 계속 말은 했지만 바울은 일고의 가치도 없다고 돌아섰다. 그간에 동역을 했던 정리를 생각하면 이해할 수 없는 일이었다. 하지만 애초부터 바울과 마가 요한은 서로의 입장이나 감정이 잘 안 맞았던 것 같았다. 바울은 마가 요한이 선교에 대해서 불성실하다고 느꼈던 것이다. "그는 정말이지 맘에 안 들어요. 당신이나 나나 보수가 없이 선교의 열정을 불태우고 있는데, 마가 요한은 그런 것도 모르고 자신의 실속을 차리는 것 아닌지 모르겠소." 바울은 못마땅한 듯 투덜댔다. 그것이 바울과 마가 요한, 아니 나와의 갈등의 첫 신호탄이었다.

　마가 요한이 돌아간 후 우리는 한동안 말을 안 했다. 그렇다고 일찌감치 계획했던 선교여행을 포기할 수는 없는 노릇이었다. 바울과 나는 무거운 마음으로 이고니온에 있는 회당으로 들어가 설교를 하였다. 설상가상으로 우리들의 설교에 유대인들은 악감정을 품고 이방인들을 선동하여 우리와 적대적인 관계를 만들었다. 그럼에도 우리는 정말 용기를 내어 담대하게 하나님의 말씀을 전했다. 온갖 기적과 표징들이 일어났다. 하지만 그럴 때마다 유대인들과 이방인들, 그리고 자기들의 지도자들과 함께 우리를 모욕하고 돌로 쳐 죽이려고 덤벼들었다. 생명의 위협을 느꼈다. 애초에 목숨을 내놓고 선교를 시작한 우리들이라고는 하지만 이럴 경우에는 모든 것을 다 포기하고 싶은 심정이었다. 이런 일을 맞닥뜨릴수록 하나님의 선교는 그야말로 나의 것이 아니라 하나님의 것을 나타내 보여주어야 하는 만큼 최악의 상황조차도 무(無)로 여길 수 있는 신앙이 아니면 안 된다. 우리는 황급히 루스드라(리스트라)와 더베(데르베)로 도피를 하였다. 그나마 성한 몸으로 그 지방을 빠져나온 것은 하나님의 보호하심이 아니었다면 불가능했을 것이다. 그곳에서도 우리는 쉬지 않고 하나님의 말씀을 전파하였다. 그때 나는 바울의 능력을 보고 깜짝 놀랐다. 바울은 그곳에 와 있는 앉은뱅이를 일으켜 세우는 것이 아닌가. "당신 영혼을 똑바로 서 보시오." 믿음이 충만한 그의 목소리는 확신으로 가득 차 있었다. 그는 벌떡 일어섰다. 사람들이 웅성웅성 거렸다. "신들이 사람 모양을 하고 우리에게 내려왔다!" 거기에 모인 사람들은 바울을 마치 자신들이 믿고 있는 신화에 나오는 인물쯤으로 생각했던 모양이다. 우리는 그 말을 듣고 분노와 슬픔을 이기지 못하고 그 무리들을 향해 외쳤다. "우리가 이렇게 복음을 전하고 이적을 행하는 것은 여러분 모두가 하나님께로 돌아오게 하기 위함입니다." 우리를 향해서 제사를 지내려고 하는 그들을 겨우 말렸는데, 그 와중에 유대인들은 그들을 충동질하는 바람에 바울이 돌에 맞아 거의 죽음의 상태에 이르렀다. 그들도 바울이 죽은 줄만 알았다. 그렇게 죽음의 고비를 넘기고 또 넘기면서 이방인들이 하나님을 받아들이게 만드는 바울의 선교적 열심은 나를 넘어서고 있었다.

바울과의 결별과 소회

49년경 예루살렘에서 안디옥으로 내려온 몇몇 유대인들이 모세의 관례대로 할례를 받아야 구원받을 수 있다고 말함으로써 우리의 이방선교에 일대 위기가 발생하였다. 이 문제에 대해서는 우리 사이에서도 적잖은 논쟁을 불러일으키고 말았다. 바울과 나는 그들에게 이방인들이 주께 돌아온 하나님의 역사에 대해서 설명하였다. 수구파 바리새인들은 철저하게 모세의 관례를 지켜야 한다는 주장을 내세웠다. 하지만 베드로가 나서서 "하나님께서는 그들과 우리 사이에 차별이 없게 하셨다"는 중재 연설로 좌중을 잠잠하게 만들었다. 이어 야고보가 일어서서 자신의 타협안을 제시하였다. "우선 이방인들은 우상에게 바쳐진 고기를 먹지 말고, 우상 숭배와 직결된 온갖 음행을 멀리해야 하며, 목 졸라 죽인 짐승과 피를 먹어서는 안 될 것입니다."

예루살렘 회의의 의장으로서 그가 내린 결정은 장엄하고 엄중하였다. 이방인들이 하나님을 찾겠다고 나선다면 율법으로 그것을 방해해서는 안 된다는 원칙론을 제시한 것이리라. 나도 뼛속 깊이 유대인이지만 율법의 시행세칙들을 적용시키지 않고 최소한의 규범들을 지키도록 한 야고보의 절충안은 이방인 선교를 위한 현명한 판단이었다고 본다. 요지는 유대계 그리스도인들과 이방계 그리스도인들이 공존하기 위해서는 금기식품은 먹지 말고, 근친결혼은 삼가라는 것이었다. 그의 논점은 아무리 이방인이라고 할지라도 구원을 위해 필요한 조건은 믿음이지 율법의 준수가 아니라는 것을 천명한 것이었다. 우리 안디옥교회 신자들은 이 편지의 내용을 크게 기뻐하며 반겼다.

그렇게도 수난을 겪고 죽음의 고비를 여러 번 넘기면서 함께 선교를 했던 바울과 나에게 어두운 그림자가 드리워지고 있었다. 어렴풋한 기억을 더듬어보면, 50~52년경 두 번째 전도여행 때에 바울이 내게 제안을 하였던 것이 생각난다. 지금까지 창립한 교회들을 다시 감독하며 살펴보자는 것이었다. 나는 마가 요한도 함께 데리고 가자고 하였다. 하지만 바울은 극구 반대를 하였다. 지난번 밤빌리아 버가에서 마가 요한이 전도를 포기하고 선교의 불성실한 태도를 보았던 터라 그를 신뢰할 수 없다는 것이었다. 격한 논쟁 끝에 나는 할 수 없이 마가 요한과 함께 나의 고향 키프로스로 떠나고, 바울은 예루살렘 출신 신도 실라를 데리고 소아시아의 여러 지역에서 전도함으로써 영원히 그와 만날 기회가 없게 되었다. 결국 전도의 방법 문제를 두고 유발되었던 갈등과 결별을 피할 수 없었던 것이다.

누군가의 협력자가 된다는 것은 내가 그의 그림자가 되어야 하는 것이다. 그림자는 그 존재의 실체가 없는 한 아예 존재할 수 없는 법이 아닌가. 하지만 실체이든 그림자이든 기실 빛이라는 근원이 없으면 모두 존재할 수 없다는 것도 간과할 수 없는 사실임을 나는 뼈저리게 느꼈다.

☞사도행전은 복음서와 마찬가지로 역사적 정보를 정확하게 전하기 위한 목적으로 쓰여진 책이 아니라 신앙적인 목적을 가지고 역사의 이야기들을 서술했습니다. 저자에게 있어 정확한 역사적 정보의 전달은 그의 일차적인 관심이 아니었습니다. 사도행전은 예수의 뒤를 이어 나타난 교회의 이야기를 전하고 있습니다. 교회는 예수의 모범을 닮아서 살아가는 증언 공동체라는 것이 저자의 교회론입니다. 예수의 이야기가 성령의 강림 사건으로 시작하듯이(눅 3,21~22) 교회의 이야기도 그렇게 시작합니다.(행 1,14.24; 2,1~13)

사도행전은 영웅사관에 입각해 있습니다. 즉, 이야기들이 몇몇 영웅들(베드로, 바울, 스테반 등)을 중심으로 전개되고 있다는 것입니다. 하지만 이러한 역사기술은 당시의 그리스~로마 문화권의 역사 기술의 한 특징이었습니다. 사도행전의 영웅은 누가 뭐래도 베드로와 바울입니다. 베드로는 이 책의 전반부의 주인공이며, 바울은 후반부의 주인공입니다. 베드로는 유대 세계에 대한 복음의 증언 활동의 영웅이며, 바울은 이방 세계에 대한 증언 활동의 영웅입니다. 베드로는 유대 세계에 대한 복음 전도의 과정에서 이방인 전도의 길을 처음 열어놓고(10장), 또한 이방인 전도의 정당성을 공식적으로 지지해주면서(16장) 역사의 장에서 사라집니다. 복음의 전파 과정은 예수(갈릴리로부터 예루살렘까지), 베드로(예루살렘에서 이방인의 경계까지), 그리고 바울(이방인의 경계로부터 로마까지)로 이어집니다. 증언활동은 땅끝까지(1,8) 가야 합니다. 바울은 "로마로부터 땅끝까지의 진행"을 남겨 놓고 끝납니다. 사도행전의 말미 부분(28,31)은 열린 결론입니다. 바울의 증언 활동이 끝이 나지 않았다는 것을 의미합니다. 진행 중에 이야기가 갑자기 중단된 미완의 결말입니다. 이 결말이 가지는 문학적 의미는 그 남겨진 결말이 독자들에게 맡겨졌다는 것입니다. 그 증언 활동은 예수의 재림 때까지 계속 되어야 합니다. 바울이 도달했던 지점은 로마였습니다. 그러나 누가의 생각으로 로마는 세상의 끝이 아닙니다.

※ 바울, 그리스도교 신학을 체계화하다!

☞바울의 인간학적 개념들 중에 잘 구분이 안 되는 것들이 있습니다. '육'(肉)은 그리스어로 '사르크스'(sarx)라고 하는데 인간의 물질적인 몸 혹은 "육체"를 뜻합니다. 그것은 사람과 짐승의 살을 의미하고 피부, 뼈마디, 눈동

자와 함께 몸의 지체입니다. 쉽게 말해서 밖에서 보이는 '살'입니다. 육체는 혼의 구체화입니다. 육은 지상적인 몸에 제한된 구체적 육신으로 살고 있는 인간을 지칭합니다. 육에 따라 사는 인간은 하나님을 인정하는 대신에 자기 자신에게 의지하는 죄인의 표상입니다.

이와 비슷한 '몸'이 있습니다. 그리스어로 '소마'(soma)라고 합니다. 바울에게 있어 몸은 인간의 전인을 가리키는 말이기도 합니다. 하나님께서 나를 만나시는 장소는 영혼이 아니라 몸입니다. 몸은 또한 예배의 장소입니다.(롬 12,1: 고전 6,20) 몸은 나를 가리키기 때문입니다.(고전13,3; 7,4) 몸은 타락할 수 있는 존재로서의 인간, 아니 실제로 이미 타락했고 죄와 죽음의 희생물이 된 인간을 가리킵니다. 육은 이미 타락한 자로서의 인간을 지칭합니다. 육은 몸을 지배합니다. 그래서 육이 끝장이 나면 몸은 그 감옥으로부터 해방이 됩니다(롬 8,9).

'정신'(nous)이라는 개념의 '누스'는 정신 혹은 마음으로 번역됩니다. 그러나 깨달음, 판단, 지적활동의 주체를 가리키며 이것은 사람의 한 부분이기보다 인간의 주체를 통칭하기도 합니다. 그렇다면 사도 바울의 신학에서 '마음'은 무엇일까요? 그리스어로 카르디아(kardia)라고 하는데, 이는 '누스'(nous, 이성)처럼 인간의 "나"를 의미합니다. 마음은 이해와 의지의 기관이며 나의 의식적인 활동의 기관입니다. 나아가 마음은 생각과 의지와 감정의 중심입니다. 바울은 특별히 욕망을 가진 인간을 묘사할 때 카르디아를 사용합니다. 이 때 카르디아는 영보다 저급한 원리를 말합니다. 사람이 회개할 때는 마음(의 계획, 의욕)이 바뀌는 것입니다. 달리 자아에 변화가 생기는 사건입니다.

'혼'(魂)은 '프쉬케'(psyche)라고 합니다. 히브리어 네페쉬와 같은데, '생명의 힘', '생명 자체'를 일컫습니다. 혼은 사람의 지상존재에 속한 것입니다. 혼이라는 단어는 그 사람 자신을 가리킬 수도 있습니다. 그리고 그것은 몸, 육, 영과 관련되어 있습니다. 만일 혼과 대립되는 말을 쓴다면 그것은 몸이 아니라 영입니다. 우리가 익히 알고 있는 프뉴마(pneuma)라고 하는 '영'(靈)은 사람 자신을 가리킬 때도 사용하고, 고린도전서 7,34과 5,3에서 몸과 영은 함께 전인을 묘사합니다.

신약에서 총 32회나 씌어진 '양심'(syneidesis, 쉬네시데시스)은 '함께 있다', '함께 본다'는 말로서 자기 곁에 증인으로 하나님이나 어떤 초월적 존재가 함께 있다는 뜻입니다. 다시 말해서 윤리적, 도덕적 자각에서 함께 아는 자가 있어서 행위의 증인과 심판자가 된다는 것입니다. 이 양심은 선악의 판단의 자리입니다(롬 2,15). 동시에 바울에게 양심은 성령과 동행하는 것이며 그리스도의 진리를 깨우쳐서 살아난 마음의 자리입니다

히브리적 사고방식에서 몸이란 사람, 또는 사람의 전인격을 지칭하는 말입니다. 구약에서는 사람의 지체를 표시하는 말이 80여 가지나 나오는데, 이것들을 통합하는 개념은 없고 그 모든 부분이 사람 전체를 대표하였습니다. 눈, 손, 마음 따위는 각기 한 관점에서 사람 전체를 지칭한 말들입니다. 그러나 헬라 사고방식은 육체와 영혼을 대조시키며 이분화시키는 경향이 짙습니다. 예를 들어서, 헬라적인 사고방식에서 혼이 육체에 갇혀 있다고 생각합니다. 육체는 인간의 인격에 반드시 갖추어야 할 것이 아니고, 혼이 그것을 뒤집어썼다가 언젠가 벗어버리고 갈 것이라고 보는 것입니다. 헬라적 사고방식에서 육체는 사람에게 비본래적인 요소입니다. 그러나 히브리적 관념에서는 사람이 곧 몸이었습니다. 사람이 죽은 후에 혼만이 존속한다고는 생각지 않았습니다. 오늘날 교회 안에 이러한 이분법적 신앙이 여전히 유지되고 있다면 지양하고 히브리적인 통합적인 사고를 지향해야 합니다.

3-2. 사도 바울과 디도 이야기: "구원에는 조연이 없습니다!"

그렇습니다. 저는 지금 한 교회가 마련해 준 자그마한 집에서 하룻밤을 보내고 있습니다. 지금 저의 이야기를 풀어내려고 하는 이유는 저와 함께 한 세기를 살았던 존경하고 사랑하는 두 사역자인 사도 바울과 디모데를 회상하기 위한 것입니다. 저는 그들에 대해 무언가 써야겠다는 욕망을 때로 강렬하게 느꼈습니다. 물론 저의 이야기도 빠질 수는 없겠지요.

저는 없어서는 안 될 조연이었다고 생각합니다. 감히 자평을 하자면, 그야말로 생광스러운(영광스러워 체면이 서는 듯하다, 아쉬운 때에 요긴하게 쓰게 되어 보람이 있다) 존재였으니까요. 사도 바울을 통해서 개종한 저였지만, 고린도교회에서 문제가 발생하였을 때 그를 대신하여 "눈물의 편지"를 가지고 고린도를 방문하여 어려운 일을 해결하였던 제가 아니었습니까? 고린도교회는 문제가 많았지요. 교회의 갈등과 분열, 성적 문란, 이방종교의 유입, 은사적 교만, 빈부의 격차 등. 하지만 교회들 사이에서 저, 디도에 대한 존재감이 있었던 걸까요? 돌이켜보면 사도 바울과 생사고락을 같이 하기는 했어도 사람들은 저에 대해서 잘 모르는 것 같습니다. 그래서 이쯤해서 저의 이야기를 하렵니다. 그때가 언제인지 아련하지만 사도 바울과 함께 선교 여행을 하고 있었을 때였습니다. 아마도 그때에는 바나바와도 같이 있었던 것으로 기억이 나는데, 때마침 예루살렘으로 올라가던 중이었습니다. 사도 바울은 하나님의 계시를 받고 예루살렘에 있는 사도들에게 이방인 선교에 대해 설명을 하기 위해서 상경을 하던 차에 할례에 대한 문제를 거론했던 것 같습니다. 다행스럽게도 저는 태생이 그리스인일지라도 유대인처럼 할례를 받아야 할 필요가 없다는 결론을 내리기는 했습니다. 디모데가 할례를 받았던 것에 비하면 정말이지 그것은 파격 그 자체였습니다. 그렇지만 그게 간단한 문제만은 아니었습니다.

이왕 말이 나온 김에 여기서 잠깐 디모데를 소개를 하겠습니다. 사도 바울은 더베(데르베)에 들렀다가 리스트라로 갔었는데, 거기서 디모데를 만났다고 했습니다. 그의 어머니는 일찌감치 예수님을 믿은 유대인이었으나, 아버지는 그리스 사람이었습니다. 할머니 로이스 역시 사도 바울에 의해 개종을 한 분이었습니다. 그렇지만 디모데는 교인들 사이에서 신망과 평판이 매우 좋았다고 했습니다. 그래서였을까요? 사도 바울은 디모데를 자신의 협력자로 낙점을 했습니다. 하지만 그 마을에 있는 모든 유대인들이 디모데의 아버지가 이방인이라는 것을 알고 있었기 때문에 혹시 일어날 말썽을 대비해서 디모데에게 할례를 베풀었습니다. 에베소에서 활동하던 저의 단짝 디모데는 그렇게 해서 사도 바울로부터 "믿음 안에서 참 아들"(딤전 1,2)로, 저는 "같은 믿음을 따라 나의 참 아들"(딛 1,4)이라고 불렸습니다.

여하튼 이방 지역에서나 사도 바울이 힘이 있는 존재였지, 뼛속 깊은 사도들에 비하면 발언권이나 결정권이 그렇게 강하다고 볼 수 없었습니다. 그럼에도 사도 바울이 존경스러운 것은 복음의 진리, 복음의 본질 앞에서는 한 치의 양보를 안 하려고 했다는 겁니다. 하나님은 겉모양이 아닌 오로지 속모양으로 판단하신다는 믿음을 갖고 있었던 겁니다. 급기야 예루살렘에 있는 사도들은 베드로가 유대인을 위해서 복음을 전하는 사도가 된 것처럼, 사도 바울은 이방인을 위해서 복음을 전하는 사도가 되었음을 인정하기에 이르렀습니다. 정말로 획기적인 사건이 아닐 수 없었습니다. 잘 알다시피 유대인에게 있어 남근은 단순한 성기가 아니라, 하나님께서 부과한 과업을 수행하는 도구(道具)인 셈이었습니다. 그래서 할례는 남근의 포피(包皮)를 벗겨 신에게 바친다는 의미를 가지고 있었습니다. 이것은 바로 계약 공동체 이스라엘과 이방 민족, 곧 비유대인을 구별하는 중요한 수단이자 선민의 표식이라는 점에서 보면 그들의 결정이 그리 쉬운 것은 아니었을 것은 분명한 사실입니다.

그와 같은 중대한 결정, 그러니까 '이방인에게 선교를 할 때는 유대인과 같이 할례를 베풀지 않아도 된다'와 '가난한 신자들에 대해서 항상 관심을 가져달라'는 골자로 합의를 하고서는 사도 바울과 바나바가 친교의 악수를 나누었습니다. 그들이 서로 악수례를 하는 그 순간 저는 기분이 조금 나빴습니다. '뭐야? 세 사람이 함께 예루살렘에 동행을 하고 이방인의 대표격으로 참석을 했다면 나도 같이 악수를 했어야 하는 거 아냐? 나는 바나바와 비교해서 한 자리 밑이라는 얘긴가?' 기분이 유쾌하지는 않았지만, 그래도 잘 된 일이라고 생각했습니다. 저도 일익을 감당한 거나 다름이 없었으니까요. 그 자리에서 이방인으로서 사도 바울을 거들어 이방인이 개종하는 어려움을 피력하고 그의 논변에 힘을 실어줄 수 있었다는 것에 자부심을 느끼는 것으로 보상을 받았다고 생각했습니다.

사도 바울이 저를 얼마나 신뢰를 했는지 잘 알게 해주는 일이 있었습니다. 한 번은 예루살렘에 기근이 들어서 각 교회에 모금을 해서 보내기로 했었습니다. 저는 사도 바울과 같이 선교 여행을 하던 중에 에베소에서 고린도로 모금책임자로 파견이 되는 영광을 갖게 되었다는 거 아닙니까. 예루살렘과의 신의를 지키기 위해서 가난한 사람들을 구제하는 일에 열심을 내었던 사도 바울을 저는 지금도 생생하게 기억하고 있습니다. 그 구제 선교의 열정을 잘 알기에 저도 거기에 발맞춰 정말 즐겁고 자원하는 마음으로 고린도교회에 가기로 했습니다.

사도 바울은 저를 그냥 홀로 보내지 않았습니다. 교회에서 신망이 두터운 몇 사람을 동행하도록 해주었습니다. 복음을 전하는 데 그야말로 명성을 떨친 형제, 다방면에 걸쳐서 열심과 열정이 있는 형제를 뽑아서 같이 가게 되었던 것입니다. 그들은 생김새도 비슷해서 우뚝한 콧날과 짙은 눈썹을 가진 만큼 굉장히 확고하고 신중한 사람들이었으며 돈에 대해서 초연한 신자들이었기 때문에 괜히 의연금을 모금하다가 큰 일이 날 걱정은 없었습니다. 견물생심이라고 했잖습니까? 왜, 사람들이 돈을 보면 환장을 하잖아요. 모금을 하다보면 돈을 수없이 만지게 될 텐데, 그것을 돈으로 여기지 않을 수 있는 신심 깊은 사람이 필요했던 거 같습니다. 사도 바울이 얼마나 신중하고 꼼꼼한 사람인지 잘 알 수가 있는 것이지요. 저 혼자만 보냈으면 아마 고린도교회에서 문제가 생겼든지, 아니면 예루살렘에 가져가는 도중에 구설수에 올랐든지 했을 겁니다. 그런 모든 것을 방지하기 위해서 사도 바울은 저를 모금 담당 책임자로 보내기는 했어도, 이중삼중의 안전장치, 옴니암니(다 같은 이인데 자질구레하게 어금니 앞니 따진다)까지 꼼꼼하게 보완적인 행정장치를 마련하는 치밀함을 보였던 거 같았습니다. 그 덕분에 예루살렘의 구제의연금을 잘 보낼 수 있었던 게 아닌가 싶습니다.

사도 바울은 저를 "진실한 아들"이라고 말할 정도로 신망이 두터웠다고 얘기를 했었죠? 그도 그럴 것이 사도 바울이 로마에서 첫 번째 감옥 생활을 한 후에도 저는 그와 내내 동행을 하였습니다. 이곳저곳을 함께 선교하러 다니다가 에스파냐, 달마티아까지 갔었습니다. 그런 후에 그레데(크레타) 섬에 이르러서 그와 작별을 하고 혼자서 그곳에 머물게 되었습니다. 그레데의 첫 인상은 그리 좋지 않았습니다. 사도 바울은 그레데가 많은 문제점을 안고 있는 지역임을 간파하고 저에게 목회 지침들을 전달할 정도였으니까요. 그레데 거주민들은 지중해 세계에서 가장 멸시당하고 압제받는 전형적인 사람들 가운데 하나로 취급되었습니다. 게다가 그들은 항상 거짓말쟁이들이고 악한 짐승들이며 게으른 탐식가들이라는 말이 나올 만큼 야만인으로 혐오스럽게 여겼습니다.

또한 그 지역은 그리스 로마적인 문화가 매우 강했습니다. 신화에 의하면 그레데에 있는 이다산(Ida Mount)은 제우스가 태어난 곳이었고, 미노스 왕(Minos King)은 제우스의 아들로 여겨졌습니다. 이 섬은 도리아인들이 지배하게 되었는데, 트로이 전쟁 후 이 섬에 있는 도시들은 도시국가들을 형성하게 됩니다. 그 후 그레데는 기원전 67년에 로마에 합병되었습니다. 그래서였는지 그레데 교인들은 유독 신화에 매료되거나 족보에 집착하는 경향이 큰 거 같았습니다.

그뿐만 아니라 유대주의 성격이 강한 이단 가르침이 심해서 사도 바울은 저더러 "이단에 속한 사람들은 한두 번 훈계한 후에 멀리하라"고까지 당부하였습니다. 유대화된 영지주의 교사가 판을 치고 있었던 것입니다. 어디 그뿐인가요. 금욕주의도 강해서 음식을 인위적으로 제한시키는 일도 있었습니다. 돈거래까지 했는지는 몰라도 금전상의 이득을 취하려고 했던 사람들과 파당적이며 사변적인 논쟁자들도 많았습니다. 그래서 사도 바울은 그렇게 사도들의 올바른 가르침을 퇴색시키는 것을 막고 행정적으로 조직화되는 교회를 만들기 위해서는 유능한 지도자, 곧 장로를 잘 세우는 것이라고 판단했습니다. 그것이 교회의 존폐를 결정짓는 것이라고 했습니다.

지도자가 없기로서니 허구한 날 계속되는 신앙의 단조로움과 지긋지긋한 유대교의 율법적인 이야기에 무기력하게 무너지는 그레데 교인들의 모습은 회생의 일말의 가능성을 찾기조차 어려웠습니다. 불안한 그리스도교적인 신앙 감정을 추스르기 위해서 필요한 것은 사도 바울과 마찬가지로 저도 동감하는 바이지만 올바른 지도자의 선출이라고 생각했습니다.

　신앙의 피로감이 극도로 달한 어느 날 사도 바울로부터 한 통의 서신이 도착했습니다. 만성적이고 고질적인 유대교적인 병과 궁벽한 산촌이 아닌 회색의 끈적거리는 그리스 로마 도시에서 그리스도인으로 살아가려면 피상적인 반복의 신앙 일상을 탈피해야 한다는 것이 요지였습니다. 그러면서 교회의 지도자가 되려면 적어도 무뚝뚝하고 지나치게 냉소적이며 논리적인 바탕에서 교회 일을 처리하려는 사람이 아니라 품어주면서 온화한 눈빛으로 '일'이 아닌 '사람'을 바라보려는 일꾼, 맹목과 열정에만 사로잡혀서 냉정의 힘을 오만으로만 생각하지 않는 사람이 되어야 한다는 것을 명시했습니다. 그레데 교인들은 사도 바울의 목회지침에 따라서 차츰 신앙의 평정을 되찾게 되었습니다.

　지금까지 건성건성 저의 이야기를 고백삼아 말하기는 했지만, 이제야 깨닫게 되는 게 있습니다. 저에게 신의 손길은 멈춘 적이 없었고 앞으로도 멈추지 않을 것이라는 것을 말입니다. 그리고 선택이 운명이라고 했던가요. 물론 저의 자의에 의한 선택은 아니었을지라도 하나님으로부터 사도 바울의 협력자로서 부름을 받았다는 것은 행복한 일이었습니다.

　어스녁, 저의 동료 디모데는 요즈음 어떻게 지내고 있는지 궁금합니다. 덧없이 그의 생각이 납니다. 그러고 보니 이제야 제 옆에 나있는 발자국이 보입니다. 저와 동행하신 그분의 발자국. 제 옆의 발자국은 하릴없는 그분의 것입니다. "주님, 모든 이들한테서 저를 잊히게 하소서. 당신께서 저를 기억해주시는 것만으로 만족하나이다. 아멘."

※ 바울은 어쩜 그렇게도 편지글을 잘 쓸까?

☞바울의 서신들은 신약성서에서 거의 반 이상을 차지합니다. 그만큼 그리스도교를 이해하는 데 바울의 서신들은 중요한 역할을 합니다. 바울이 편지를 사용하는 선례를 헬라 문화권에서 배웠습니다. 하지만 유대인들은 그리스-로마인들처럼 편지를 자주 사용하지 않았습니다. 다만 신약성서 편지들은 대부분 설교 목적을 위해서 사용되었습니다. 바울은 그 무엇보다도 먼저 도시를 중심으로 한 순회 전도자였습니다. 바울은 헬라적인 도시로 이름이 높았던 다소(Tarsus)출신의 유대인이었습니다. 그는 어릴 적에 이 도시에

서 헬라 교육을 받았고, 청소년기에 이르러 예루살렘으로 내려가 바리새인으로서의 율법 교육을 받았을 것입니다. 바울의 서신들은 설교적인 기능을 가지고 있습니다. 다시 말해서 바울의 서신들은 성격상 그때그때의 교회의 형편에 의해서 씌어진 '상황적'(contextual)이라는 것입니다.

우리는 바울이 직접 쓴 이른바 '바울친서'(살전, 고린도전후서, 갈라디아서, 로마서, 빌립보서, 빌레몬서)와 바울의 손을 직접 거치지 않은 가탁서신(假托書信: 살후, 골로새서, 에베소서, 디모데전후서, 디도서)으로 나누어야 합니다.(정양모, 바울로친서이야기 참조) 여기서는 중요하다고 판단되는 몇 가지 서신만 살펴보도록 하겠습니다. 먼저 '로마서'는 기원 후 56년경 고린도에서 씌어진 서신입니다. 로마서는 복잡하고도 심오한 내용으로 인하여 "그리스도교 신앙의 대헌장"이라는 별명으로 불려왔습니다. 당연히 로마서는 로마에 있던 가정 교회들 (house churches)의 상황과 뗄 수 없는 관계를 가지고 있습니다. 로마의 교회들만이 바울이 직접 세우지 않았다만 그 교회는 분열과 갈등이 만연해 있었습니다. 아마도 로마의 교회들은 오순절 사건 때에 순례자로 왔다가 사도들의 설교를 듣고 회심하여 귀환한 사람들이 세웠으리라는 추측을 해볼 수 있습니다.

다른 도시들의 경우도 그렇지만, 로마의 경우에도 교회는 애당초 디아스포라 유대인들을 중심으로 구성되었습니다. 이들은 오순절 순례차 예루살렘에 갔다가 사도들의 설교를 듣고 신자가 된 사람들이었을 것입니다. 이들이 공동체를 구성하고 전도를 해 나가면서 점차 이방인들을 받아들였습니다. 어느 정도의 시간 동안 로마의 가정교회는 아무런 문제가 없이 성장을 해 나아갔습니다. 문제의 발단은 클라우디우스(Claudius) 황제가 로마로부터 유대인들을 추방하면서부터 생겼을 가능성이 큽니다. 이 사건은 주후 49년 어간에 생긴 일(행 18,2)이었습니다. 수에토니우스(Suetonius)의 증거를 보면 이 추방의 대상은 "그리스도를 믿은 유대인들"이었을 것으로 판단됩니다. 이때 많지는 않았지만, 서서히 성장하고 있었던 '로마인 신자들'은 이 추방에서 제외되었습니다. 이들은 유대인 신자들이 없는 공백을 채우고 로마 교회의 주체 세력으로 성장하였습니다.

클라우디오스 황제의 칙령에 대한 로마 정부의 기억이 희미해짐에 따라서, 추방되었던 유대계 그리스도인들이 다시 로마로 돌아왔습니다. 이들은 과거의 주도권을 되찾으려 했을 것이고, 이미 주도 세력이 된 로마인 신자들은 그 자리를 내주려 하지 않았습니다. 이러한 상황에서 공동체는 점차로 갈등이 생기고 분열되어 갔습니다.

이 편지가 쓰여질 즈음, 몇 개의 유대계 가정 교회들과 이방계 가정 교회들이 로마 안에서 병존하면서 신학적인 이유를 들어 서로를 폄훼하고 있었습니다. 유대인 신자들은 자신들이 계약 백성의 성골임을 주장하면서 우위성을 자랑하였으며, 율법적인 경건으로서 순결을 지키고 있음을 자랑하였습니다. 반면에 로마인 신자들은 유대인 신자들을 "약한 자들"(14,1 이하)이라고 비난하면서 자신들의 신학적 자유를 뽐냈습니다.

로마서는 이러한 정황 속에서 복음의 올바른 원리와 실천에 대해서 말을 할 수밖에 없었을 것입니다. 따라서 전반부는 주로 복음의 원리(정교), 후반부는 복음의 실천(정행)을 다루고 있습니다. 바울은 이렇게 말함으로써 자신의 신학을 분명하고 엄밀하게 전달합니다. "하나님의 의가 복음에 나타나 있으며"(1,17). 바울이 생각한 복음은 무엇일까요? 예수 그리스도를 믿는 사람들은 의롭다고 인정을 받게 될 것이라는 기쁜소식입니다. 의롭다고 인정받는 일은 이방인들의 양심에 의해서도, 유대인들의 율법에 의해서도 이루어질 수 없습니다. 유대인이나 이방인이나 모두 죄로 인하여 하나님의 진노 아래에 있을 뿐입니다. 하나님은 이러한 처지에 있는 인류에게 예수 그리스도를 보내 주셔서, 그를 믿음으로써 조건 없이 구원을 받을 수 있게 해주셨습니다. 따라서 유대인은 율법을 가졌다고 해서, 혹은 계약백성인 이스라엘의 자손이라고 해서 결코 우쭐댈 하등의 이유가 없습니다. 단지 겸손히 서로를 인정하면서, 오직 그리스도에게만 의존해야 합니다. 바울의 신학적 입장의 단호함과 그 명민함을 보게 됩니다.

그러면 바울이 말한 구원은 무엇이며, 구원받은 자는 어떻게 살아야 하는 것일까요? 바울은 구원, 즉 의인을 자유 혹은 해방으로 묘사합니다. 바울의 논리는 예수 그리스도에 대한 믿음으로 의롭다고 인정을 받은 사람들은 먼저 하나님의 진노로부터 자유를 얻는다는 것입니다. 또한 죄로부터 자유함을 얻을 뿐만 아니라 믿는 자는 율법의 짐으로부터 자유를 얻습니다. 나아가 믿는 자들은 성령 안에서 자유의 삶을 살아 갈 수 있습니다. 이것이 바울의 구원론입니다.

바울은 로마의 신자들이 복음에 근거해 산다는 것이 무엇인지를 깨달아야 한다고 생각했습니다. 12,1~2에서 복음에 근거한 삶이란 일상생활의 현장에서 하나님의 뜻을 이루는 것으로 정의합니다. 이것이 우리의 몸을 거룩한 산 제사로 드린다는 말의 의미입니다. "예배의 목적은 하나님께 영광을 드리는 행위이다." 주객이 전도가 된다거나 예배가 수단이 아니라는 말입니다. 예배는 시간과 장소에 국한되는 것이 아니라 우리의 삶 전체가 예배라는 것입니다. 그리스도인이 살아가는 과정에서 행하는 모든 일들은 다 예배 행위이며, 그 모든 행위를 통해서 하나님께 영광을 돌려야 합니다. 바울이 유대계 그리스도인과 이방계 그리스도인에게 내리는 신앙적 해법입니다. 오늘날 우리 교회의 문제도 바로 이와 다르지 않습니다.

그런데 바울은 두 가지의 교회적, 정치적, 문화적 문제에 머리를 싸매는 상황에 직면하게 됩니다. 그중 하나는 로마의 교회들과 정부(국가)와의 관계를 어떻게 조율하고 지혜롭게 신앙적으로 처신하도록 교회를 도울 것이냐 하는 것입니다.(13,1~7) 그것은 단순히 교회가 사회 정치적인 문제에 적극적으로 참여해야 하느냐 마느냐의 문제가 아닙니다. 로마 교회의 존립과 존폐가 걸린 문제였습니다. 교회가 때로 정부에 대하여 저항해야 할 때도 있으나 지금은 섣불리 행동하다가는 생존 자체가 위협받을 수 있는 상황이었습니다. 바울은 이런 교회와 정치 사이의 민감한 상황에서 도저히 감내할 수 없는 신자가 있다면 모르되, 그렇지 않은 한 정부를 인정하고 그에 순종하라는 신중론을 폅니다.

또 다른 약한 자와 강한 자 사이의 신앙적 조화의 문제(14,1~15,3)입니다. 여기서 약한 자란 유대인 그리스도인들로서 이들은 율법적인 전통에서 아직도 벗어나지 못하였기 때문에 고기와 포도주를 피하고(14,2·17·20~21), 어떤 특정한 날을 중요하게 생각하였습니다.(14,5~6) 반면 강한 자들은 로마인 그리스도인들로서 이들은 위와 같은 문제들이 구원과는 전혀 관계가 없음을 믿고 지나치게 무시했던 사람들입니다. 바울은 현자처럼 '무엇이 옳으냐'도 중요하지만 '무엇이 덕을 세우느냐'도 매우 중요하다고 말함으로써 이 문제를 현명하게 풀어갑니다.(14,19) 옳은 일을 주장하고 관철하는 것도 중요하지만 그 문제가 그렇게 핵심적인 문제도 아닐 수도 있습니다. 바울은 신앙적 원칙과 주장은 그보다 더 중요한 문제인 공동체의 하나 됨과 평화를 깨뜨리는 것은 지양해야 한다고 보았습니다. 따라서 그 때에는 더 중요한 일을 위해서 덜 중요한 것을 희생시켜야 한다고 주장함으로써 사건의 일단락을 짓습니다.(14,20) 바울의 상황적 서신의 효력이 발휘하는 순간입니다.

3-3. 예수 이야기: 예수님은 왼손잡이셨을까?

이른 아침부터 할아버지가 손자를 붙잡고 야단을 치고 계셨다. 하루 이틀 벌어지는 광경도 아니지만 오늘은 좀 심하게 꾸지람을 하신다. 이유인즉슨 손자가 오른손으로 밥을 먹는 게 아니라 왼손으로 밥을 먹는다는 것이었다. "이 녀석아 왼손이 아니라 오른손으로 숟가락을 잡아야 돼." "아버님, 그냥 두셔요. 저 아이는 날 때부터 왼손잡이였는데, 어떻게 그걸 뜯어 고친다고 그러셔요." 아내는 아버지의 고리타분한 사고방식이 싫었던 게다. 급기야 아들 녀석은 밥을 제대로 먹지도 못하고 학교로 향하고 말았다. 속이

상한 아내는 상을 물리지도 않고 그냥 방 안으로 들어가 버렸다.

원래 아버지도 왼손잡이셨다. 그럼에도 아버지는 유전적으로 타고난 것을 끝끝내 고치시고 결국 오른손잡이가 되신 것이다. 그렇게 되신 아버지의 지론은 이렇다. 옛날부터 왼편은 악, 불결, 불운 등을 의미하고, 오른편은 선, 정결, 행운 등을 의미한다는 것이다. 그래서 왼손은 평민의 손이지만, 오른손은 귀족의 손으로 인식되었다는 것이다.("너는 구제할 때에 오른손의 하는 것을 왼손이 모르게 하여 네 구제함이 은밀하게 하라 은밀한 중에 보시는 너희 아버지가 갚으시리라."마 6,3절)

성서에서는 오른손이 67회(오른쪽은 100회~왕상 6,8; 욥 23,9; 시 109,6; 144,8 · 11; 마 5,29~30 · 39; 25,33~34; 눅 22,50; 요 18,10; 21,6), 왼손이 6회(왼쪽은 42회~왕하 23,8; 욥 23,9 전 10,2; 마 5,39; 25,33 · 41; 행 21,3)가 검색되는데 이 통계를 보더라도 왼편에 대한 열등한 인식을 가지고 있었음을 알 수 있다. "아버지, 우리나라에서 왼손잡이는 비율로 따지자면 전체 인구의 5% 안팎으로 추정하고 있어요. 그렇게 많지도 않은 왼손잡이에 대한 사회적 편견은 지나칠 정도입니다." "그렇지. 그러나 이미 그 편견의 역사는 수천 년을 거슬러 올라간다고 봐야 해. 원시종교에서는 태양숭배 사상이 많이 나타나는데, 신을 향한 신자들의 기도는 어둠과 그 어둠의 끝없는 위험들을 모두 없애기 위해 빛의 행성이 떠오르는 지평선인 동쪽을 향해 이루어졌지. 동쪽으로 등을 돌리면 신자는 항상 오른손을 남쪽, 왼손을 북쪽에 두게 됨으로써 부정을 피할 수 있었던 거지. 또 전투가 벌어질 때는 왼손에는 방패, 오른손에서는 창을 쥠으로써 방어용 방패보다는 공격용인 창을 더 우월하게 생각했고, 그들이 미립이 트여서인지 창, 즉 오른손이 종족의 생존을 지켜준다고 믿었던 거야. 그래서 성 아우구스티누스도 오른쪽은 좋은 쪽, 선한 쪽, 정의를, 왼쪽은 나쁜 쪽, 악한 쪽, 불의를 상징한다고 보았단다. 오죽하면 16세기 중반 프랑스의 목재조각 『오피니오』에는 이런 글귀가 있었을까. 'A sinistra caveo'(왼쪽을 조심하라)."

아버지는 계속 말씀하셨다. "성서만 하더라도, 히브리어로 오른쪽을 의미하는 '야민' 혹은 '야미나'는 '바다'를 뜻하는 '얌'과 맥을 같이 함으로써 좋은 방향이나 좋은 상황을 지칭하는 말로 사용되지. 하지만 왼쪽은 어떠냐? 그것은 '스몰' 혹은 '스몰라'라고 하잖니? 명사 '샴'으로부터 파생된 말로서 '불운', '불길한'이라는 뜻을 갖고 있지." 이쯤해서 나는 아버지께서 아침 밥상머리에서 지원이에게 야단을 치신 의도를 여쭙고 싶었다. "그렇게 오랫동안 성서를 공부하신 분이 왜 하나밖에 없는 손자를 나무라고 야단을 치셔요." "아범아, 한번 생각해봐라. 너도 왼손잡이인데 대학 강의실 책상이 오른손잡이용이라 얼마나 불편했니? 게다가 군대에 가서는 사격할 때 왼손잡이용 소총이 없어서 또 얼마나 고생을 했느냐 말이다. 그만큼 우리 사회가 왼손잡이에 대한 배려가 부족하기 때문에 염려가 되어서 그렇지." 아버지의 말씀도 일리는 있었다.

"그리고 동서고금을 막론하고 사회적 통념이라는 게 참 무섭다는 생각도

든단다. 서양에서는 왼손잡이 아들(left-hand son)은 '후레자식'을 의미해. 또 왼쪽에서 태어난 아이라고 말하면 '사생아'라는 것을 뜻하기도 하지. 인도에서는 아예, 아이가 태어나면 왼손을 사용하지 못하도록 묶어 놓는 관습도 있단다." "그 정도까지요?" "라틴어 sinister나 sinistra는 왼손을 말하는데, 그 뜻이 '불행', '반대', '적대적인', '타락한', '야비함' 등 부정적인 의미를 내포하고 있지. 원래 sinistra는 sine dextra, 즉 '오른손이 없는'이라는 뜻의 라틴어에서 온 축약어라는 주장도 있단다. 그러니까 sinister란 윤리적인 올바름이 결여되거나 옳은 길에서 벗어났다는 이유로 '불길한 사람'을 지칭하는 단어가 되어버린 게지." "그러고 보니까 라틴어 dexter라는 말은 반대로 '오른쪽', '자비로운', '호의적인', '구원', '우호', '선물' 등의 긍정적인 의미를 가지고 있네요. 여기에서 파생된 영어 단어들이 '솜씨가 있는', '재치 있는', '영리한'이라는 뜻을 가진 dextrous와 dexterous인데요. 그럼 아주 오래전부터 사람들은 왼손에 대한 열등감을 가지고 있었군요."

"전도서 10,2절에는 '지혜자의 마음은 오른편에 있고 우매자의 마음은 왼편에 있느니라'고 말하고 있지. 또 마태복음 25,33절에 보면 우리가 잘 아는 "양은 그 오른편에, 염소는 왼편에 두니라"라고 말씀이 나오고, 예수님께서 돌아가실 때에 십자가 양편에는 행악자들이 함께 달렸다는 기록(눅 23,32~43절)이 나오지. 아마도 예수님의 오른편은 선한 강도가, 왼편에는 악한 강도가 달렸다고 추측한다면, 아마 그것도 고대 지중해 세계에서 좌우편에 대한 문화적 인식을 반영한 것이라고 해석을 해야 할 거야. 뿐만 아니라 헬라어에서 왼쪽을 의미하는 Aristera(아리스테라)는 원래 '보다 좋다'라는 뜻이었는데, 나중에 왼쪽이라는 의미로 쓰이면서 나쁜 뜻을 갖게 되었단다."

"우리나라 속담에도 '왼손으로 밥먹으면 도둑놈된다', '왼쪽 귀가 가려우면 꾸중을 듣는다', '왼쪽 귀가 간지러우면 남이 욕을 한다' 등 왼편에 대한 부정적인 사고방식이 자리 잡고 있었어. 아범아, 너 곤지곤지 놀이 기억하지? 왜 어릴 때 아이들 손바닥에 손가락으로 콕콕 찍으면서 어른들이 곤지

곤지했잖아? 너 키울 때도 다 했던 건데.” “네. 알고말고요. 지원이 녀석 키울 때도 그렇게 했는걸요.” “그게 바로 오른쪽 강화훈련이라는 생각은 안 해 봤지?” “네. 전혀 그런 생각은 못했는데요. 그러니까 아버지 말씀은 그 놀이의 의도는 아이가 오른손을 잘 사용할 수 있도록 습관화시키는 훈련이라는 말씀이시네요.”

“자, 여기서 또 한 가지의 문제. 구약성서 창세기 35,18절과 신명기 33,12절에 보면 ‘벤야민’(베냐민, Ben-Yâmîn)이라는 이름이 나오는데 그건 무슨 뜻일까?” “역시 오른쪽/왼쪽과 연관이 있겠죠?” “그래. 추론을 해 보거라.” “조금 전 아버지께서 ‘야민’이라는 히브리어가 ‘바다’ 혹은 ‘오른쪽’과 관련이 있다고 말씀하셨고, ‘벤’은 ‘아들’이라는 뜻이니까 ‘오른쪽의 아들’이라는 뜻이네요.” “아주 정확하게 맞추었구나.” “벤야민은 바로 ‘여호와의 사랑과 은총을 입은 자’라는 의미를 함축하고 있는 거란다.” “재미있네요.” “그럼 자유의 여신상, 미륵반가유상, 주먹을 불끈 쥔 투사들, 로댕 등의 공통점은 무엇일까?” “음... 전부다 오른손과 연관이 있네요.” “그래. 우리가 고대로부터 현대에 이르기까지 왼편/오른편에 대한 다양한 해석들을 살펴보았지만, 왼편에 대한 문화적 편견이 심하다는 것을 알 수 있었어. 그런데 정말 왼편은 나쁜 것일까?” “그렇지만은 않죠. 왜냐하면 아리스토텔레스, 알렉산더 대왕, 레오나르도 다빈치, 베토벤, 슈바이처, 처칠 등이 왼손잡이였다고 알려져 있어요. 역사적으로 볼 때 인류의 발전에 길이 남을 공헌을 한 빛나는 철학자, 예술가, 정치가 등으로 살았던 인물들이잖아요. 그런 면에서 오른손잡이든 왼손잡이든 그게 상관이 있을까요?”

“사사기 3,15~16절에 보면 다음과 같은 구절이 나오지. ‘이스라엘 자손이 여호와께 부르짖으매 여호와께서 그들을 위하여 한 구원자를 세우셨으니 그는 곧 베냐민 사람 게라의 아들 왼손잡이 에훗이라 이스라엘 자손이 그를 의탁하여 모압 왕 에글론에게 공물을 바칠 때에 에훗이 장이 한 규빗 되는 좌우에 날선 칼을 만들어 우편 다리 속에 차고’, 또 20,15~16절에는

'그 때에 성읍들에서 나온 베냐민 자손의 수는 칼을 빼는 자가 모두 이만 육천이요 그 외에 기브아 거민 중 택한 자가 칠백인데 이 모든 백성 중에서 택한 칠백 명은 다 왼손잡이라 물매로 돌을 던지면 호리도 틀림이 없는 자더라'라고 기록하고 있지. 그러니까 700여 명의 왼손잡이 용사들은 모두 당대의 영웅들이 아니더냐?" "이제 좌다 우다 하는 편협된 시선과 이분법적으로 가르려던 문화적 편견을 버릴 때가 되었어요. 지금까지 종교나 철학을 통하여 이어져 내려온 이원론(dualism)의 패단이 굉장히 심했다는 사실을 잘 알고 있잖습니까? 오른편과 왼편의 인식은 결국 빛과 어두움, 낮과 밤, 하늘과 땅, 천국과 지옥, 선과 악, 남과 북, 흰색과 검은 색 등의 이항대립 구도는 나중에 가서는 남자와 여자의 차별 현상까지도 낳게 되잖아요. 뇌과학에 의하면, 오른손을 잘 사용한다 혹은 왼손을 잘 사용한다는 것은 좌뇌(左腦)나 우뇌(右腦) 둘 중 어느 쪽이 더 발달이 되었느냐 하는 차이를 말하는 것이라고 봐요. 또 그렇다고 오른손잡이가 왼손잡이보다 기능적으로 우월하다는 주장도 제기된 바 없구요. 사실 좌뇌는 언어적, 수리적, 분석적, 논리적인 측면을 관장하는 IQ의 영역이고, 우뇌는 비언어적, 시공간적, 직관적, 감성적 측면을 관장하는 EQ의 영역이죠. 이 두 영역이 고루 잘 발달되어 균형 있는 인간이 되도록 하는 것이 더 맞는 거 아닌가요?"

"그래. 더 이상 왼쪽은 사탄과 악마, 그리고 굽은 것, 오른쪽은 천사, 옳고 곧은 것을 상징한다는 도식적, 결정론적 견해는 지양되어야 할 문제라고 생각한다." "그런 의미에서 요즈음 국가에서 시행하는 '우측통행'의 강조는 또 하나의 오른쪽 길들이기가 아닌가 하는 씁쓸한 생각도 드는대요? 저는 아직도 좌측통행이 더 익숙한데 이것도 길들여져서 그럴까요?" "그럴 수도 있겠지. 그러나 무엇보다도 중요한 것은 우리 그리스도인들은 성서를 볼 때 왼편/오른편에 대한 해석학적 편견을 줄이고 오른편 편들기로 일관하는 시각도 지양했으면 좋겠구나. 자칫 사소한 '차이'가 영원한 '차별'로 발전할 수 있기 때문이지. '차이'는 그저 '다름'일 뿐이야." "그런데 아버지, 예수님은 오른손잡이였을까요? 아니면 왼손잡이였을까요?" "글쎄다. 우리 예수님은 오지랖도 넓으신 양뇌형(兩腦型)이셨으니 오른손잡이와 왼손잡이 모두를 차별 없이 구원하시는 양손잡이 아니었을까?"

※ 바울은 역시 뛰어난 수사학자라네!

☞바울의 친서 중에서 '갈라디아서'는 54~55년경에 남갈라디아 혹은 에베소에서 기록했을 것입니다. 이 지방의 교회들은 바울에 의해 세워졌습니다. 바울은 다른 도시들에서도 그러했듯이, 율법이 없이도 믿음만으로 얻는 구원의 복음을 그들에게 전했습니다. 교회를 세운 후 어느 정도 자리를 잡자 바울은 다른 지방의 선교를 위해서 떠났습니다. 그가 다른 지역의 복음화를 위해서 분투하고 있는 동안, 유대로부터 올라왔을 것으로 추정되는 유대화주의자들이 이 교회들을 방문하여 "다른 복음"(1,8)을 전하였습니다. 이

들의 주장은 '믿음만으로는 안 된다'는 것이었습니다. 다른 복음을 전하는 이들은 그리스도인도 할례를 받아야 하고(5,2~12; 6,12), 유대적인 절기를 지켜야 하며(4,10), 기타 율법을 지켜야 한다고 요청하였습니다. 심지어 그들은 바울은 복음을 가르칠 자격도 없다고 하였을 뿐만 아니라 사도로 공식적으로 임명받은 바도 없음으로 그의 복음은 믿을 만한 것이 되지 못한다는 주장을 제기하였습니다. 바울에 대한 명백한 도전이요 사도권에 대한 위기였습니다.

불행하게도 갈라디아 신자들은 이 가르침에 쉽게 넘어갔습니다. 서신에서 드러난 바와 같이 바울이 놀라움을 금치 못하는 것을 보면(1,6) 그가 떠난 지 얼마 안 돼서 일어난 것 같습니다. 그들은 유대화주의자들에게 완전히 설득을 당하여 바울에게 등을 돌리고 율법으로 되돌아가 버렸습니다. 바울은 지중해 어디에선가 이 소식을 전해 듣고 치를 떨면서 이 편지를 썼습니다. 오죽했으면 다른 서신의 서두에서 발견되는 감사의 안부인사조차도 쓰지 않았을까요?

바울의 물러섬이 없이 매우 단호한 어조로 '오직 믿음으로만 구원을 받을 수 있다'는 것을 강조합니다. 바울은 이 구원의 결과를 자유로 요약합니다. 이 자유는 율법 혹은 율법의 행위로부터의 자유인 것은 두말할 필요도 없습니다.(5,1.13) 그러나 자유는 신앙인을 방종으로 빠지도록 놔두지 않습니다. 왜냐하면 믿음 안에 있는 사람은 이미 성령의 능력에 사로잡히게 되며, 그 능력에 의해서 죄를 벗어나 의의 열매를 맺게 되기 때문입니다.(5,22~23) 그 열매 중에서 가장 큰 것이 '사랑'입니다.(5,14) 바울은 명석하게 명제적 진리를 내세웁니다. '이제 구원을 얻기 위해서 선행을 하는 것이 아니라, 구원을 얻고 그 능력으로 선행을 하게 된 것이다.' 바울의 탁월한 수사학적 언변력이 발휘되는 것을 엿볼 수 있는 대목입니다.

※ 베드로는 편지를 쓴 적이 없어요?

☞베드로전서는 '나그네의 신학'을 담지하고 있습니다. 서신의 이름이 베드로전서라고 해서 응당 예수의 제자 베드로가 썼겠거니 하면 큰 오산입니다. 언어와 문체가 갈릴리 어부 출신으로 보기에는 매우 훌륭하기 때문입니다. 구약성서의 인용문이 70인역에서 나오고 있는 것에 근거하여 베드로와 같은 팔레스틴 유대인이 아닐까 추정하기도 합니다. 또한 박해와 고난의 징조 구절 나오는데, 베드로가 죽은 이후 도미티안(도미씨안) 황제 때의 것으로 판단하는 경우도 있습니다. 현재로서는 학자들이 실루아노 혹은 실라(아람어 명칭)가 아닐까, 하는 정도만 내세우고 있습니다.

베드로전서는 64년(달리 95년경)의 로마(바빌론)에서 소아시아 지방의 도시에 살며 신앙적으로 박해 받은 이방계 그리스도인에게 씌어졌습니다. 서신의 내용으로 보아 이 도시들에 흩어져 살던 그리스도인들은 외부로부터 고통을 받고 있었습니다(1,6; 2,19~20, 3,14·17; 4,1·19; 5,1). 이 박해는 로마 정부로부터 받은 것이기보다는 이교 사회와 다른 삶의 방식 때문에 초래된 것입니다. 발신자가 서신을 쓴 목적은 이유 없이 고난 받고 있던 독자들에게 그 고난의 이유를 설명함으로써 위로를 제공하고자 하는 것이었습니다. 더불어 그들에게 올바른 행동지침을 줌으로써 할 수 있는 한 더 많이 사람들을 복음으로 인도할 수 있는 여건을 조성하려는 것이었습니다.

그러면 "왜 무고하게 고난을 당해야 한단 말인가?" 독자들의 이러한 질문에 대한 발신자의 대답은 "거류 외국인" 혹은 "나그네"라는 그리스도인의 신분이 본질적으로 고난의 가능성을 배태하고 있기 때문이라는 것입니다. 바깥세상과는 다른 가치관과 삶의 방식을 가지고 있기에 불가피하게 불이익과 박해를 당하지 않을 수 없다는 논리입니다.

발신자는 출애굽기 19,5~6과 이사야 43,20~21에서 사용된 개념을 전유(2,9~10 주장)하여 그리스도인들은 새로운 계약의 백성, 새로운 이스라엘이라고 밝혀줍니다. 그 백성은 이제 그 부름에 맞게 살아가야 할 책임을 가지게 되었습니다. 그들의 책임은 하나님의 구원의 은혜를 전하는 일입니다. 이 책임은 두 가지 방식으로 이루어질 수 있습니다. 하나는 언어(말)입니다.(3,15~16a) 겸손하고 조심스럽게 말해야 합니다. 또 하나는 삶의 질(2,12)입니다. 박해에도 불구하고 복음을 위해서 참고 견디면서 거룩한 삶을 계속 살아가면 그들은 결국 복음을 받아들이게 될 것이라는 주장입니다. 베드로 전서의 발신자가 말하는 전언은 다음과 같습니다. "고난을 점검하라. 고난이 닥칠 때 스스로 점검하라. 부당한 고난은 기쁨으로 참고 견뎌야 하지만, 그렇지 않을 경우 거룩해야 한다."

3-4. 베드로와 익명의 두 번째 서열, 세베대의 아들 야고보

Giuseppe Vermiglio, S. Giacomo Maggiore Apostolo, Chiari (BS)

야망의 익명성

그날은 이상한 날이었다. 나는 그날 바닷가에서 형님과 그물을 깁고 있었다. 해거름이 될 무렵, 생각보다 고기가 잡히지 않아 일찍 집에 들어갈 참이었다. "요한 형님, 오늘은 바람도 물고 파도도 세어서인지 고기가 별로 없네. 내일 다시 나와야겠어." 형님은 내 말을 알아듣는지 마는지 어물어물 말꼬리를 흐렸다. 어느 덧 석양빛이 바닷물을 붉게 물들이고 있을 즈음 그 빛을 등지고 한 사내가 다가오고 있었다. 사람이라기보다 차라리 빛이라고 해야 할 만큼 눈이 부셨다. "나는 나사렛사람 예수라고 하오. 어디 고기가 남아 있으면 떨이라도 할 생각이 있습니까?" 그 사람의 첫 마디였다. "떨이는 고사하고 마수걸이도 못했습니다." 형님은 그의 행색을 이리저리 살피더니 이죽거리듯 그의 말에 응대했다. "그렇다면 이제는 사람을 상대로 끌낚시를 좀 해보겠소?" 도대체 알아듣지 못할 말이었다. '이 사람이 무슨 인신매매라도 하자는 말인가? 그야말로 어무윤척이 아니던가.' "그렇게 비아냥거리고 어루꾀려거든 일없으니 다른 데 가서 알아보슈." 나는 밉살스럽게 쏘아붙였다.

"고기를 잡는 일은 여러분의 생계를 위해서 반드시 필요한 일이지요. 하지만 더 중요한 일이 있으니 바로 하나님의 나라를 위해서 날개그물을 치고 사람을 모으는 일이라오. 게다가 지금 어탈(漁奪)하는 이 민족과 제국에 저항하는 새로운 마음을 백성에게 던져줄 사람이 반드시 있어야 합니다." 손은 투박하게 보였으나 어부 같아 보이지 않는 그에게서 애내성(欸乃声)을 듣는 듯했다. 나는 그에게서 까닭모를 묘한 매력을 느꼈다. 사실 지금의 이스라엘은 계몽된 신앙과 수탈당하는 백성들을 위해서 누군가가 나서서 그 의식을 깨우쳐줄 사람이 필요한 게 사실이다. 어부로 닻낚시를 하고 끌낚시를 해봤자 고스란히 수탈을 당하는 이 나라에서 차라리 백성들에게 하나님의 숨결을 불어넣는 일에 동참하는 일이 더 뜻 깊은 일이 아닐까. 사내의 눈빛은 맑고 깊어보여서 그 깊이를 가늠하기가 어려웠지만 그 말에 신뢰를 더하기에는 충분했다.

"형님, 우리 고기잡이로 좀스럽게 살아가기 보다는 대범하고 당당하게 이 시대를 일깨우는 사람으로 살아가는 게 어때? 나는 저 사람의 말이 하나님이 우리에게 주시는 음성으로 들리는 것 같아. 저 사람의 말이 옥생각은 아닌 것이 분명해. 더군다나 오만한 생각이라고 보기에는 저 사람의 눈빛이 너무 강렬한 확신으로 가득 차 있어." 사실 나는 한평생 어부로 인생을 허비하고 싶은 생각은 없었다. "그래 단순히 기성(奇聲)이라고는 진지한 면이 있지. 생의 모험을 해볼 만한 여행이 시작되겠군. 더 이상의 변명과 반론은 필요가 없을 거 같다. 야고보야, 저 사람에게 희망을 걸어보자." 우리 형제는 마음을 정하기로 했다. 하지만 한 가지 마음에 걸리는 것이 있었다. 바로 아버지였다. 아버지가 우리에게 물려준 배 한 척은 그분이 우리에게 남긴 전재산이나 다름이 없었다. 게다가 아버지는 우리 형제가 자신의 가업을 이어주기를 바라고 계셨다. 그런 연로하신 아버지를 두고 새로운 삶을 개척하기 위해서 고향을 떠난다는 것은 결단코 쉬운 일이 아니었다. 아버지를 설득해야만 했다. 그 사람과 후일 만나기로 약속하고 얼른 귀갓길을 서둘렀다.

바닷가에서 감탄하며 바라보았던 장려한 낙일(落日)을 기억하는 아버지는 그날 저녁에도 마당에 나와 우리를 기다리고 계셨다. "아버지, 날씨도 쌀쌀한데 나와 계세요. 어서 우리와 함께 들어가세요. 오늘은 고기를 얼마 잡지 못했어요. 아마도 새로운 삶을 생각할 때가 온 것 같아요. 그래서 긴히 드릴 말씀이 좀 있습니다." 형 요한과 나는 오늘 있었던 일을 상세하게 말씀을 드렸다. 아버지의 얼굴은 불그레하게 익어 있었지만 자식들의 굳은 의지에 대해서는 옅은 미소를 띠고 바라보셨다. "어부는 물때, 물거리, 풍향, 계절, 온도, 물의 깊이, 뱃길 등을 잘 알아야 한다는 것은 너희들도 이미 알고 있을 게야. 나는 사람을 낚는 것도 같은 이치라고 본다. 사람을 낚시질 한다는 것은 사람의 마음 길, 마음의 변화, 마음의 깊이 등을 잘 헤아릴 수 있어야 해. 어쩌면 너희들이 해야 할 일이 그것이라고 생각한다. 나는 너희들이 만났던 그분을 잘 모른다만, 너희들이 어부로서 잔뼈가 굵은 것이 하나님의 백성을 잘 돌볼 수 있을 거라는 혜안이 있었기 때문에 너희들을 부른 것이 아닐까? 너희들의 어머니가 내 옆에 있으니 걱정 말고 그분과 하나님의 뜻을 펼치거라." 그날따라 밤하늘은 그무레하였다.

서열 의지의 전락, 그리고 진리의 탈은폐와 대오(大悟)

예수님을 스승으로 삼아 따라다닌 지 언 3년이 되었다. 그동안 우리 형제는 정말 열정적으로 그분을 모시고 하나님의 나라를 알리기에 혼신의 힘을 다하였다. 때에 따라서는 지나친 정열을 쏟아내는 경우가 있었는데, 예수님은 그러한 성정을 보시고 우리 형제에게 보아너게(천둥의 아들들)라는 별명을 지어주셨다. 하루는 사마리아 사람들이 예수님을 받아들이지 않는 것을 보고 우리 형제는 그들을 싸잡아서 "하늘에서 불을 내리게 해서 저들을 불살라 버릴까요?"라고 말하였다. (훗날 이러한 열심 때문에 내가 42~44년쯤에 헤롯 아그리파 1세에 의해서 참수됨으로써 사도들 중에 첫 번째 순교자가 될 것이라는 사실을 누가 알았을까?) 어느 날 예수님은 절기에 맞춰 예루살렘에 올라가시겠다고 하였다. 우리는 이제 드디어 예루살렘에 올라가셔서 로마를 몰아내고 새로운 나라를 건설하실 때가 되었나보다 하고 생각하였다. 기대와 설렘은 늘 마음을 앞서서 이성을 흐리게 하기도 한다.

어디서 들으셨는지, 무엇을 어떻게 알고 계신 건지 어머니는 뜬금없이 예수님께 특별한 지위를 청탁하시는 게 아닌가? "주님의 나라를 세우시면 제 아들 중 하나는 당신의 오른편에 앉게 해주시고, 다른 하나는 왼편에 앉게 해주십시오." 예수께서 듣그럽게 여기실 거라는 것은 불을 보듯 뻔했다. 물론 어머니만 그런 대권과 권력에 관심을 가지고 계신 것은 아닐 것이다. 다른 제자들 역시 예수님이 새로운 나라를 세우면 한 자리씩을 꿰차고 싶은 마음을 말로 표현하지 않았을 뿐이다. 다만 어머니까지 나서서 우리 형제의 자리 청탁을 하실 거라고는 꿈에도 생각하지 못했다. 대관절 어머니는 아버지 수발이나 잘 해드릴 것이지 여기까지 오셔서 치맛바람을 날리시는 것일까? 아, 창피하다. 고개를 들 수가 없다. 다른 제자들은 그 광경을 보고 악다구니질을 해댔다. "요한과 야고보, 낯부끄러운 줄 알아라. 어머니를 앞세워서 벌써부터 한 자리를 차지하겠다고 청을 넣다니." 베드로를 비롯하여 다른 제자들도 합세하여 우리가 무슨 야심가라도 되는 양 몰아세웠다. 형과 나는 저 구석에 쭈그리고 앉아 몸 둘 바를 몰랐다.

"여러분이 무슨 말을 하는지 잘 압니다. 하지만 정말 내가 하고자 하는 일을 잘 알고 있습니까? 내가 가고자 하는 그 길을 여러분도 같이 갈 자신이 있습니까?" 우리는 그 말을 정확하게 이해하지 못하면서도 대답이라도 잘 해서 점수를 벌어 볼 요량으로 앞 다투어 그러겠노라 해버렸다. 예수님의 표정은 사뭇 남달랐다. 그렇게 진지하고 결연해 보인 적이 별로 없었다. "물론 여러분은 제가 가는 길을 따라올 것입니다. 또한 내가 했던 일과 나의 말을 하게 될 것입니다. 오른편이 되었든 왼편이 되었든 그 특별한 자리는 아무나 앉을 수 있는 자리가 아닙니다. 다만 내 아버지께서 미리 정해 놓으셨을 뿐입니다. 그러니 자리에 연연해하지 마십시오. 자리보다 더 중요한 것은 여러분이 이제부터 저와 똑같은 길을 가고, 똑같은 일, 똑같은 말을 한다는 사실입니다." 무슨 맥 빠지는 소리란 말인가. 자리가 이미 정해졌다니. 혹시 그 자리가 베드로와 안드레의 자리 아닐까? 그들은 형제지간에다가 베드로는 수제자가 아닌가. 따 놓은 당상이겠지.

"세상은 통치자가 백성을 지배하고, 권력으로 강제하고 억압합니다. 여러분은 세상의 논리나 이치, 그리고 법을 넘어서서 세계를 바라보고 하나님의 시선과 마음으로 사람을 대하고 서로를 위할 줄 알아야 합니다." "그렇다면 예수님. 우리가 구체적으로 어떻게 살아야 하겠습니까? 예수님께서는 세상의 이법을 좇지 말고 다른 대안적인 의식이나 행동을 취하라고 하시는데, 그것을 넘어선 태도가 무엇입니까?" 계산이 빠른 마태가 심드렁하게 반문했다. "그것은 세상의 논리와 반대로 하면 됩니다. 여러분 가운데 높은 사람이 되려는 이는 오히려 섬기는 사람이 되어야 합니다. 여러분 가운데 대접을 받으려고 하는 사람은 되레 다른 사람을 대접해야 합니다. 으뜸이 되고자 한다면 종이 되어야 합니다. 낮아지고 또 낮아지십시오. 섬기고 또 섬기십시오. 그러면 지금보다 더 나은 세상을 만들 수 있을 것입니다." 그리고 이렇게 덧붙이셨다. "나를 보십시오. 나는 섬김을 받으려고 온 것이 아닙니다. 나는 많은 사람들을 섬기려고 왔고 그들을 위해서 나의 목숨을 바치려고 왔습니다."

우리는 그 말을 듣고 이해가 될 듯 말 듯했다. 평소 예수께서는 우리들에게 섬김의 도를 가르치시고 또 그것을 몸소 보여주셨기 때문이다. 다만 뒤에 말은 잘 이해가 가지 않았다. 많은 사람들을 위해서 목숨을 바치시겠다는 것은 무슨 말일까. 어쩌면 섬김의 극치가 남을 위한 희생적인 죽음을 통해서 나타난다는 것을 의미하는 것은 아닐까. 설마 예수님께서 죽겠다는 말씀을 하신 것은 아니겠지. 하지만 이 말은 그가 십자가에 못 박히시고 부활하신 후에나 깨닫게 되었다. 좀 더 일찍 깨달았더라면 어머니를 앞세워 자리다툼을 하는 일까지는 없었을 것이다. 그깟 권력이 무어라고 예수님의 옆자리에 앉아 섬김을 받으려고 했단 말인가. 진정한 섬김을 받는 자리는 내가 낮아져서 남을 섬기는 자리인 것을 다시 한 번 상기하게 되었다. 마지막 순간까지도 예수님의 말씀을 오해한 우리들, 모두가 예수님이 마신 잔을 마시지 않겠다고 도망하고 회피하였지만 결국은 그분의 첫 정, 첫 사랑으로 인해서 함께 잔을 마셔야 된다는 것을 왜 몰랐을까.

그 후 나는 티베리아스 호숫가에서 제자들과 함께 있었는데, 뜻밖에 예수님의 부활을 목격한 사람이 되었고 예수님이 승천하시고 나서 예루살렘의 2층 다락방에서 사도들과 함께 정말 열심히 기도하였다. 우리 제자단의 일원이었던 가룟 유다의 결원을 채우기 위해서 맛디아를 사도로 뽑는 일에도 참여하였다. 어디 그뿐인가. 오순절의 성령을 체험하고 복음을 선포하는 일에도 앞장을 선 나였다. 그러던 중 일대 위기가 찾아왔다. 스데반이 처형을 당한 후에 교회가 박해 받기 시작하였는데, 나는 그 와중에도 예루살렘교회를 지키기 위해서 온갖 노력을 다하였다.

나는 알고 있었다. 예수께서 말씀은 안 하셨어도 나를 익명의 2인자로 여기고 있었음을. 돌이켜보면 그분은 야이로의 죽은 딸을 살리실 때에 베드로 제자와 우리 형제들만 따라오게 하셨잖은가. 그리고 예수님이 타볼산에서 영광스러운 변모의 순간에도 역시 베드로 제자와 우리 형제들과 함께 동행을 하셨고, 겟세마네에서 마지막 기도하실 때에도 우리를 빼놓지 않고 옆에 두지 않으셨던가. 그것은 나에 대한 예수님의 남다른 사랑과 애정이요 익명의 자리를 나에게 주신 것은 아닐까. 그 첫 자리는 세속적인 욕망의 자리가 아니라 스승을 본받아야 하는 자리, 스승을 고스란히 빼닮아 그분의 말씀대로 살아야 하는 자리가 아니던가. 스승을 본받지 못하는 제자는 참된 제자가 아니다. 예수께서는 아셨던 것이다. 자리에 대한 선망을 강박관념으로까지 밀고 가는 나에게 제동을 걸어주어야 한다는 것을. 내가 당신 곁에서 배우고 익힌 것을 잘 실천하고 따르는 제자가 될 것이라는 것을. 목숨을 바쳐가며 당신의 십자가의 길을 따르게 될 것이라는 것을. 당신의 겸손을 수치로 여기지 않고 오히려 영광으로 생각하고 꼴찌의 자리가 참된 제자의 자리라는 것을 알게 됨으로써 스승의 제2의 제자, 아니 수제자로서도 손색이 없을 것이라는 것을 의욕 하지 않는 자리가 참된 자리라는 것을 그분은 알고 계셨다.

※ 예나 지금이나 교회는 바람 잘날 없네!

☞베드로후서는 마치 유언서와도 같습니다. 베드로전서와 마찬가지로 베드로의 이름을 도용한 가명 작품(假名 作品)임에도 불구하고 그리스어 문장은 베드로전서와 전혀 다릅니다. 베드로후서는 1세기 말엽에 로마 혹은 에집트에서 일반적인 교서로 교회 전체를 상대로 집필한 서신입니다. 교회는 거짓 교사인 영지주의자의 출현으로 현재적 구원을 주장하고 그리스도의 재림을 부정함으로써 혼란을 겪게 됩니다.(3,2~4) 그에 따른 윤리적 방종이 수반되는 교회 문제에 대응하려는 서신이라고 볼 수 있습니다. 서신은 재림이 지체된다는 것이야말로 은총(3,8~10)이라고 말합니다. '유다서' 역시 서간의 형태를 띤 것으로서 베드로후서 2장과 비슷합니다. 영지주의의 영향을 받고 있는 유대계 그리스도인을 향해서 1세기 말 혹은 2세기 초에 쓰여졌을 것입니다. 주의를 해야 할 것은 유다라는 이름이 붙었다고는 하나 야고보의 형제 유다는 아니라는 점입니다. 그가 그리스어 서간을 작성했을 리가 만무하기 때문입니다. 따라서 어느 무명 발신자가 유대인들이 주로 살던 지방 혹은 팔레스틴이나 시리아의 교회에 보낸 서신이었을 것으로만 추정할 뿐입니다.

※ 잊지 말아요. 타인에 대한 사랑과 환대를!

☞요한계문헌: 교회는 요한복음의 서로 사랑으로 외부적인 어려움을 잘 넘기지만 내부적인 환란이나 신학적인 문제에 봉착합니다. 그것은 공동체의 하나 됨을 와해시키고 예수 그리스도의 인성을 부인, 곡해하는 현상이 다발적으로 발생한 것입니다. 여기에 '요한1서'는 요한복음 저자의 제자들이 나서서 설교형식으로 작성하여 소아시아 지방의 여러 교회(신자들)에 서신을 보냅니다. 셸클레는 '명상록'이라고까지 할 정도로 매우 영적인 서신입니다. 실제로 요한복음과 요한1서는 그리스도론에 대해서 유사점이 많습니다. 요한1서에서 특이할 만한 점은 하나님에 대해서 세 개로 정의를 하고 있는 것을 볼 수 있습니다. "하나님은 빛이시다"(1,5), "하나님은 의로우신 분이시다"(2,29; 3,7), "하나님은 사랑이시다."(4,16)

'요한2서'와 '요한3서'는 동일한 저자에 의해 기록하여 한 지역의 개체교회에 보내졌을 것이고, 특별히 요한2서는 편지형식으로서 사도 요한의 제자들이 저술했을 것입니다. 요한3서는 마치 추천서와도 같습니다. 잘 알다시피 초대교회는 유랑설교자들에 의해서 유지되고 전파되었습니다. 이들은 복음서의 "제자들에 의한 훈령"(마 10,5~15; 막 6,7~13; 눅 9,1~6)에서 볼 수 있듯이, 현지 신자들의 공급에 의지하여 활동했습니다. 이것이 예수의 선교 방식이었고, 초기 예수 운동의 방식이었습니다. 문제는 이러한 전통이 자리를 잡으면서 이것을 오용하는 사람들이 생겨났다는 데 있습니다. 그래서 생긴 것이 '추천서'의 관례입니다.

요한3서의 저자는 이 편지의 수신교회에게 유랑전도자들을 보내면서 추천 편지를 써 보냈습니다.(9절) 서신은 그곳으로 가는 전도자들의 권위를 증명해 주는 동시에, 그들에 대한 호의를 부탁한다는 내용이었습니다. 다행이도 그 교회의 지도자 중 한 사람인 가이오와 그의 추종자들은 추천서를 받고 이들을 잘 돌보아 주었습니다.(5~8절) 그러나 가이오와 알력 관계에 있던 디오드레베와 그의 추종자들은 이들을 배척하고, 가이오 편을 비판하고 파견한 장로를 헐뜯었습니다.(9~10절) 저자는 이 문제를 해결하기 위하여 데메

드리오를 비롯한 몇 사람의 전도자를 파견하기로 결정하고 이 편지를 쓴 것입니다.(12) 이들을 받아들이는 것은 곧 자신을 받아들이는 것이고 복음에 협조하는 것이라고 하면서 전도자들에 대한 호의를 정중하게 요청합니다. 우리는 요한계문헌을 통하여 원시 그리스도교 공동체의 신앙적 갈등, 교리 문제, 전도자들의 처우 문제, 파송과 같은 여러 문제와 관련하여 신앙 해법, 목회행정을 보게 되는 것 같습니다.

　　※ 쉿! 지금 비밀을 폭로합니다!

　　☞요한계시록은 본격적인 교회 박해시대의 산물이라고 해야 할 것입니다. 먼저 종말론(eschatology)과 묵시론(apokalypse)을 구별해야 할 것 같습니다. 전자는 세상은 언젠가 끝이 난다는 것을 단순히 단정짓는 것이고, 후자는 이렇게 끝나는 세상이 도대체 어떤 모양으로 끝나는지를 서술하는 것입니다. 따라서 묵시문학에서는 장차 닥쳐올 일에 관심을 갖고 미래를 서술

하는데 누구나 이해할 수 있도록 평범한 말로 서술하지 않습니다. 이해하기 어려운 밀어, 비유, 숫자, 상징, 이상한 용모와 꿈, 저승에서 오는 말, 혹은 표현 등을 사용합니다. 묵시문학에 실린 내용이나 말은 사람의 말이 아니라, 자주 저승에서 천사가 가져온 말로 되어 있습니다. 묵시문학이 근본적으로 의도하는 바는, 불행한 시대에 살고 있는 이스라엘 백성으로 하여금, 장차 행복한 시절이 올 것을 믿고, 현재의 수난을 극복하고 용기를 잃지 말도록 격려하는 것입니다. 사실 신약성서의 묵시문학은 아포칼립시스(apokalypsis)라는 말이 품고 있는 의미처럼 "덮고 있는 것을 제거하는 것", "비밀을 폭로하는 것"에 초점이 있습니다. 묵시문학은 바빌론 포로기 이후에 시작하여 주전 250~주후 250년 사이에 유행한 것으로 요한계시록도 구약 및 유대 묵시문학의 계승이나 다름이 없습니다.

묵시문학의 특징은 많은 상징을 사용하고 있습니다. 그 이유는 이런 묵시문학 자체가 위험한 메시지를 갖고 있는데다가 마음대로 말하고 표현할 수 없는 그런 억압의 시대 상황에서 기록되었기 때문입니다. 따라서 저자들은 분명한 말로 공공연하게 표현할 수가 없었습니다. 그는 독자들만이 이해할 수 있는 일종의 암호와도 같은 은어로 메시지를 전할 수밖에 없었습니다. 이런 까닭에 저자는 수많은 상징적, 암호적 표현을 사용하였던 것입니다. 이를테면, 3이란 숫자는 완성, 7은 음력 한 달(28일)의 1/4로서 역시 충만을 뜻합니다. 12(바빌론에서는 일 년을 열두 달로, 하루를 12시간을 나눔)라는 숫자는 완성, 길수 7을 둘로 나누면 3.5로서 이것은 흉수입니다. 6도 12가 갈라진 흉수이며 미완성수 666은 네로황제를 일컫습니다.

요한계시록의 저자는 로마로부터 유배당한 인물 혹은 사도 요한의 영향 가운데 있던 요한 학파의 한 사람이었을 것입니다. 집필 연대는 90~96년경 도미티안 황제 때의 박해 시기로 추산됩니다. 집필자의 의도는 박해를 잘 견뎌내도록 격려하고 동시에 하나님께서 그의 백성들을 끝내 악의 세력에서 구원해 주실 것이라고 확신시켜 줄 목적으로 기록하였습니다.

여기서 궁금한 점이 생깁니다. 요한계시록에는 '왜 7교회만 등장하는가?' 하는 것입니다. 당시의 골로새서에 의하면, 1세기 중엽에 루고 계곡에는 적어도 세 개의 교회, 즉 골로새, 라오디게아, 히에라볼리 교회(골 4,13~17)가 있었습니다. 따라서 일곱 교회는 모든 교회를 대표합니다. 일곱은 충만수입니다. 저자는 의도적으로 서로 다른 문제를 가지고 있는 교회들을 골랐을 가능성이 큽니다. 이들의 신앙적 해법의 공통점은 '인내와 믿음을 가지고 싸워 이겨야 한다'는 것입니다. 저자는 그들의 신앙의 고무와 격려에 있었습니다.

요한계시록을 읽고 해석하는 데 따르는 주의할 점들이 있습니다. 흔히 교회에서는 '대중적인 종말론'을 말하는 역사적 해석(12세기 신비주의자 피오레 요아킴에서 발전)에 경도되어 있는 해석이 만연해 있습니다. 다시 말해서 요한계시록이 묵시록이 쓰여질 당시부터 재림 시까지의 일련의 사건을 보여준다는 관점입니다. 하지만 계시록의 본래 목적은 미래에 일어날 일에 대한 정보 전달이 아니라 그 날의 성격을 말합니다. 그러므로 요한계시록을 주석할 때 다음과 같은 네 가지 원칙을 고려하면 좋겠습니다.

첫째, '세말사적 주석'(세상 종말의 역사에 대해서 쓰여진 책)은 제7일 안식일재림교라는 종단에서 주로 사용하는 방법입니다. 둘째, '교회사 내지 세계사적 주석'입니다. 이것은 교회사와 세계사의 연대는 물론이거니와 미리 일어날 사건, 인물 등이 세계에 미칠 때까지 죄다 기록되었다고 하는 입장입니다. 그뿐만 아니라 2차 대전의 참상, 전차 및 폭격기의 출현과 공격 등이 있을 것이라는 계시록에 예언되었다고 주장하는 광신파와도 같은 해석입니다.

셋째, '서술 시대사적 주석'이 있습니다. 요한은 묵시적 상상력에 의한 표현을 사용해서 결국 자기 당대의 시대상, 곧 로마와 로마제국에 관한 이야기를 서술한 것이라는 견해입니다. 마지막으로 '전승사적 주석'입니다. 이 해석학을 따르는 학자들은 계시록에 등장하는 갖가지 상징들은 요한이 상상해낸 것이 아니라는 것입니다. 그 책의 전승요소의 출처는 구약, 유대인들의 묵시문학, 희랍 천문학, 옛 바빌론 및 소아시아 지방의 종교와 신화가 담겨 있다는 주장입니다. 이들의 입장을 의하면 요한은 옛 재료를 사용해서 새로운 작품을 낸 것이나 다름이 없습니다.

　어느 해석학적 입장에 서 있든지간에 미래의 일에 대해서 마치 남김없이 아는 듯이 함부로 입에 올린다는 것은 위험천만한 일입니다. 성서에 영감을 준 하나님의 성령에 기대어 묵상하고 하루하루를 마치 시간이 다 된 듯이 겸손하고 충실하게 살아야 할 것입니다. "그 날과 그 때는 아무도 모르나니 하늘의 천사들도, 아들도 모르고 오직 아버지만 아시느니라"(마 24,36), "나더러 주여 주여 하는 자마다 다 천국에 들어갈 것이 아니요 다만 하늘에 계신 내 아버지의 뜻대로 행하는 자라야 들어가리라."(마 7,21)

　† 두 가지만 기억해 주세요! 신약성서는 '예수 아빠'를 보여주며 '하나님의 나라'를 지향합니다!

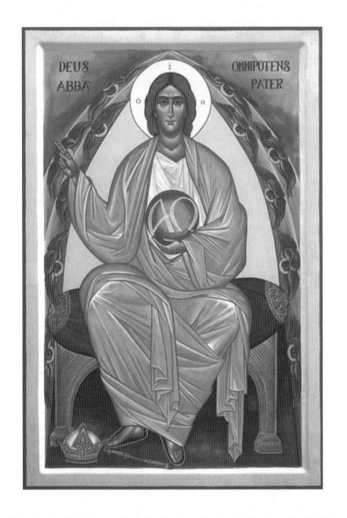

☞예수의 언어 중에 파격적인 생각이 들어 있는 말로 손에 꼽자고 하면 크게 두 가지입니다. 하나는 아람어 '아빠'(abba)라는 호칭입니다. 또 다른 하나는 '하나님의 나라'라는 개념입니다. '아빠'라는 호칭은 호격으로서 우리 말의 아빠와 같은 이미지를 연상하게 하는 말입니다. 콘첼만(H. Conzelmann) 이나 예레미야스(J. Jeremias)는 이 아람어가 예수 자신에게 소급된다고 봅니다. 사실은 하나님에 대한 이러한 호칭은 고대 랍비들에게서나 구약성서

어디에서도 결코 찾아볼 수 없기 때문에 파격적인 용어라 할 수 있습니다. 아빠는 그 기원에서 보면 소아(小兒) 언어입니다. 그렇기 때문에 이 말은 어형변화를 하지 않으며 접미사를 취하지 않습니다. 어린아이는 젖을 뗄 때, 비로소 아빠, 임마(imma, 엄마)라는 말을 합니다. 이 말들은 아이들이 첫 번째 옹알거리는 소리와 같습니다.

원래 소아어인 아빠는 신약 이전의 시대에 팔레스틴 아람어로 광범위하게 사용(abi, abha: 나의 아버지 또는 그의 아버지와 우리 아버지를 나타내는 표현)되었습니다. 예수 당시에 아빠는 더 이상 소아 언어에 제한되지 않았습니다. 성장한 아이들도 아들딸 할 것 없이 그들의 아버지를 아빠로 불렀습니다. 사람들은 아버지뿐만 아니라 존경할 만한 연장자들도 아빠로 불렀습니다. 히브리어에서는 "아들"이라는 말이 신실하고 정직한 종을, 그리고 "아버지"라는 말이 주인과 스승을 지칭할 수도 있습니다. 이와 같은 아빠 호칭의 삶의 자리를 염두에 둔다면, 팔레스틴 유대교가 왜 아빠를 하나님의 호칭으로 사용하지 않았는지 이해가 됩니다. 즉, 아빠는 소아 언어, 일상어, 공손함의 표현이었습니다. 예수와 동시대인들은 하나님을 이처럼 스스럼없는 말로 부르는 것이 불경스러운 일이었기 때문에 전혀 생각조차 할 수 없는 일로 느꼈을 것입니다. 그런데 예수는 아빠라는 호칭을 하나님을 부르는 말로 사용하는 일을 감행했습니다. 예수는 아빠를 거룩한 말로 생각했습니다. 그는 아버지라는 이름으로 존경을 표하는 일이 오직 하나님에게만 유보된 것이라고 믿었습니다. 마태복음 23,9의 금지내용은 아빠라는 하나님 호칭이 예수에게 있어서 얼마만한 경외심으로 가득 찬 것인가를 보여줍니다.

마태복음에서는 하나님의 나라(Herrschaft Gottes)와 하늘 나라는 동의어로 쓰입니다. 그러나 하나님의 나라는 어느 특정한 공간적인 개념이라기보다 하나님께서 왕으로서 통치하신다는 의미로 알아들어야 합니다. 하나님은 이스라엘 민족의 왕으로서 그의 통치권을 미래에는 모든 민족들에게 분명히 세우시리라는 것은 바빌론 포로기 이후 이스라엘의 희망이 되었습니다. 그래서 예수 당시에 경건한 유대인들은 매일 "당신 홀로 우리의 왕이 되소서"라고 기도했습니다. 물론 유대인은 하나님이 이미 지금 자신들의 왕이심을 알고 있었습니다. 따라서 그들은 하나님을 "우리의 아버지, 우리의 왕"으로 부를 수 있었습니다.

그러나 이러한 하나님의 왕국은 현재에는 사람들에게 숨겨져 있으므로 곧 나라가 나타날 것이라고 희망하였습니다. 우리가 알다시피 유대인들은 하나님에 관하여 직접적으로 언급하는 것을 대체로 회피를 하려고 하였습니다. 그런 이유로 왕으로서의 하나님의 도래에 관하여 말하지 않고 하나님의 왕권의 도래 혹은 출현에 관하여 말했던 것입니다. 그러므로 예수가 하나님의 (왕)통치권의 임박한 도래에 관하여 말할 때, 그는 유대교적 구원의 희망 개념을 받아들인 것이라 볼 수 있습니다.

이 "하늘 나라"(천국), 곧 히브리어로 '샤마임'(shamayim)은 하늘에 있는 나라 또는 하늘로부터 오는 나라가 아니라 '하늘에 계신 분의 나라'를 의미했습니다. 하늘 나라는 궁창 위에 위치에 있는 하늘의 세계인데, 그곳이 바로 경건한 사람들이 죽어서 가는 곳이라는 통속적인 개념은 신약에서는 찾아볼 수 없습니다. 그러한 개념은 유대의 묵시문학에서 찾아볼 수 있습니다. 이 용어는 팔레스틴 유대교에 그 어원적 뿌리를 가지고 있었기 때문에 헬레니즘 세계의 사람들이 그 용어를 이해하기 어려웠습니다. 이런 이유로 요한복음은 하늘 나라라고 하지 않고 "영생" 또는 "생명"이라는 개념으로 치환했던 것입니다.

그럼에도 이와 같은 하나님 나라에 대한 신학적 이해는 백가쟁명(百家爭鳴)이었습니다. 리츨(A. Ritschl)은 하나님 나라는 사랑을 통한 상호간의 협동 속에서 실현되는 인류의 윤리적 공동체라고 주장하였습니다. 바이스(J. Weiss)와 루돌프 불트만은 하나님 나라는 예수가 유대의 묵시사상에서 빌려온 개념이라고 했습니다. 불트만에 따르면, 예수는 단 한 번도 하나님 나라의 현재적 도래에 관하여 말한 적이 없었다(눅 17,20. 너희 가운데 [즉각적으로] 있을 것이다)는 것입니다. 불트만에게 예수는 세례 요한과 마찬가지로 임박한 파멸을 선포한 선지자였습니다.

그럼에도 불구하고 세계 역사에서 임박한 전환점에 대한 이러한 신화적인 하나님을 향하여 결정적인 결단을 하는 것이 지금 하나님의 말씀에 응답하는 것이라는 것이 예수가 말씀하신 바였다. 하나님을 향한 인간의 관계가 인간의 운명을 결정짓습니다. 따라서 결단의 시간이 얼마 남아 있지 않다는 의식은 다른 것이 아닙니다. 그 결단의 시간을 통하여 하나님이 바로 여기에 와 있다는 의식으로 나타납니다. 이에 한스 콘첼만은 예수의 부르심을 들은 사람은 누구나 즉각적인 회개 이외에는 해야 할 아무것도 없다고 말합니다. 또한 예수는 세상이 연대기적으로 언제 종말을 맞이할 것인가에 대한 예측에는 전혀 관심이 없었습니다. 그 대신에 예수는 하나님의 도래가 즉각적임을 선포했는데, 그것은 요구라기보다는 제안이었습니다.(E. Käsemann) 여기에서 하나님 나라에 대해서 미래보다 현재에 방점을 둔 다드(C. H. Dodd)는 '실현된 종말론'을 내세웠고, 예레미야스는 '실현 과정에 있는 종말론'으로 표현하였습니다.

막 1,14~15("때가 찼고 하나님의 나라가 가까이 왔다", "회개하고 복음을 믿어라")은 선포와 촉구의 구조로 되었습니다. 예수의 하나님 나라의 도래는 '이미' 도래하였으나 '아직 아니'인 것입니다. 그 나라는 우리가 만들 수 있는 것이 아니며 이끌 수도 없거니와 단지 그 나라의 도래를 위해 준비만 해야 할 뿐입니다. 그리스어 '도래하다'라는 표현의 엥기제인(εγγιζειν)은 '가까이 오다'라는 의미로 해석해야만 합니다. 다시 말해서 이 표현은 일차적으로 한 시기의 길고 짧음에 대한 중립적인 확인이 아니라 인간에 대한 규정을 의미합니다. 즉, 인간에게는 더 이상 여분의 시간이 없다는 것입니다.

인간은 하나님 나라의 근접성을 더 이상 미루거나 시간적인 여유를 가질 수가 없습니다. 듣는 자에게는 이 순간이 마지막 순간입니다. 이 때가 회개해야 할 순간이요 구원의 순간입니다. 따라서 하나님의 나라는 구원입니다.

하나님에 나라에 들어가는 것은 생명으로 들어가는 것입니다. 그러나 하나님의 나라에 들어가는 것은 주어진 은혜요 기적일 뿐만 아니라 하나님에 의해서만 가능한 것입니다.(막 10,24~27) 구원을 받아들이지 않으면 상실하게 됩니다. 그 문은 좁으며(마 7,13~14), 부름 받은 자는 많으나 선택된 자는 적습니다.(마 22,14) 따라서 각 개인은 위기에 처해 있습니다. 지금 할 수 있는 것은 오직 회개뿐입니다. 이 회개는 절대로 연기할 수 없습니다. 예수의 부르심에 즉각적으로 응답해야 하는 이유가 바로 여기에 있는 것입니다.

참고문헌 및 신학도를 위한 신약학 문헌들

Bassler, J. M., ed., Pauline Theology V.1. Thessalonians, Philippians, Galatians, Philemon, Minneapolis: Fortress Press, 1994.

Blomberg, Craig L., Jesus and the Gospels: An Introduction and Survey, Nashville, Tennessee: Broadman & Holman, 2009.

Boers, Hendrikus W., 박익수 옮김, 예수는 누구였는가, 대한기독교서회, 1996.

Bornkamm, G., 강한표 옮김, 나사렛 예수, 대한기독교서회, 1996.

, 허혁 옮김, 바울, 이화여자대학교 출판부, 1978.

Bösen, Willabald, 황현숙 옮김, 예수시대의 갈릴래아, 한국신학연구소, 1998.

Brossier, F., 윤영희 옮김, 복음서를 어떻게 읽을 것인가, 바오로딸, 1999.

Brown, Raymond E., The Death of Messiah, Doubleday, 1994.

, 김광식 옮김, 신약성서 그리스도론입문, 분도, 1999.

, 김근수, 이은수 옮김, 신약성서개론, 기독교문서선교회, 2003.

, 이재수 옮김, 부활하신 그리스도, 바오로, 1996.

, 이재수 옮김, 성령의 강림, 바오로, 1997.

, 이재수 옮김, 십자가에 처형된 그리스도, 바오로, 1995.

, 이재수 옮김, 탄생하신 그리스도, 바오로, 1995.

, 최흥진 옮김, 요한공동체의 역사와 신학, 성광문화사, 1994.

Bruce, F. F., 정원태 옮김, 바울신학, 기독교문서선교회, 2012.

Bultmann, R., 허혁 옮김, 공관복음전승사, 대한기독교서회, 1991.

, 허혁 옮김, 신약성서신학, 성광문화사, 1976.

, 허혁 옮김, 요한복음서연구, 성광문화사, 1979.

, et al., 박두환 옮김, 신약성서 어떻게 읽을 것인가, 한국신학연구소, 2000.

, 김철손 외 옮김, 신약성서신학, 한국신학연구소, 1982.

, 신약성서신학, 김철손 외 역, 한국신학연구소, 1987.

Dunn, James, 박문재 옮김, 바울신학, 크리스찬다이제스트, 2016.

Edwards, Richard A., 유복곤 옮김, 마태의 예수 이야기, 솔로몬, 1999.

Ferdinand, Hahn, 김문경 외 옮김, 신약성서신학1, 대한기독교출판사, 2007.

Fitzmyer, Joseph A,, 바울의 신학, 솔로몬, 1996.

Gnilka, J., 정한교 옮김, 예수, 분도출판사, 2002.

, 이종한 옮김, 바울로, 분도출판사, 2008.

, 박재순 옮김, 마르코복음1(국제성서주석), 한국신학연구소, 1985.

, 박재순 옮김, 마르코복음2(국제성서주석), 한국신학연구소, 1986.

Goppelt, L., 원광연 옮김, 예수, 바울 그리고 유대교, 크리스찬다이제스트, 1998.

Green, J., 정옥배 옮김, 어떻게 복음서를 읽을 것인가, IVP, 2014.

Hengel, M., 바울, 한들, 1999.

Hoerber, R. G., 김영봉 옮김, 이해를 위한 신약성서연구, 컨콜디아사, 1994.

Jeramias, J., 허혁 옮김, 예수의 비유, 분도, 1974.

, 황종렬 옮김, 비유의 재발견, 분도, 1991.

Jervell, Jacob, 윤철원 옮김, 사도행전신학, 한들출판사, 2000.

Juel, Donald H., 윤철원 옮김, 마가복음, 대한기독교서회, 2018.

Jukes, A., 김귀탁 옮김, 왜 복음서는 네 권인가, 요나, 1998.

Jüngel, E., 바울과 예수, 이화여자대학교 출판부, 1982.

Kee, Howard C., 서중석 옮김, 새시대의 공동체, 대한기독교출판사, 1983.

, 서중석 옮김, 신약성서신학, 한국신학연구소, 1990.

Kingsbury, J. D., 김근수 옮김, 마가의 기독론, 나단, 1994.

, 김근수 옮김, 마태복음서 연구, 기독교문서선교회, 2006.

Kümmel, W. G., 박창건 옮김, 주요증인에 따른 신약성서신학, 성광문화사, 1991.

Kysar, Robert, 나채운 옮김, 요한복음서연구, 성지, 1993.

Legasse, Simon, Le Poittevin, Père., 김건태 옮김, 마태오복음, 가톨릭출판사, 1998.

Limbeck, Meinrad, 안명옥 옮김, 항상 여러분과 함께, 성서와 함께, 1997.

Lindemann, A., 박경미 옮김, 공관복음서 연구의 새로운 동향, 한국신학연구소, 2001.

Lohfink, G., 정한교 옮김, 산상설교는 누구에게, 분도출판사, 1990.

, 정한교 옮김, 예수는 어떤 공동체를 원했나, 분도, 1985.

, 허혁 옮김, 당신은 성서를 어떻게 이해하십니까, 분도, 1977.

Lohse, E., 박두환 옮김, 신약성서신학, 한국신학연구소, 2002.

, 박두환/이영선 역, 신약성서 어떻게 이루어졌는가?, 한국신학연구소, 1998.

Luz, U., 박정수 옮김, 마태공동체의 예수 이야기, 대한기독교서회, 2002.

Mack, Button L., 김덕순 옮김, 잃어버린 복음서, 한국기독교연구소, 1999.

Marshall, H., 박문재 옮김, 신약성서신학, 크리스챤다이제스트, 2006.

, 이한수 옮김, 누가행전, 엠마오, 1993.

Martin, R., 이상원 옮김, 마가신학, 엠마오, 1993.

Matera, Frank J., 류호영 옮김, 마가복음신학, 기독교문서선교회, 1995.

Mays, J. L., ed., Interpreting the Gospels, Philadelphia: Fortress, 1981.

Merkel, H., 박창건 옮김, 신약성서연구입문, 한국신학연구소, 1991.

Nickle, K. F., 이형의 옮김, 공관복음서 이해, 대한기독교출판사, 1994.

O'Connor, J. M., Paul. A Critical Life, Oxford: Clarendon. 1996.

Perrin, Norman, 박익수 옮김, 새로운 신약성서개론, 한국신학연구소, 1991.

, 이훈영 외 옮김, 예수의 가르침 속에 나타난 하나님의 나라, 솔로몬, 1995.

Powell, Mark A., 배용덕 옮김, 누가복음신학, 기독교문서선교회, 2012.

Sanders, E. P. & Davies, M., 이광훈 옮김, 공관복음서 연구, 대한기독교서회, 1999.

, 김진영 옮김, 바울, 율법, 유대인, 크리스챤다이제스트, 1998.

Schelkle, K. H., 정양모 외 옮김, 신약성서입문, 분도출판사, 1969.

Schnackenburg, R., 조규만 외 옮김, 하느님의 다스림과 하느님 나라, 가톨릭출판사, 2002.

, Jesus in the Gospel, Westminster: John Knox Press, 1995

Senior, Donald, 홍찬혁 옮김, 최근마태신학동향, 기독교문서선교회, 1992.

Stanton, G. N., 김영건 옮김, 복음서와 예수, 대한기독교서회, 1996.

Stein, R., 김철 옮김, 공관복음서 문제, 솔로몬, 1995.

, 정충하 옮김, 복음서의 과장법 해석, 새순, 1991.

, 정충하 옮김, 복음서의 난해구절 해석, 새순, 1991.

Strecker, G., 전경연 옮김, 산상설교, 대한기독교서회, 1992.

Stuhlmacher, P., 바울의 기독론과 화해신학, 전경연 역, 복음주의신학총서 31, 한신대학교출판부, 1986.

Theissen, G., 류호성 옮김, 복음서의 교회정치학, 대한기독교서회, 2002.

Weiser, Alfons, 김윤주 옮김, 성경은 무엇을 기적이라 부르는가? 분도, 1987.

권오현, 바울의 편지, 대한기독교서회, 1995.

김경진, 제자도와 청지기, 솔로몬, 2007.

김광수, 마태 마가 누가의 예수 이야기, 침례교신학대학교출판부, 1997.

, 누가의 신학, 컨콜디아사, 1991.

, 복음서 신학, 컨콜디아사, 1995.

, 복음서의 비유들, 컨콜디아사, 1988.

, 복음서의 이적해석, 컨콜디아사, 1996.

, 복음서의 해석과 설교, 성서연구사, 1999.

, 신약성서개론, 컨콜디아사, 1991.

김세윤, 바울복음의 기원, 엠마오, 2018.

, 바울신학의 새관점, 두란노, 2008.

, 예수와 바울, 두란노, 2008.

김영봉, 신약성서의 이해, 성서연구사, 1995.

박영식, 공관복음서를 어떻게 해설할까, 성바오로, 2000.

박태식, 나자렛 예수, 바오로딸, 2000.

, 복음서와 시간, 생활성서사, 2005.

, 왜 예수님이어야 하는가, 생활성서사, 2001.

서중석, 바울서신해석, 대한기독교서회, 1998.

, 복음서 해석, 대한기독교서회, 1992.

, 복음서의 예수와 공동체의 형태, 이레서원

성종현, 신약성경연구, 장신대출판부, 1994.

, 신약총론, 장신대출판부, 2001.

소기천, 예수말씀의 전승궤도, 대한기독교서회, 2011.

안병무, 공관복음서의 주제, 한국신학연구소, 1996.

유복곤·김대식, 지중해학성서해석방법이란 무엇인가, 프리칭아카데미, 2010.

, 헬라어 세상을 말하다, 베드로서원, 2013.

, 로고스분해대조성경5, 오앤오, 2020.

윤철원, 누가복음 다시 읽기, 이레서원, 2001.

이형근, 예수 그리스도의 복음, 한들, 1999.

장종현, 최갑종, 사도바울, 천안대학교 출판부, 1999.

정양모, "예수찬가",〈종교신학연구 제1집〉, 서강대학교 종교신학연구소, 1998.

, 공관복음서의 비유, 성서와 함께, 2000.

, 루가복음서, 분도, 2009.

, 마르코복음서, 분도, 2014.

, 마르코복음이야기, 성서와 함께, 1996.

, 마태오복음서, 분도, 1990.

, 마태오복음이야기, 성서와 함께, 1999.

, 바울로친서이야기, 성서와 함께, 1997.

, 바울로친서이야기, 성서와 함께, 1997.

, 위대한 여행. 사도 바울로의 발자취를 따라, 생활성서사, 1997.

조갑진, 바울의 종말론, 바울, 2005.

조태연, 예수 이야기 마가1, 대한기독교서회, 2019.

, 예수 이야기 마가2, 대한기독교서회, 2002.

, 예수운동, 대한기독교서회, 1996.

차정식, 미지의 신을 위한 변명-바울신학비평, 대한기독교서회, 1998.

최갑종, 바울연구1. 생애와 사상, 기독교문서선교회, 1992.

황성규, 텍스트와 현실, 한국신학연구소, 1999.

성서의 이해

Understanding of the Bible

초판인쇄 2021 2월 14일 / 초판 발행 2021년 2월 26일/ 저자 이용호·김대식 / 펴낸이 임용호 /
펴낸 곳 도서출판 종문화사 / 영업이사 이동호 / 편집디자인 디자인오감 / 인쇄 천일문화사 / 제
본 영글문화사 / 출판등록 1994년 4월 1일 제22-392 / 주소 서울 은평구 연서로 34길 2 3층 /
전화 02)735-6891, 팩스 02)735-6892 / E-mail jongmhs@hanmail.net / 값 17,000원
/ ⓒ2021, Jong Munhwasa printed in Korea / ISBN 978-11-87141-69-3 93230